立己达人 联动共生

名校长工作室建设的创新实践

付华 主编

四川大学出版社
SICHUAN UNIVERSITY PRESS

图书在版编目（CIP）数据

立己达人 联动共生：名校长工作室建设的创新实践 / 付华主编． — 成都：四川大学出版社，2023.4
ISBN 978-7-5690-6077-5

Ⅰ．①立… Ⅱ．①付… Ⅲ．①校长－学校管理－研究 Ⅳ．①G471.2

中国国家版本馆CIP数据核字（2023）第063540号

书　　名：立己达人 联动共生——名校长工作室建设的创新实践
　　　　　Liji Daren Liandong Gongsheng——Mingxiaozhang Gongzuoshi Jianshe de Chuangxin Shijian
主　　编：付　华

选题策划：曾　鑫
责任编辑：曾　鑫
责任校对：傅　奕
装帧设计：墨创文化
责任印制：王　炜

出版发行：四川大学出版社有限责任公司
　　　　　地址：成都市一环路南一段24号（610065）
　　　　　电话：（028）85408311（发行部）、85400276（总编室）
　　　　　电子邮箱：scupress@vip.163.com
　　　　　网址：https://press.scu.edu.cn
印前制作：四川胜翔数码印务设计有限公司
印刷装订：成都市新都华兴印务有限公司

成品尺寸：185 mm×260 mm
印　　张：16.5
字　　数：397千字

版　　次：2023年6月 第1版
印　　次：2023年6月 第1次印刷
定　　价：69.00元

本社图书如有印装质量问题，请联系发行部调换

版权所有 ◆ 侵权必究

编委会

主　编

付　华

副主编

谢　琳　宋晓艳　唐荣生

编　委

张　华　张　霞　王　瑶　戴　璐

余飞翔　张　利　赵洪琴　付　强

雍小燕　袁　丽　朱玉琴　陈园园

李桂兰　邹兴意　刘薇娜　张　艳

代洪毅　张富强　范　颖　罗晓萍

张　屹　叶　兵　赖　强　何先华

序 言

多年前曾受付华校长邀请到武侯实验小学指导其课堂教学和课题研究工作，由此结缘，她给我的印象是睿智、实干，是一位有教育思想与教育情怀的校长。记得有一次，我与学校老师同课异构上过一节"海底世界"课，同时发现参与活动的还有其他学校的教师和领导，知道付华校长在用这种方式影响其他学校、带动其他校长。

付华校长作为成都市特级校长，在武侯区2020年启动"名师名校长"工作中，主动申请成立了付华名校长工作室。其初衷一是希望用领衔人这个新的角色和岗位来历练和鞭策自己，从而成为更好的自己；二是通过工作室的创新实践，为渴望成长的校（园）长乃至更多的教育管理干部提供力所能及的支持与帮助；三是借助工作室的活动为教师们提供更多更好的发展机会和平台；四是通过对工作室经验成果的梳理，为名校长工作室的实践探索提供参照样本。

近三年，我一直关注工作室的成长与发展，或受邀指导，或通过公众号了解，像"盛夏之约，共话课程""在案例分享与剖析中增长管理育人的智慧"等，都给我留下了深刻的印象。为记录工作室经历、表达成长进步收获、总结提炼经验，付华校长带领工作室团队完成了《立己达人　联动共生——名校长工作室建设的创新实践》一书，并将书稿送到我手中，邀我作序，真是不胜之喜。

书稿是付华名校长工作室近三年来，从诞生、成长到不断发展与超越自我的纪实。67篇文章，20余万字的丰硕成果，内容翔实丰富，涉及工作室建设、领导力建设、课程建设、教学研究、队伍建设、突发事件处置等方方面面。这一成果体现了付华校长作为领衔人以工作室活动为载体，另辟蹊径，积极而扎实地落实《关于深化教育教学改革全面提高义务教育质量的意见》《关于进一步激发中小学办学活力的若干意见》《关于进一步减轻义务教育阶段学生作业负担和校外培训负担的意见》等重要文件精神，提高干部及教师专业能力，提升学校办学质量、激发办学活力的一种大胆探索。这样的探索考验着工作室领衔人的使命担当、教育智慧和综合素养。

本书提供了一个名校长工作室如何规范运行、提升内涵，如何良性联动、促进办学高品质发展的典型样本，尤其是其对工作室建设的思考实践、活动开展的典型案例及实证性的研究成果等值得大家学习借鉴。

第一，准确定位工作室的价值："四个共同体"联动共生共发展。

"共同体"一词是由德国社会学家、哲学家斐迪南·滕尼斯提出的。他认为共同体是通过某种积极的关系而形成的群体，并统一对内对外发挥作用，是现实的和有机的生命组合。付华校长借用这一概念，并不断丰富与生长，提出工作室的价值定位：联动共生、发展提高的"四个共同体"，即"学习共同体、实践共同体、研究共同体、发展共同体"。基于此，工作室开展的常态化校际间各类活动，让工作室成为一个"研训学做"的成长平台，一个智慧汇聚、生长与辐射的互动空间。这个空间，成了不仅仅是培养学科优秀教师，更是培养学习型、研究型、专家型校（园）长的孵化器。

书中领衔人及学员的教育随笔、管理案例、课程建设、课题论文、读书心得等仿佛为我们还原了一次次校际研修活动的真实场景，更呈现了他们身在活动之中，智慧碰撞、联动发展、沉淀思考乃至固化成果的一个个精彩瞬间，让我充分感受到了工作室活动的丰富、鲜活、魅力与价值，更从中感受到了以成员为火种，其身后的一个个、一批批学校干部、教师持续拔节成长的声音。

第二，将成果以典型"案例式"呈现：内容翔实可读可学，易于借鉴。

本书分为"发展共同体：形成共生'新格局'""学习共同体：探索成长'新方式'""实践共同体：沟通校际'零距离'""研究共同体：奏响联动'协奏曲'"四个章节，每章的内容体例各不相同，有教育故事和课程开发、阅读感悟与教学研究、专题汇报与活动报道、管理案例与经验论文等。但是如果从"大案例"的角度来看，此书很多研究成果、专题汇报、经验论文、课程开发等都可以和管理案例一起看作是工作室的案例成果。像"盛夏之约，共话课程""小故事　大道理——《中国寓言故事》整本书导读课的设计与实施""光与影的故事""基于绘本的幼儿园戏剧节活动设计与实施""赋能家长，学校何为"等，这一个个鲜活的"案例"真实地还原了他们解决问题的思考与实践过程，生动形象，可读性强，给人诸多启示。又如，工作室读书沙龙、教学研讨、课题研究、课程建设、成果梳理等都给我们以典型"示范"，若静心品味，相信都能从中欣喜地悟出许多解决教育教学管理与研究问题的智慧。

总之，这本书让我看到了名校长工作室应有的存在价值与鲜活的生长样态，为学校乃至更广范围的区域落实《新时代基础教育强师计划》，培育名优教师，推进新课程改革和"双减"落地，践行五育并举、全面育人，激活区域和学校办学活力，实现教育的高质量发展，提供了新的借鉴。期待读者朋友们在研读中有所收获和领悟，也祝愿付华校长名师工作室取得更大的进步！

成都大学教授：

2022年10月

目录

第一章　发展共同体：形成共生"新格局" ……………………（001）

"立己达人、成事育人、协作共享、超越卓越"，付华名校长工作室以此为愿景，探索着校（园）长成长的新方式。抒写心路历程，沉淀成长印记；开发适切课程，助力师生发展，名校长这个发展共同体促进了校（园）长专业队伍的高位发展。

用责任担当与文化自觉引领名校长工作室建设的创新与发展…………付　华（003）

一起向未来
　　——我在付华名校长工作室的诗意成长 ………………………………唐荣生（007）

光与影的故事（一）
　　——2020年我与付华名校长工作室的故事 ……………………………宋晓艳（009）

光与影的故事（二）
　　——2021—2022学年度我与工作室领衔人的故事 ……………………宋晓艳（012）

浓浓支教情，深深师徒意
　　——我与付华名校长工作室的成长故事 ………………………………谢　琳（015）

踔厉前行，做优秀的教育管理者
　　——三届赛课，我与工作室领衔人的教育故事…………………………张　华（019）

"搀扶"伴成长
　　——我与名校长工作室的教育故事 ……………………………………张　霞（024）

在管理中践行"遇到的人善待"
　　——我与名校长工作室的教育故事 ……………………………………张　霞（026）

小学心理健康教育的策略
　　——以成都市武侯实验小学为例 ………………………………………赵洪琴（029）

新时期少先队活动课程化的实践与探索………………………………………袁　丽（033）

课程丰富学生生命　特色助力素质教育
　　——学校花棒特色少年宫建设汇报 ……………………………………李桂兰（037）

问题导向　开发课程　以体育人
　　——小学体育室内游戏课程开发的实践研究报告 ……………………张　利（042）

小学安全教育的创新实践
　　——以成都市马家河小学为例 …………………………………………… 谢　琳（046）
以幼儿为本的户外足球自主游戏实践探索与思考……… 宋晓艳　乔　丹　杨　静（049）
基于绘本的幼儿园戏剧节活动设计与实施………………………………… 王　瑶（053）
生成与支持
　　——幼儿自主游戏中生成性游戏的设计与实施 …………………………戴　璐（058）
阅读之力，助推五育并举……………………………………………………刘薇娜（064）
让劳有"依"、有"法"、有"获"
　　——幼儿园如何在一日生活中开展劳动教育 …………………………… 范　颖（068）
以篮球特色课程建设为抓手，促进园所优质发展………………罗晓萍　吴莉菁（072）
幼儿园环创机制创新，激发教师主观能动性……………………… 王　瑶　杨　婷（076）

第二章　学习共同体：探索成长"新方式" ………………………………（079）

在阅读中滋养，在教学中生长。名校长工作室作为学习共同体，不断探索着成长的新方式，倡导静心阅读，积蓄专业力量；深化教学研讨，丰富生命成长，实现了生命对生命的最美影响，让生命更有质感地成长。

回归教育常识，做温暖智慧的教师
　　——读《教育常识》一书有感 ……………………………………………… 付　华（081）
未来的模样照亮了今天前行的方向
　　——读《未来学校——重新定义教育》有感 …………………………… 谢　琳（084）
未来将来，未来已来
　　——读《未来学校——重新定义教育》有感 …………………………… 付　强（087）
德育美育　美美与共
　　——读《德育美学观》之思 ……………………………………………… 张　霞（089）
家庭会议可以成为家庭教育的一剂良方
　　——读《正面管教》有感 ………………………………………………… 朱玉琴（092）
《鲁滨孙漂流记》整本书阅读分享课教学设计……………………………… 郑　璐（095）

建"技术赋能·四环进阶"教学模式，促整本书阅读教学品质提升
　　——以《鲁滨孙漂流记》整本书阅读分享交流课为例 …………… 张　华　郑　璐（098）

小故事　大道理
　　——《中国古代寓言》整本书阅读导读课教学设计 ………………………… 杨　芹（101）

课题引领　兴趣导航　方法指路
　　——对《小故事　大道理》整本书导读课的设计与实施的回顾反思 ……… 张　华（106）

《原来可以这样看》教学设计
　　——"1+x"单元教学模式下的寓言群文阅读教学 ……………………… 朱玉琴（111）

单元整合教学下的群文阅读教学实践
　　——对《原来可以这样看》寓言群文阅读课设计与实施的回顾反思 ……… 朱玉琴（115）

《跳单双圈与游戏》教学设计及反思 ………………………………………… 陈少黄（118）

《运动中常见轻度损伤的自我处理及预防》教学设计 ……………………… 刘　文（121）

第三章　实践共同体：沟通校际"零距离" ………………………………（125）

　　实践出真知，实践增智慧。名校长工作室这个实践共同体，突出专业诊断，实现精准帮扶；依托项目赋能，促进辐射成长，让每个成员在研讨中碰撞革新、蜕变成长，成为一个个脚踏实地的教育实干家。

立己、成事、超越——做一名"一讲六有"的好校长
　　——记武侯区付华名校长工作室启动仪式 ……………………………… 张　华（127）

盛夏之约　共话课程
　　——付华名校长工作室2020年暑期主题研讨活动 ……………………… 王　瑶（129）

如何成为一名优秀的校长
　　——记付华名校长工作室2021年第七次集中活动 ……………………… 付　强（131）

在案例分享与剖析中增长管理育人的智慧
　　——付华名校长工作室2021年第九次集中活动 ………………………… 袁　丽（133）

聚焦"群文与整本书阅读教学研究"，促进学生语文核心素养提升
　　——2022年付华名校长工作室主题研讨活动 …………………………… 张　华（135）

五育融合，构建智慧体育教育新生态
——记武侯区小学体育教研暨2022年付华名校长工作室主题研讨活动 …………… 赵洪琴（139）

双减背景下，基于新课标的音乐课堂教学研讨纪实………… 谢 琳 吴林珍（143）

探索核心素养导向的劳动教育，在实践与研讨中引领教师专业成长
——武侯区劳动教育教研活动暨付华名校长工作室2022年主题研讨活动 … 谢 琳 吴林珍（143）

塑造成长型思维，助推持续性发展
——记付华名校长工作室2022年暑期调研 ………………… 宋晓艳 汤 雯（145）

让我们的歌声更加动听
——马家河小学支教札记………………………………………………… 谢 琳（146）

导学施教重过程　先学后教有方法
——以安岳实验小学五年级导学案使用为例 ………………………… 张富强（151）

拥抱慧美实小　一起向未来
——武侯实验小学支教工作阶段汇报 ………………………………… 赵洪琴（154）

线下优教　线上乐学 …………………………………………………… 陈园园（158）

提升体质健康水平，让小马更加欢腾
——马家河小学支教札记二 …………………………………………… 谢 琳（162）

聚焦学科核心素养　共建慧美灵动课堂
——2022年武侯实验小学第七届教学节科任教师赛课活动总结 …………… 张 华（166）

把握新起点，做"心中有梦""眼里有光"的好老师
——在2022年武侯实验小学第七届教学节科任学科赛课总结会上的讲话 ……… 付 华（171）

第四章　研究共同体：奏响联动"协奏曲" ……………………………（175）

研究让教育有了深度，有了力度，也有了温度。名校长工作室这个研究共同体，搭建开放平台，提倡多元研究；分享管理智慧，体悟温暖幸福，让每个成员养成了自觉反思、问题导向、知行合一等工作习惯，明确了争做研究型、专家型校（园）长的努力方向。

赋能家长　学校何为
——指导服务心理行为问题学生家庭教育对策初探 ……………… 付 华 刘 慧（177）

提升小学教师"学为中心课堂"教学能力的课例研究（节选）
………………………………………………………付　华　张　华　李　玥（181）
"农村小学传承'安岳曲剧'文化的实践研究"成果报告
……………………………代洪毅　张富强　姚　臣　蔡文琴　陈勇金（192）
"系统建构·四策推进"，促进教学质量有效提升 ………张　华　谢　琳（198）
群文阅读助力学生思维进阶的方略简谈………………朱玉琴　张晋蓉（202）
"话"教育
——家庭教育中的有效沟通 ……………王　瑶　许小蝶　李　玲（206）
共构一所温暖的幼儿园
——以成都市第二十三幼儿园"两自一包"改革为例 ……宋晓艳（210）
基于核心经验下的幼儿园诗歌教学
——以《团结友爱亲又亲》一课为例 ………………………张　艳（214）
十五分钟，双赢！………………………………………………付　华（217）
送教下乡的教育触动……………………………………………邹兴意（220）
荡秋千扭伤了手
——例谈幼儿园安全突发事件的应对与处置 ……宋晓艳　吴建霞　陈　波（223）
升旗仪式上的风波………………………………………………雍小艳（227）
冲突背后的家园沟通……………………………………………张　艳（229）
一张珍贵的手写奖状 ……………………………………王　芮　余飞翔（233）
"裤子怎么又尿湿了？"………………………谭诗语　邹志慧　宋晓艳（236）
如何做好每日放学前的安全教育………………………………张　霞（239）
用爱的清泉滋润干枯的心灵
——从一起心理帮扶案例说开去 ………………………邹兴意　李承茂（242）
课间，如何玩转共享篮球？……………………………………赵洪琴（246）

后记 ………………………………………………………………………（249）

付华名校长工作室

第一章

发展共同体：形成共生"新格局"

成都市武侯实验小学

北京第二外国语学院成都附属小学

成都市沙堰小学

成都市武侯区科技园小学

成都市马家河小学

成都市机投小学

成都市第四十三中学

"立己达人、成事育人、协作共享、超越卓越"，付华名校长工作室以此为愿景，探索校（园）长成长的"新方式"。共同体的构建有力促进了校（园）长专业队伍的高位发展。

抒写心路历程，沉淀成长印记。工作室成员因为共同的发展愿景、相同的教育情怀走到了一起。大家秉承"惜缘、好学、自律、合作"的室训，相互分享、彼此支持、共识共鸣，通过一篇篇教育故事，或是"师父"对自己的帮助和指导，或是自己参与工作室沉浸式体验后的成长，情真意切地抒写着工作室这段难忘的成长记忆。

开发适切课程，助力师生发展。带着共同体的发展愿景，带着"遇到的人善待，经历的事尽心"的管理理念去影响和感召团队，共同奔赴促进学生全面发展方向和目标。你看，那一门门灵动、有趣、个性化的课程成果正在默默地诉说着这一切。工作室"一室领航，联动共生，多校共进"的"新格局"也正在形成。

用责任担当与文化自觉
引领名校长工作室建设的创新与发展

成都市武侯实验小学　付　华

2020年5月20日是农历的"小满",人生最美是小满,小满不仅是节气,更是一种智慧的人生态度。月满则亏,水满则溢,但小满却刚好,"小得盈满"寓意着有收获但更有将熟未熟的向上空间。就在这样一个幸福而充满希冀的日子里,我们的工作室正式启动。

经历了两年多的探索实践,从迷茫与担忧到欣喜与笃定,我与23名成员携手走过了不平凡的岁月,将工作室创建成为"四个共同体"即学习共同体、实践共同体、研究共同体和发展共同体,借助工作室的平台,卓有成效地履行了"立己达人　联动共生"的教育使命。

一、叩问内心,以责任担当凝聚工作室发展动力

(一)问自己,为什么要做领衔人

在启动仪式前我反复问自己,为什么要去做这个领衔人？学校管理工作已经让人十分辛苦和疲惫了,组织也并没有硬性要求自己必须承担这个角色。在不断的叩问中我终于找到了答案！

一是希望成为更好的自己。2020年是我担任校长的第20个年头,我是一个不愿满足现状、愿意不断接受挑战的人,我希望有一个新的岗位和角色来不断鞭策自己。

二是回报社会的使命感与责任感。作为在武侯成长起来的特级校长,是组织给了我机会和平台,成就了我的事业和幸福,一种回报组织、回报社会的使命感和责任感,让我愿意以自己的专业所长和经验智慧,为武侯、为教育培养更多的管理人才。

三是愿意做年轻校长的同行者。以我自己校长的成长经历为例,假如没有校长前辈无私的教导与帮助,我的办学路上会走很多的弯路。所以我深知,一名年轻的校长从内心是多么渴望前辈的引领和帮扶。而我,愿意做这样的引领者和帮扶人。

(二)问成员,为什么要参加工作室

启动之初我设计了问卷,就工作室的价值定位、个人发展需求等10个问题做了调研。通过归纳分析后得知,成员的初衷主要有两点,校长自身岗位成长的迫切需要,领衔人专业影响力和个人

魅力的感召。成员的期望是成为"一讲六有"的好校长，即讲政治、有格局、有视野、有思想、有能力、有定力、有专长的校长。希望在工作室找寻一个岗位学习成长的标杆，希望能够跟尺码相同的团队一起学习快速成长。

二、高远立意，以文化自觉引领工作室发展方向

（一）成员构成

2020年初第一批工作室共有成员18名，区内校（园）长10人，区外8人[有温江1人，市外7人（德阳1人、安岳2人、北川3人、马边1人）]。2021年12月区级统一规范调整后工作室成员共有23名，1名校长因为工作岗位调整退出，增补了4名副校（园）长和2名主任。工作室有校（园）长9人，副校长12人，主任2人。他们对自身专业发展的期盼渴求、对学校教育发展的责任担当，让我对领衔人这一角色充满了敬畏，对工作不愿有丝毫的懈怠。

（二）文化架构

组织文化是支撑团队一起走得更快更远的源头活水，通过调研学习、思考碰撞和归纳提炼，我们的愿景、室训、室歌等便应运而生。

工作室愿景：立己达人、成事育人、协作共赢、超越卓越。

工作室的室训：惜缘、好学、自律、合作。

工作室团队发展目标：建成"四个共同体"，即学习共同体、实践共同体、研究共同体、发展共同体。

工作室成员发展目标：成为"一讲六有"，即讲政治、有格局、有视野、有思想、有能力、有定力、有专长的好校长。

工作室室歌：《和你一样》。

三、务实创新，以"四个共同体"建设推动工作室的发展

（一）学习共同体——坚持用书香气息，浸润成员工作常态

"腹有诗书气自华"，只有校长有书卷气，学校才有文化的味道，才能葆有教育的意蕴。从我个人的成长经历看，因为对读书的热爱、对读书的坚持，我在校长岗位有了专业的自信，有了智慧的源泉，有了幸福的依托。

因此，在工作室建设中，我把精选和推荐书籍作为了领衔人的一项重要工作。我推荐的书籍重点聚焦教育生活的经典、热点、难点，如彼得·圣吉的《第五项修炼——学习型组织的艺术与实践》、崔允漷的《有效教学》、朱永新的《未来学校——重新定义教育》、简·尼尔森的《正面管教》、松下英子的《断舍离》等。我先后精心推荐书籍12本，组织读书分享活动4次，收到学员读书心得和感悟30余篇，用书香伴随工作室成员的生活与工作，从积极倡导到逐步成为生活自觉与工作常态。

（二）实践共同体——用项目赋能，促进成员展示卷入

工作室的重要职能之一是促进学员的学习成长，为此，我以项目制的方式让更多的成员参与其中，策划指导活动30次，指导微信制作30余篇，指导经验文章撰写100余篇。活动做到"四定"（定主题、定方式、定人员、定方案），把每月一次的集中活动都当作促进团队成长的有利契机。以方案制定和实施为载体，提升学员的活动策划与统筹协调能力；以微信作为展示和宣传的平台，谁撰稿、谁摄影、谁审稿逐一落实明确，让更多的学员在小小的微信平台上找到参与的成就感。让期期活动有反思感悟，提升成员的反思及写作能力。

（三）研究共同体——用调研指导，实现成员专业进阶

集中活动固然能够聚焦式、宽领域、多角度、大容量地提高活动效益，然而由于成员个体的差异、所在区域和学校的起点、需求、愿景、优势等不同，因而成员及其学校的发展必须走"基于问题、科学研究、挖掘优势、个性发展"的道路。作为领衔人要善于引荐和借鉴专家的专业力量，要善于深入成员所在区域和学校，要经常性保持与成员的交流和沟通，给予成员发展有针对性、个性化的指导。于是，"一对一"的调研指导也成了我的重要工作方式。

成员宋晓艳在2020年疫情期间被任命为主持工作的副园长，如何展开工作？应对疫情？凝聚人心？一系列迷茫、担忧、焦虑和不安是她当时的真实写照。通过一次又一次的电话、视频、微信沟通，作为领衔人，我不厌其烦、耐心倾听、悉心指导，给予她信心和力量，给予她点拨与方法，为她尽快适应新岗位提供了力所能及的支持和帮助。

我与马边彝族自治县民建小学邹兴意副校长深度交谈，坚定了他在新学校作为一名新任副校长的工作生活方向；我与温江庆丰街小学的袁丽副校长等会谈，就温江新学校"两自一包"的管理出谋划策；我与马家河小学副校长赵洪琴交流，耐心倾听她的困惑，点拨她的迷思，让她对工作室的学习成长有了信心和勇气，找到了解决工作的困扰的方法。

2021年9月我以工作室的名义向区教育局提出"沉浸式岗位交流锻炼"的申请报告，促成了武侯实验小学与马家河小学两所学校干部的轮岗交流，有效促进了轮岗干部赵洪琴和谢琳的专业成长。

两年多时间，根据工作室成员及学校的要求，我为他们量身定制了多个专题的讲座，如《从"五个维度"推进现代学校治理》《如何成为一名优秀的校长》《管理干部如何在工作中树立权威》《做一名具有成长型思维的幸福教师》《以美育美、美美与共——例谈学校环境文化建设》等，受到了成员及学校干部教师的好评。

（四）发展共同体——用专家资源，拓宽成员发展视野

"立己达人 联动共生"是工作室发展共同体的愿景目标，我深知要促进目标的实现，就要有突破阻碍教育发展难点瓶颈的勇气，要善于借助专家的资源，要善于激活成员的潜能，要善于整合各校特色优势，要善于用好课程建设这一推动发展的关键抓手。为此，我先后邀请四川省教育厅中小学教师继续教育首席专家、成都大学教授周小山，就环境课程建设做专题指导与专题讲座。

邀请武侯区教育局、名校长工作室分管局长王小刚,就工作室的价值意义做专业解读,并鼓励成员。邀请温江区教科院院长王毓舜,围绕核心素养的培养,分享了温江区域学历案教改成果。邀请《四川教育》副主编李益众,分享关于教育写作的思考与方法的专题。邀请四川省特级教师张艳群以及多位学科教研员(范翔、甘雪梅、赵先冬等)深入成员学校指导学科教育教学。

多位成员在工作室平台交流分享经验成果与成长感悟,多位成员依托工作室平台深入指导和辐射带动身边的干部教师成长,多位成员的经验文章获奖和发表,多位成员被评为中学高级教师、市级及以上优秀教师。20余次线下线上集中活动,10余次到校调研指导,10余次线上送教,20余人学员"一对一"专题指导,20余人次线下跟岗培训,集中活动总人数超过上万人次。

我深知,领衔人不仅是称号和荣誉,更是一份责任与担当。领衔人的所思所想、所作所为应该有标杆和示范的作用。"遇到的人善待,经历的事尽心",我会一如既往地前行,不负组织信赖,不负成员期待。

当初偶遇小满,许下心愿,播种希望。如今我们立已达人,联动共生,踔厉奋发,拔节生长!

一起向未来

——我在付华名校长工作室的诗意成长

北川羌族自治县幸福小学　唐荣生

> 新竹高于旧竹枝，全凭老干为扶持。
> 明年再有新生者，十丈龙孙绕凤池。
> ——郑板桥《新竹》

（一）

时光之轮定格在 2020 年 5 月 20 日，在浓浓的师生情中，我们汇聚在付华名校长工作室的旌旗下：

> 线上线下布八阵，武侯教坛实小门。
> 弟子六男十一女，武侯内外传教真。
> 点点面面模块化，精品课程吸引人；
> 声名远播溢情怀，为国育人铸学魂。

过一载，又有 6 位学友加入，"1 位导师 +23 位学员"的工作室人员构成，恰如 24 节气，把春夏秋冬在工作室的平台上尽情演绎。讲座，展示，汇报，交流，指导，体会，我与同仁在师父付华校长的智慧照耀下，尽情汲取，迅速生长，别样生态，花开馨香。

（二）

我与北川另外两位学员与付华校长结缘在 2017 年北川未来乡村教育家培训班走进武侯教育之际。2019 年 4 月，付华校长带领武侯实验小学的教育精英团队走进了北川，走进了我所在的学校。不知不觉，几年时间的经历，已镌刻在我们的记忆和人生扉页上，永不磨灭。

（三）

在工作室团队中，我们珍惜缘分不彷徨，用自律向未来的自己发起挑战，在阅读中，在实践中，在解决问题中，在无数教育缤纷中，自律、好学，把自信昂扬！

区内区外，线下线上，工作室，共同体，体验分享，同辈教练，携手创生，服务社会，传承教育，播种善良！

立己发心，达人利他找方向，做成事、做事成，事事育人为标榜！每一次突破自我是超越，不勉强,无数次超越成就卓越,真的很棒!

(四)

两年光阴共休戚,我与诸君共珍惜。

细细数,教书育人,青春不"付",哪有"华"章万千舞?

细细数,都江堰水养人,武侯人杰地灵,引领教育发展,此乃大成都!

细细数,张弛有度,择机投石屹威武;真挚付出,蔷(强)薇馨香双楠肤;谢谢有您,琳琅满目。檄文一张,霞光照万物;张罗里外,才华溢彩屋;张口施教,利他享幸福。

细细数,赵钱皆古,洪袖抚琴君莫如;王母居瑶池,伊人戴宝璐。诵(宋)经典,晓至理,桃李争妍教之福;代代传,弘(洪)正气,品格刚毅教之度。

余力学文四书里,展翅飞翔学海中。唐诗宋词,草木枯荣,生生不息唯学习!

雍容华贵自内涵,小燕啄泥筑新屋。瓜田李下,桂花飘香,兰花有品在我心。

未来已来,愿可期,向明亮!
邹族儿郎,民族复兴意更强,
朱氏才女,玉手弹琴乐飞扬。
三袁在明,华丽文章任流淌,
模范有您,颖慧少年好生长。
推陈出新,圆圆满满育人忙,
刘海飘逸,紫薇婀娜好模样。
有张有合,百花争艳亦平常,
罗针指路,晓看浮萍能自强!
室内抱团,智慧碰撞花自香,
共善其身,卓越自我莫彷徨!

(五)

前方路漫漫,
未来那么长,
不负韶华,满路芬芳,
为民族教育贡献力量,
为国家未来培育栋梁!

光与影的故事（一）
——2020年我与付华名校长工作室的故事

成都市第二十三幼儿园　宋晓艳

2020年，我的点点滴滴离不开领导和前辈的帮助，尤其是领衔人付华校长的指导与帮助，这些温暖时刻萦绕在我心间，一直想诉诸文字，却没有想到更贴切的语言，就暂用《光与影的故事》为题，来总结工作室第一年的学习感受。或许这些文字太过平淡，但却是我内心深处最直观的感受。

光影魅力：做事之前先做人

2020年2月7日，是我到成都市第二十三幼儿园的第二天，付华校长了解到了我的紧张，打来电话关心我。她说："有什么需要你尽管告知，作为工作室的领衔人我会尽全力支持你！"让我无比感动，并增添了自信和动力。一年来，校长师父在身体力行地教导我什么是"遇到的人善待，经历的事尽心"，也正是这种恪守尽职、乐于助人的优良品质感染了我，让我能勇于进取，坚持不懈。

于我而言，在成长的过程中，认真做事并不难，难的是在合适的场合讲合适的话、作为干部工作如何示范、如何克服年轻人的不稳重、如何弥补自己性格的不足。在平时的交流反馈中，我多次提及这些问题，也引起了付华校长的重视，付华校长在日常工作中对我进行了有针对性的指导。一年来，我时刻谨记校长师父的教诲，把"率先垂范，言而有信，少说多听，坚持不懈，以踏实有效的行动取信于老师和家长"作为自己的行动指南，面对管理工作时，时常反思付华校长对我的叮嘱："要求老师做的自己先做到，作为一个一把手要有理想与信念，遇事不慌张，指导工作要有深度。"

我在成都市第二十三幼儿园成长的每一步都离不开校长前辈的悉心指导和耐心帮助，一个调查问卷、一次现场指导、一次干部交流、多次点对点指导，都让我看到了优秀校长身上的格局与担当；同时，他们也乐于用自己的成长经历来鼓励我，帮助我快速适应工作，克服困难，战胜自己。

光影故事：过程之中是用心

用心才能把事情做好，这是来工作室一年的收获之一。记得工作室的启动仪式采取的是线上+线下融合的方式，武侯区、温江区共12位校长、园长参加了线下活动，进入现场后，我发现工作室早就为成员们备好了笔记本、茶水、笔和座位牌，以及3本用红丝带捆好的书。付华校长以笔记本上的室徽为开场，并解释了室徽的含义："以红蓝两色为主要基调，象征工作室成员对教育的挚爱、管理智慧的增长和未来发展的蓬勃希望；两层圆圈寓意在工作室平台上区内外融合互动，携手共进,辐射传播,服务社会,努力成为一个发展有根的专业型校长。"校长师父的话给我的第一感受就是用心才能把事情做好,很显然,付华校长是将工作室当成一所学校来设计的,这份责任和用心令我感动。

接着,付华校长又分享了自己在学校管理岗位上的心得,即要重视从书中汲取养料,桌上的3本书是既是学管理、学带队伍,也是让我们坚持学习,更是让我们学会做人。一想到付华校长对阅读的热爱就令我自愧不如,但也激发了我奋起直追的积极性。

我曾向付华校长请教管理的经验,她说,最好的管理就是管好自己,影响他人。并用我们工作室的室歌举例,向我们诠释"心中有爱、不畏困难、勇敢前行"的含义,正如这首公益宣传歌曲所唱的那样,"我和你一样,一样的善良,一样为需要的人打造一个天堂"。作为一名干部,不正是要把他人的需要放在首位,坚定勇敢地用爱去感染他人吗?

光影成长:管理之上是专业

在工作室的这一年里,付华校长曾多次嘱咐我:"晓艳,你是个真诚、上进的年轻人,希望你坚持每天学习,努力做个专家型园长。"这让我深刻明白,对于一个教育工作者来说,专业化是一个永恒的主题。

在工作室本年度的十二次活动中,我承担了两次现场活动、两次发言,并接待了付华校长到校指导工作,每一次活动都是对我成长的促进。

2020年5月,付华校长的现场指导令我受益匪浅。从"三问大门"到叩问细节,让我意识到应该如何构建一个讲政治、懂规矩、有专业的温暖有爱的团队,也让我看到了自己管理中的细节问题、环境问题、课程问题等,更让我进行了一次有关园所的文化与课程落地的顶层思考。付华校长眼光的独到之处和管理的专业性让我"大开眼界",她的"大局观、讲规矩、懂方法、善反思、促团结"等观点都凝聚着一位管理者几十年的辛与勤和工作态度,认真践行"遇到的人善待,经历的事尽心"的座右铭。

2020年8月的"阅读占C位 乘风也破浪"读书活动也让我收获颇多。在付华校长不厌其烦地示范、指导和帮助下,工作室成员顺利完成了从地址的选择、方案的多次修改、现场音响与线下活动的音响要求、参观图书馆的反思、对于每个成员阅读的点评、现场园所文化的分享等整个流程。正是因为有了校长们的帮助,才让我有了不畏困难、努力提升、不断成长的底气。

2020年12月总结活动"共同成长 共见未来"是在校长师父的指导和袁丽小伙伴的协作下完成的,并交出了一份有专业特色的总结活动方案。其中,付华校长就如何明确工作室的定位、了解每个小伙伴的特点、支持每个小伙伴的发展、如何有效地推进与落实、如何全面细致地考虑、如何言行一致等问题都提供了细致的指导,当然,最终也离不开每一位同事的支持和包容,尤其是戴璐、王瑶两位姐姐,感谢她们的帮助。

光影效应:经历之后是影响

在这一年的活动过程中,虽然有过偷懒的念头和拖延的问题,但始终没有放弃,而是以校长为师,保持谦虚谨慎的学习态度,最终也算交出了满意的成绩。在年度总结会上,付华校长和我们合唱了室歌,伴随着美妙的歌声,我脑海中闪过一个个有关工作室发展的瞬间,并领会到付华校长所说的"讲政治、有格局、有视野、有思想、有能力、有定力、有专业"的"一讲六有"好校长的深刻含义。

回顾一年来的成长经历,我由衷感谢付华校长及工作室的其他成员,你们用切实的行动产生的光芒让我的身影逐渐壮大,而我也会将这份光与影的转化虔诚地履行下去。

最后,再一次感谢生命中的相遇,感谢成长路上每一位伙伴、校长,请你们接受我真诚的谢意。

光与影的故事（二）
——2021—2022学年度我与工作室领衔人的故事

成都市第二十三幼儿园　宋晓艳

2021—2022学年度，名校长工作室这道光继续陪伴我这个影子的成长，虽然还是有很多不足，但也取得了不小的进步。与工作室领衔人付华校长的相遇是我人生一大幸事，为我的人生增加了亮丽的色彩。

为你喝彩时不忘警醒

名校长工作室研修兼顾专业能力与个人品质，我在领衔人身上学到的不仅仅是专业管理的知识，更多是作为教育者的灵魂——思想境界。

履新后的第一课

2021年3月23日，当我由副园长转正时，付华校长第一时间为我送上祝福，称赞我的成长进步，为此，我由衷地感谢付华校长，并请她为我的新征程提出宝贵的指导建议。

付华校长告诫我，任何时候都要保持谦虚低调，保持独立思考，保持工作激情，保持严于律己，保持纯粹质朴，少一点功利，少一点浮躁，少一点短视。这令我感动不已，这些叮嘱正是我日常工作中不可或缺的提醒。这样接地气，且富于正义和定力的寄语，饱含着领衔人对我的爱护和善意的传递，也践行着名校长工作室的初衷。

干部如何对待荣誉

在一次外出学习中，工作室成员互相交流专业能力、思想水平，探讨如何做一个有思想、有格局、有能力的领导者。在谈及评优工作时，领衔人付华校长意味深长地告诫我们，作为干部千万不能和老师争荣誉、不能什么都想占有；我一直谨记于心。因此，2022年5月区级评优时，最初我什么都没有报，但领导们又期望我多为校争光，犹豫不决之际，我选择向领衔人请教，付华校长告诫我，青年干部要多多历练，而不能贪荣誉。最终，在幼儿园无教师申报的情况下，我决定报名成都市优秀青年教师。在后续的材料准备过程中，领衔人也十分关心我评选的进展情况，并告诉我，荣誉虽好，但切不可过分执念，应宠辱不惊，履行好本职。这份豁达开朗的心态、淡泊名利的品质和默默无闻的精神，是我在付华校长身上学习到的，"德能配位，长长久久"是作为每位管理者一生的良训。

为你提升时不忘帮助

无论是在工作中还是个人成长上，领衔人总是不忘搭建平台让我们不断进步。

"催"出来的文章

2021年1月13日，领衔人给我送了一份特别的礼物，这份礼物是在她的敲打下，我发表在《四川教育》的文章。看到礼物先是开心，随即而来的是内疚。因为2020年11月，付华校长要求我们写管理案例，还邀请《四川教育》老师来培训，但是由于工作繁忙，我就想拖延和逃避，没有上交管理案例。

出于对年轻人的鼓励与鞭策，付华校长一一提醒成员按时提交，在她的多次督促下，我硬着头皮完成了一篇稿子，同时为自己的偷懒感到惭愧，并立志多向她学习。

稿子质量不高

每年，领衔人都会到工作室成员所在学校进行座谈调研。2022年6月30日，付华校长来到成都市第二十三幼儿园交流指导。在做这次座谈会新闻稿件的审核工作时，我因为无暇修改，就直接将稿子发给付华校长。不料这次稿子却出了问题，付华校长也直接指出了质量不过关的问题，并提醒我要忙中有序，不能敷衍。面对付华校长的指导，我反思了自己的问题，并及时修改了稿件，也从这件事中学会了越忙越乱的时候更要有定力。

烦恼"垃圾桶"

有时，我不禁感慨，我们工作室的成员每天奋战在工作岗位上，为老师和学生操心劳力，肯定也会遇到情绪波折和困难，他们是怎样克服这些困难呢？会不会也有情绪不高，思想不坚定呢？之所以这样想，是因为自己时常会有畏难情绪。2022年7月底，因为工作的堆积和一些困难，加上没时间陪伴家人的愧疚，让我焦头烂额，甚至质疑自己没有能力挑起这份重担。我向付华校长倾诉我的烦恼，她用理性分析和温暖关怀打动了我，从以下三个方面开导我：许多问题，尤其是家庭和工作的矛盾是所有工作共同的难题；如何正确地面对和处理生活与工作、幼儿园与社会、个人发展与子女教育等各种矛盾关系，是每个人成长的必修课；过去的经历已经证明了我的工作能力是毋庸置疑的，要对自己有信心，不应怀疑自己的选择。她的话令我豁然开朗，想起了教师节时，她曾对我们的寄语："要坚持走一条专业发展之路，做到不浮躁、不短视、不骄傲，也不随波逐流。"我及时地调整了心态，坚信自己的教育初心，也坚定了自己的道路。正是有了工作室领衔人的心理支持，我才有了倾诉烦恼和获得情绪价值的地方，我也希望有一天可以做付华校长烦恼的"垃圾桶"。

辞职的老师

2022年4月，保教主任巡班时指出一位老师的问题，那位老师当即扔下班级跑出来就说要辞职。面对突如其来的辞职，我一时不知所措，便寻求领衔人的帮助，听了她的建议，我做了以下考量：一、想清楚是否还继续让那位老师任教；二、研判了留与不留的利弊，然后和团队商量措施；三、反思背后的问题等。在大家的共同努力下，这件事平稳处理好了。事后，领衔人告诉我，这些突发事件是最考验年轻干部的，正是这样的历练推动年轻干部不断成长。

这就是一年来我与工作室领衔人的故事，她以专业能力、谦虚温和、自律克己，与人文情怀感染着我，她的悉心指导和耐心帮助一直伴随着我的成长与进步。

浓浓支教情，深深师徒意
——我与付华名校长工作室的成长故事

成都市武侯实验小学　谢　琳

阳光炙热的盛夏，是植物生长最旺盛的季节，也是开启美好和成长的季节。这个季节里，三角梅在阳光下突破荆棘，绚烂盛开，红成耀眼的一片。我们都希望自己能如同三角梅一样绽放，热情奔放，坚韧不拔，更希望能拥有一片温暖的阳光，助我们不断拔节生长。

付华校长给予我的帮助就像这片阳光，无论是在学校，还是在名校长工作室中，她总是关爱每一位师生、呵护每一个成员，热诚地帮助我们成长，她用真心、用热情、用智慧，助力我们突破瓶颈、迎接挑战、克服困难、超越自己。

2021年9月到2022年7月，在付华校长的帮助下，我和工作室成员赵洪琴互换学校和岗位，我来到马家河小学支教，赵洪琴前往武侯实验小学，我们用一年时间进行沉浸式体验，获得了宝贵的体验与成长。这样的成长和锻炼机会对我意义非凡。

一、独辟蹊径，积极奔走，争取政策落地

（一）支教的刚性要求和现实的瓶颈难题

我2000年大学毕业后，就一直在武侯实验小学工作，一晃就是20年。在这里，我由青涩的新教师成为骨干教师、管理干部。这里有跟我一起成长的亲密战友和亲爱的小伙伴，大家相互理解支持，一起搭手开展各项活动，充满欢声笑语；这里更有我工作上的老师——付华校长。她手把手指导我、带领我，建设慧美校园、构建慧美课程、评选年度感动人物……不断获得成就感，不断积淀管理经验。与此同时，因为参加工作以来一直待在一所学校，我的视野拓展受到阻力；加上因为工作前没有支教及在资源相对薄弱学校从教的经历，专业晋升受到局限。虽然武侯实验小学是我成长的沃土和家园，但我也渴望有机会走出武侯实验小学去尝试、实践，检验自己的管理水平。不过，这些渴望受制于现实，一直以来很难解决。

（二）策略创新破除难题，让支教成为现实

这些情况，付华校长看在眼里，记在心里，她努力突破现实的局限，另辟蹊径。她借助名校长工作室平台，帮助成员之间互换交流，多次为成员奔走于相关学校，最终确定了与我互换的马家河小学副校长赵洪琴，也征得了马家河小学詹福军校长的支持。之后，付华校长又向教育局汇报，不

仅获得了上级对支教工作的认可，还为区域校级干部交流轮岗工作提供了新的思路，破解了难题，推动了此项工作的开展。

教师交流轮岗从提出到落地用了近两年的时间，其间付华校长多次到成员学校调研，经常通过电话联系学员。在我迷茫怀疑的时候，付华校长总是不厌其烦地鼓励我，她说这也是她为破解区域干部流动的难题做出的些许努力，值得付出，不能轻言放弃。现在回想起来，我为付华校长的乐观和坚持感动，因为其间的艰辛不是寥寥几笔就能写清楚的。

二、引领指导，细细叮嘱，奠定坚实基础

支教工作从2022年9月开始，对于我这样一个从来没有走出过武侯实验小学，没有去过马家河小学的"小白"，心里还是有诸多担心：能不能适应新学校的工作？究竟是去打打酱油还是留下点什么？能不能和新学校的干部老师相处愉快？工作开展会遇到困难吗？心里很没底。

面对我的担忧，付华校长决定利用暑假的时间带我到马家河小学熟悉环境。7月13日，我第一次走进马家河小学的校园，这天非常热，付华校长顶着烈日带着我参观校园，记得那时马家河小学还在进行暑期基建维修工程，美术馆、文化墙、小花园都还在修建中，我们一一浏览，她向詹福军校长介绍我的成长经历，并与詹福军校长、洪琴一起作支教工作交流。

这次参观后，付华校长和我进行了一次深入的谈话，她希望我将这次的交流经历当作工作室成员成长的一次积极探索，并叮嘱我要在工作中注意以下四点。一是坚持写工作札记，记录成长感悟。把这一年的工作变成对自己专业成长有效的经历去珍惜、去书写。要有成长性思维，常思考、常对比、常总结，在两个不同的学校间找差异、找共性、找规律、找方法，不断提高对教育管理的站位与视野。二是要有归零的心态，百折不挠。到了马家河小学就是马家河小学的教师，要干好马家河小学的行政工作。工作中难免会遇到困难，但是再大的困难都不要轻易退缩。遇事提前思考，方法得当。保持在武侯实验小学的工作状态，认真踏实，坚持创新，不敷衍，不懈怠，不辜负。三是要有好的精气神，积极向上。保持良好的精神状态，积极主动地与马家河小学的行政人员、老师、学生做好沟通，带好部门的干部、指导老师、帮助学生，始终充满自信地出现在师生面前。四是在支教过程中，有时难免会两校工作有些交叉，要兼顾两校工作，做好协调。

这次谈话消除了我的不少担心和疑虑，事实也证明，虽然后来支教中我遇到了一些困难，但是秉持这样的态度和定位，没有失去定力、迷失方向，这些叮嘱就是法宝，为我之后一年的支教奠定了良好的基础。我觉得自己是带着使命去支教的，作为武侯教育的一员，作为付华名校长工作室的一员，我一定要为马家河小学留下点什么……

三、一直牵挂，关怀备至，确保支教顺利

（一）做好充分准备，"拎包"去支教

2021年的9月10日，武侯实验小学将开展"第五届年度感动人物"颁奖仪式，这项工作主要由我负责。为了让我不留遗憾地参加整个活动，收获成就感，付华校长和詹福军校长商定，我可以过了教师节再到马家河小学上岗。教师节活动当天，付校长专门邀请了詹福军校长和洪琴，既增

进了两校之间的交流,也向他们展示了我的工作能力,这番用心良苦让我感动。活动结束后,校长叮嘱我,下周参加马家河小学的升旗仪式时要穿好武侯实验小学的校服,我也特意穿上了教师节活动那天的"小白鞋",寓意工作走上了新的道路。

9月13日,支教工作正式开始。有了之前的一系列铺垫工作,我就像"拎包入住"一样,很快适应了马家河小学的环境和工作。正因为做好了思想准备,确定了明确的工作目标,我的支教工作一点也不茫然,也没有一点的失落。正因为有着强烈的使命感,谨记"遇到的人善待,经历的事尽心"的管理理念,去主动有为、积极作为、自我鞭策和不断追求卓越。

（二）深刻感受，唤醒责任与使命

马家河小学是武侯区离中心城区最远的学校,位于绕城高速之外,是武侯区和双流区接壤的城乡接合部,城市化进程让学校不断思考如何发展以适应环境变化。同时,这里进城务工随迁子女占到全校学生总数的90%以上,在这里的一年,我深切地感受到学校办学和教师在教育教学方面的诸多不易,有很多感慨和思考。这些激励我将自己所有的经验、精力,全部投入学校的管理工作中；让我有了更高的站位,思考学校的发展,指导教师的教育教学,为区域的教育作出自己的贡献。

（三）努力践行，助力学校发展、师生成长

这一年中,我牵头组织了校园文化艺术节、合唱节、体质健康全员运动会、全员趣味运动会、小马奔腾好少年评选活动、德育总结会、教育故事评比分享活动、正面管教专题系列学习、班会赛课等近10次大型活动。在这些活动中,我总是回想校长带领我们在武侯实验小学开展类似活动的场景,回想她平日里对我们的要求,以更新的教育观念,以立德树人、五育融合的要求,以更优化的工作策略,提前把活动策划好,随时关心活动进程,调动相关人员积极参与,确保活动优质高效,确保师生得到锻炼成长,让每次活动都发挥最大的教育意义。

这一年中,我带领部门和教师们,致力"规则润五育",每周开展"规则好少年"的评比,评选出2700名规则之星、500余名规则好少年、20名首届小马奔腾好少年优秀毕业生。带领学校排球队获得区级比赛三个冠军、市级甲组冠军,足球队甲、乙、丙组分获冠军。成立"小马奔腾"社团,为"小马驹"们的全面成长作出了努力。

这一年中,在校长的鞭策和督促下,我完成了10篇支教札记、1篇交流汇报稿,共计4万余字。通过不断总结、反思、对比、追问,对现代学校治理有了一些自己的思考。

这一年中,我完成了马家河小学督导特色汇报报告、校园足球项目汇报、劳动教育课程、安全教育特色课程等,我留心学习、领悟马家河小学的文化,让马家河小学的文化理念有机植入每篇文稿,渗透入文字之间,指导这些活动落实促进孩子的成长。

这一年,我感到充实而有成就,在工作中形成的良好的工作习惯和对工作品质的高标准要求,无论在哪都受益匪浅,也感到更有底气和自信。这些都要归因于付华校长和工作室众多伙伴的支持,大家一起探讨问题,在反复实践中共进。

这一年,我觉得自己有了众多突破,站位更高了,工作更有方法了,眼界得到了拓展,经验得到了验证,有了很多收获和长足的进步。

四、亲自调研，经验辐射，助我们一路成长

（一）不间断的跟踪指导

一年时间并不短，但因为有工作室的引领和领导同事的包容指导，才让我在这一年里能够从容应对。这一年里，每次武侯实验小学开展名校长工作室活动和课题研究时，付华校长都会邀请我参加。尽管不在武侯实验小学，但我还是在付华校长的影响下完成了《正面管教》的学习，为学校的班级管理和家庭教育提供了不少好方法。即使身处马家河小学，我也依然不忘每天听武侯实验小学为我注册的樊登读书会的节目，参与支部"学习强国"的打卡。此外，在付华校长和工作室的督促下，我们每月都会撰写支教札记，有时也会围绕一些话题进行讨论；期末，工作室又为我们支教老师搭建平台，让我们及时总结自己的支教情况，和学校老师交流，促进我们的进步。

（二）支教结束前工作调研

2022年6月来临时，支教工作渐渐进入了尾声，付华校长代表工作室来马家河小学对我的支教情况进行调研。我以为她只是随便来看看，但后来发现，她很早就对调研的时间、内容、参加的人员做出全面的安排。在听取了马家河小学两位校级干部、三位中层干部对我一年支教工作的评价后，追问他们跟我相处中印象最深刻的事，同事和领导们都很真诚，给予我很多鼓励，肯定了我的迅速融入，工作中引领示范、起到表率作用，系统建构规则五育，有教育情怀，等等。付华校长一一记下他们的发言，也露出了欣慰的笑容，高兴地说：看来工作室成员互换交流这个决定是正确的。

正是工作室提供的平台让我有了锻炼的机会，并激发了我的工作热情和活力，让我开阔视野，迎来了职业生涯的新生长；正是工作室，尤其是付华校长的关怀，让我在感动和温暖中有了前进的动力，在疲惫时有了停泊的港湾。事实证明，我的支教生活是快乐、有进步、有收获、有成就的，我完成了把武侯实验小学的经验、观念、做法带到马家河小学的光荣使命，也为别的教师起到了引领和表率作用。同时，我的经历拓宽了名校长工作室的工作思路，通过支教，两所学校互相交流学习；通过支教，可以历练干部，促进干部成长，使干部走向更开阔的天地。

（三）培训指点马家河小学干部团队

在感谢完马家河小学团队信任、接纳和支持后，付华校长应詹校长之邀，就干部的成长进行了交流。她说，干部要成长，校长要率先成长，要全过程参与、全身心投入、全方位学习。在整个交流过程中，付华校长知无不言，慷慨分享自己在学校管理中的经验，她真诚的态度和高屋建瓴的观点，让我们这些后辈领略了成都市特级校长的担当与情怀，激起了我们奋发向前的斗志。

一年的时间不长，一晃，马家河小学的围墙上又爬满了一大片怒放的三角梅。看到这些三角梅，我就想到了一年来关心呵护我成长的工作室，尤其是付华校长，为我们搭建平台，悉心指导，让我们在武侯教育沃土中不断成长。这一段难忘的旅程中，我遇见了那么多志同道合的伙伴，遇见了马家河小学可爱的师生，也遇见了更好的自己。我会将这份珍贵的师生情薪火相传，为更多学子照亮成长之路。

踔厉前行，做优秀的教育管理者
——三届赛课，我与工作室领衔人的教育故事

成都市武侯实验小学　张　华

她如一泓清泉，滋润我心灵的草木；她似一盏明灯，指引我人生的方向。

——题记

如果说赛课是教师专业成长的关键性事件，那么策划组织赛课活动，则是新手教学分管行政破茧成蝶的岗位必修课。

从 2020 年 9 月到 2022 年 6 月，三个学期，三届教学节，数学、语文、科任学科赛课活动次第开展。我作为新提拔的副校长，分管教学工作的经验较少，但却需要牵头组织如此大型的三次赛课活动，内心的焦虑与忐忑是可想而知的。但是，我又是非常幸运的——作为付华名校长工作室的成员，三次赛课组织均得到工作室领衔人付华校长耐心细致的指导，使我经受住了考验，圆满完成了任务并在三次历练中不断成长，逐渐走向成熟。这其中的故事真是三天三夜也说不完啊……感谢领衔人！

一、做赛课活动的策划者与组织者

作为分管教学的副校长，在学校将举行的第五届教学节上，拟定出一份细致全面的赛课方案，是我这个新手的第一次历练。从我接到拟定一个学科的赛课方案这一任务开始，我就绞尽脑汁地思考要如何才能制定好这份方案，一会儿想赛课主题怎么确立，一会儿思考赛课具体日程如何安排，一会儿想赛课现场协助人员如何统筹，一会思考赛课的评分标准如何制定。这时候才明白，看别人组织赛课活动似乎轻而易举，但等到自己亲自动手时才发现真是困难重重，在焦虑和忐忑中初步完成了一份方案。

付华校长看过方案后，很赞成我的设计思路，并对我提出了几点修改意见，她建议我在方案制定上要强化以教师为本，赛课活动可以和学校承担的市区级课题、区智慧学本项目工作等整合起来开展，尽量减轻教师工作负担；其次，要有成果意识，需要教师提交哪些赛课成果资料，一定要基于教师发展需求，要提前思考；此外，方案制定还要有全局性、流程化意识，赛课所涉及的方方面面都要通盘考虑，赛课活动安排要按流程以表格方式呈现，才能做到一目了然。这些经验对我来说简直是醍醐灌顶，既有清晰的思路，又能有效地操作。同时也感受到，作为领衔人，并没有在我制定方案之前提出要求，这是给了我充分独立思考的空间，方案初稿拟出之后又给予针对性的指导，

这份帮助和呵护,是多么难能可贵。

根据工作室领衔人的指导和部门同志的一些建议,我认真修改方案后再次寻求他们的意见,他们也不厌其烦地指导我,甚至连标点符号、表格排版问题都给我提出了改进建议。当最终定稿的方案出炉时,看见文件名标注的数字"10",我心中感慨良多:整整10稿啊,伙伴们不厌其烦地指导我,这需要多么大的耐心、多么深的教育情怀,才能如此包容与呵护啊!

方案确定后,付华校长召开了教学部门的赛课准备会,叮嘱大家一定要按照方案抓落实,部门同志要服从分管领导的工作安排与统筹,积极支持配合,齐心协力把赛课活动组织好,真正服务于教师的成长。付华校长连部门工作如何协调安排都考虑到了,我感到惊讶,学习到了这种一丝不苟的精神。

后续的赛课准备工作中,工作室领衔人也不忘时刻关心指导我们这些管理"新手",至今,她的关心至今仍在耳边:

"华华,老师们试讲情况如何,每个教研组长和师父作用发挥怎么样?你一定要带领部门同志深入到课堂跟踪调研哦!"

"华华,赛课现场桌椅、座牌等布置、信息技术设备的试用,评委专家的提前联系等都要提前考虑周到哦!"

"华华,数学组老师的听课和其他学科老师跨学科听课,你要事先在学校群里预通知到位,并做好听课老师的签到与记录哦!"

……

在工作室领衔人的指导和关心下,覆盖低中高三个学段,内容涵盖"数与代数""图形与几何""空间与图形"等多个方面的17节数学课在赛课活动中精彩呈现,赢得大家肯定。

从赛课准备、正式赛课到最后赛课总结,一场时间跨度长达3个多月的赛课活动终于圆满收官,作为分管教学工作的新手小白,我算是从中摸到了一点组织大型赛课活动的门道。

二、做研究型教师团队的引领者与培养者

在成功组织了数学赛课活动后,对于后续语文赛课活动的组织,我心里多了一些底气,觉得只要依葫芦画瓢就行了。

正在我暗自高兴的时候,领衔人付华校长问起我对下期语文赛课组织有何思考与打算,我便据实汇报:"我想参照数学赛课的模式来组织。"她语重心长地说:"你再思考思考呢?作为分管教学的副校长,你应该有更高的站位。今年'双减'政策出台,减负提质增效是教学工作的热点与重点,你觉得对下期语文赛课活动的策划组织有哪些新的启发呢?"我顿时窘迫不堪,因为确实没有想到那么多。

"我们必须在汲取数学赛课成功经验的基础上,在引领教师专业发展,打造研究型教师团队方面更加着力。因此,这次的语文赛课在教师及团队的专业成长上应该有一些新的举措。"她接着说。她建议我听听语文大组长罗建璞老师以及区语文教研员甘雪梅老师的意见。

在请教区语文教研员甘雪梅老师,听取了语文大组长建璞等老师的建议后,我整理了意见并总结汇报:大家建议将各年级组赛课主题与各学段教学重难点相结合。付华校长听罢提醒我,赛课主题的确立还可以与学校承担的智慧学本、群文诗歌、整本书阅读教学、教师课例研究等国家级、市区级课题相整合,让六个年级的赛课主题都成为微课题;这样不仅能推动学校课题研究工作的开展,更重要的是能发挥语文组名师优师及组长作用,与赛课教师结成团队,以赛课课例为载体,开展微课题研究,促进整个教师团队教学能力和科研能力的提高,这才是组织赛课活动的真正目的。在他们的点拨下,我们最终将一到六年级的赛课主题确立为"识字教学、口语交际、看图写话、智慧学本·精读课文、智慧学本·群文诗歌、整本书阅读"。

随后,学校教学部门以自荐与安排相结合的方式,指导学校罗建璞、杨莉等 8 名市区级学科带头人、优秀教师与 17 名赛课教师组成了 8 个小型的赛课科研团队,并对各科研团队参赛教师赛课成果的提炼与上交提出要求:赛课成果应结合此次赛课撰写课例报告或研究论文,要体现微课题研究的特点。教科室李玥副主任也按照工作室领衔人要求整理了课例报告及论文的范例供大家参考。

在 8 个赛课教研团队紧锣密鼓地为赛课做准备期间,领衔人带着我们深入各个赛课团队调研,发现都是老教师带着新教师在认真学习相关教学理论、教学设计、视频课例等,并指导徒弟反复试讲、修改设计,不辞辛劳。教研的氛围非常浓厚,感人的故事不断涌现:区学科带头人杨莉老师带领团队不仅制定了团队研课的 7 条规则,更是按要求落实,认真磨课,扎实科研,成绩斐然;五六年级的黄阳艳、马瑗组长等带领徒弟认真学习郑璐老师的区级研究课——整本书阅读教学分享交流课课例"鲁滨孙漂流记",并重点借鉴其"技术赋能·四环进阶"教学模型,带领徒弟们进行变式教学设计,成效显著。

可以说,8 个团队通过艰辛而幸福的磨课研究过程,不仅丰富了团队的文化底蕴,提高了团队的教学理论水平,还提升了团队每个成员的教科研能力,使得赛课场上精彩的课例呈现水到渠成。当受邀担任评委的成都市语文学科带头人杨国兰校长、区语文教研员甘雪梅、廖馨梅、门雨红看到这些课例时,眼前为之一亮,在后续专题讲座中都进行了点评,给予了肯定。

为了固化赛课成果,工作室领衔人手把手教我策划赛课总结会,将其开成教师及团队学习成长的科研成果分享会、专业发展提升会,她指导我对赛课活动做全面梳理和总结,形成了《实施"六项策略",促进教师教学能力提升》一文,在后续的赛课总结会上进行分享。工作室领衔人的"用心"潜移默化地影响着我,我也"用心"地帮助每位老师字斟句酌地修改总结会上的经验成果交流稿,当老师们在总结会上作了精彩发言,赢得热烈的掌声之时,我也收获了她们向我投来的感激的目光。

三、做校本课程建构与开发的倡导者与指导者

组织语数赛课活动的历练,让我积累了引领教师及团队专业发展的宝贵经验。因此,后续组织科任学科赛课活动,对我来说就是"小菜一碟"了。

我自信满满地将认真思考制定的科任赛课方案提交审核,当我觉得应该是"一次过"的时候,

付华校长却提出了许多可以改进的地方。她在肯定我态度的同时,提出课程是学校的核心竞争力,其中校本课程的建设是课程建设的重点、亮点、观点,前期的校本课程建设虽然取得一定成果,但是还有较大的提升发展空间。付华校长启发我:这次赛课反映出许多科任老师在校本课程开发方面的基础,可以借助本次赛课,激发一些学科、一些老师在校本课程开发方面做出探索与突破。付华校长建议我指导参赛老师用大单元整体教学设计的方式进行一些校本微课程的开发,挑选其中的一课时做教学设计,在赛课时作展示。

俗话说"听君一席话,胜读十年书",每一次与工作室领衔人交流,都能带给我很大启发,她的思路总能让我的灵感不断涌现。从数学赛课要求赛课教师上好一节课,到语文赛课要求教师上好群文和整本书教学课,最后到科任学科赛课,要求科任老师进行校本微课程的开发,一学期一个"台阶",都是她对教师专业发展的帮助,以及对学校教学质量提升,对学生成长的那份深深的责任感。

在工作室领衔人的指导下,我调整了赛课方案,带领部门同志与科任学科分管行政、组长和教师积极沟通,鼓励教师们聚焦教学的一个小切口,利用信息技术赋能,通过问卷星、访谈等方式了解孩子们的兴趣点,进行校本微课程的开发,在赛课时选取其中的一课时进行展示。

在老师们的团队"磨课"过程中,我们欣喜地看到,所有老师均采用大单元教学的模式进行教学设计。体育、科学、英语学科共10位教师在国家课程校本化方面进行了积极探索。音乐学科魏佳老师聚焦低段四川民歌教学策略研究,进行了四川民歌"数蛤蟆"校本微课程开发;心理学科刘慧老师结合心理测评中学生较为集中的心理情绪问题,从情绪疏导主题入手对低、中、高段学生的情绪疏导课程进行了整体思考,并针对此次赛课展示,重点聚焦"小学中段学生情绪疏导课程"进行了开发。美术学科曾丽霓、周婉琦两位老师在学科分管行政李玥副主任的带领下通过调研,结合学校刀马旦舞蹈特色,将非遗文化、舞蹈与美术结合,进行了"戏韵英姿刀马旦"版画校本课程的开发,"版画艺术发展史""版画黑白灰关系理解与设计""刀马旦传统文化讲述""刀马旦形纹色""'制'刀马旦——拓片拓艺"等整整10个课时的教学设计,让大家觉得非常惊艳。

在赛课现场的课例展示中,体育、科学、英语、心理、音乐、美术等6个学科的14名赛课教师均做了课例的精彩呈现:五堂体育课,学生"身体动、思维动、心灵动",激情灵动;三堂科学课,学生实证探究,感受科学的慧与美;两堂英语课,学生听说读写,语用巧妙心;一堂心理课学生多角思维,传播正能量;一堂音乐课,学生传承民俗,歌声悠扬;两堂美术,学生学习版画技艺,"拓"出精彩。

更为精彩的是赛课总结会。此次赛课总结会开成了教师学科素养的提升会、校本课程开发的经验传播会。在总结会上,多名老师作了分享交流,其中周婉琦老师代表美术组以小专题的方式分享了"戏韵英姿刀马旦"校本课程的开发与实施,给大家留下深刻印象。她从课程开发背景、开发目标、实施策略等四个方面阐述了美术组将天府文化的传统戏曲元素"刀马旦"与版画相结合在美术课堂上进行研究探索的全过程,为大家进行学科校本课程的开发提供了参考样本,让大家受益匪浅。

三个学期,三场赛课。蓦然回首,我已不再是曾经那个分管教学工作的新手小白了。这一路走来,我的每一点成长与进步,离不开工作室领衔人的陪伴与帮助。犹记得领衔人在谈到工作室成立的初衷时说道:"培养年轻干部,是我作为一名老校长、作为工作室领衔人的使命。为国育才,你们的成长与进步就是我最高的荣誉。"

因此,我由衷地感谢名校长工作室这个平台,其团队如一泓清泉,滋润我心灵的草木,似一盏明灯,指引我人生的方向。

"搀扶"伴成长

——我与名校长工作室的教育故事

成都市武侯实验小学 张 霞

2019年3月4日,对我是一个特别的日子,因为那天是我又一次"新手上路"的日子——从中层干部走上校级干部的岗位。虽然我已经是一名副校长,但我深知自己在这个管理岗位的经验为零,理论知识和实践经验都很匮乏,面对陌生的环境、不熟悉的面孔,以及将面对一位"对工作要求高,管理精细"的成都市名校长,我的内心是紧张、忐忑的,但同时也充满了期待。

来到学校后,我深深感受到了付华校长在学校管理方面过硬的专业水平和个人魅力。一年多以来,付华校长总是耐心细致地帮助和指导我这个新人,从大到管理能力的提升,小到方案的制定,以及分管工作的规划、部门的管理,都令我获益匪浅。所以,今天我想和大家分享的是付华校长指导学校劳动教育课程的开展一事。

付华校长一直秉持对教育前沿保持高度敏锐的理念,2019—2020学年上期的时候,付华校长就曾指导我拟定学校劳动教育课程实施方案,并率先提出"依托家务劳动拓展家校共育新路径"的微改革项目。2020年3月20日《中共中央国务院关于全面加强新时代大中小学劳动教育的意见》出台后,根据文件精神,结合学校实际情况,我与付华校长沟通后,最终修订成《武侯实验小学劳动教育课程实施方案》。方案确定后的实施工作又让我犯了难,不得不再次请教付校长,付校长建议我从以下四个方面着手。

一是开好几个会,讲解劳动教育的重要性与育人性,以及学校开展劳动教育的重要背景和意义。为此,我利用全校会、班主任专题会以及家长会等,对学校的劳动教育实施方案做了解读,班主任老师做好家长参与劳动教育的动员工作,形成协同育人合力。并指导班主任利用主题班会课时间,开展"我爱劳动""劳动最美"等主题班会课,让学生从思想上重视劳动教育。

二是安排劳动实践课程进课表。通过与教师发展中心协调,学校将每周五午间管理的40分钟时间确定为每周的劳动教育实践课程时间,充分保障劳动教育开展的时间固定。

三是保证安全,有计划进行。为了保证劳动教育实践课程的效果,各班制订劳动教育计划,课前确定主题、内容、流程、做好人员分工等,每次课程开展前,学生发展中心都要集体做安全和注意事项的提醒和教育,确保每一次劳动教育实践课程开展的安全性和有效性。

四是做到全员参与、全体动手。每周五的劳动教育实践课程,遵循"一个都不能少"的原则,全校师生参与其中。班级正副班主任负责班级学生分工、安全事项、课程开展,以及行政巡视、指导分管年级课程开展,并做好后勤保障、协调工作。

在付华校长帮助下,武侯实验小学劳动教育实践课程开展取得了显著成效,一年多以来,全校师生积极性高涨,校园环境也干净整洁了不少。方案实施前的担忧和困扰都在一年多的实践中一一解决,这正如她常说的那句话:"办法总比困难多。"事实证明,面对困难或棘手的事情,只要积极想办法解决、用心去做,就会打开良好的局面。

疫情期间,在工作室的交流分享会上,领衔人向我们提出"疫情期间,劳动教育实施方案可不可以继续实施"的问题,我的第一反应是"等到正常复课后才可以",成员们也给出了相似的回答,而领衔人提醒我们,居家期间,家长有时间指导学生,学生也有时间持续性学习适合他们的劳动技能,而且还可以通过云端展示他们的劳动成果,既可以丰富他们的居家生活、学会劳动技能、培养爱劳动的好习惯,又可以营造和谐的亲子关系,打开了工作室成员的思路,于是我们拟定出《武侯实验小学"小巧手"家务劳动清单》和与之配套的评价单,并倡导学生通过图片、微视频等方式展示劳动成果。家长、学生对这一活动的积极性都很高,在线上教学期间,我们学校还推荐了10余节劳动教育微视频到武侯区三顾云平台,作为全区小学生劳动教育的学习资源,其中有两节视频获得武侯区一等奖的好成绩。

在付华校长的指导和帮助下,武侯实验小学拟定出了劳动教育课程方案,并落到教学实处;同时,希望把探索的经验与更多学校进行分享交流,于是计划申报武侯区劳动教育试点校。以上这些只是付华校长"搀扶"我成长的点滴,这一年多以来,在工作室的指导下,我这个刚上路的新手也逐渐摸着了一些管理的门道,在工作中不时有点小幸福、小成就。在武侯实验小学这个温暖的大家庭中,在名校长工作室"做有智慧的教育,办有温度的学校"办学愿景引领下,践行"以人为本,精益求精",争取不辜负工作室的期望,不怠慢自己的期待,努力成长为一名优秀的校长。

在管理中践行"遇到的人善待"
——我与名校长工作室的教育故事

成都市武侯实验小学　张　霞

2019年3月4日,于我是一个特别的日子,我从中层干部走上校级干部的岗位;从三环外的一所学校到市中心的武侯实验小学。怀着紧张、忐忑又充满期待的心情,我成为武侯实验小学的一员。当天下午,付华校长在给我介绍了学校的情况时,看到我的拘谨和不安,便安慰道:"在武侯实验小学,从校长到每一名员工,每个人都很好相处,武侯实验小学的干群、师生、家校关系都很和谐,有着温馨的校园人文环境。"校长的话让我轻松不少,我向她请教管理方面的经验,她说:"学校管理,说简单其实很简单,那就是做好人的管理,就是我经常说的一句话'遇到的人善待,经历的事尽心',在武侯实验小学,只要你践行好这两句话,工作就轻松愉悦了。"校长说,这些平实朴素的道理是她和武侯实验小学的全体教师、管理人员在工作中的经验沉淀,希望对我的工作有所启发。我作为一名新手,如何学习校长的管理智慧,如何内化为我自己的管理策略呢?近两年来,或许有了些许的感悟和收获,在日常管理实践中,慢慢悟到了一些管理的门道。

一、"遇到的人善待",首要是尊重

到学校一周后,我基本清楚了学校的情况,想着要尽快熟悉分管工作。一天午餐时间,我端着饭碗开始在楼层巡视,看看午餐用餐情况。当走到4(3)班教室时,我看到学生在排队打餐,浏览教室,没有看到老师。经过询问得知班主任A老师刚才在教室,现在不知道去哪里了。学校关于午餐管理规定是"午餐时由正副班主任老师在教室组织学生有序用餐",可现在4(3)班一个老师都没有,我的第一想法是马上联系这个班的老师。

我来到四年级办公室,经询问,一名年轻女老师(B老师)说,她是4(3)班的副班主任,她和班主任老师有分工,今天中午是班主任老师守午餐。"那班主任老师现在不在教室,你知道这个情况吗?"B老师说她马上去教室值守。"那A老师去哪里了?"我一连问了两三次,都没有人回答我。看我不问出结果不会离开的样子,一位年龄较大的老师说:"A老师刚才说她人有点不舒服,是不是去新教育办公室休息了?"我有点不高兴了:"这个A老师,午餐管理人不在,自己跑去休息了?"我边想边朝新教育办公室走去。

走到新教育办公室门口,我正欲抬手开门,忽又想起那句"遇到的人善待",如何才是善待呢?直接打开门,连起码的尊重都没有,还能说是善待?我马上轻轻地敲了敲门,里面没有动静;我又敲了敲门,"谁呀?"A老师问。"是我,张霞。"我边回答边打开门。A老师半坐在沙发上,身上盖着一条毯子。"A老师,这个时间点你怎么没有吃饭呢?""我待会还有午管,想先休息一下。""你不舒服吗,那要不要去看看医生呢?如果只是想休息,我觉得时间不对哟,教室学生午餐谁管理呢?""哎呀,都四年级了,学生可以自己管理自己的,你不信你可以去看,我们班的学生绝对很有序,不会吵闹,你放心。""我已经去看了,班上学生的确很乖,排队打餐有序,也没有吵闹,但是学校有规定,午餐时应该是正副班主任老师在,这个期间万一有什么突发事件,谁来管理,谁来负责呢?学生那么小,比如,不小心把汤洒在身上或者打翻饭菜,谁来处理?"看我满脸严肃,A老师不太乐意地说:"那我现在上去吧。""不着急,B老师已经在教室里了,我们交流一下吧。"

在交流过程中,A老师表达了她的目的是培养学生的自主管理能力,我赞成她的想法,但是我也告诉她培养学生自主管理能力是要采取合适的方式方法,要找准合适的时间节点,而且安全是自主管理的首要条件。A老师表示认同,但我能感觉出来,她还是有点不高兴,对我的要求,她不是打心底里完全认同。

如何让A老师改变认识,我带着疑问走进校长办公室,请教付华校长。校长听我说后,笑眯眯地说:"A老师是一个比较有想法的老师,而且她特别喜欢戏曲,很有自己的特点,你要多去了解她,多沟通,先把自己的工作做好,她会心服口服的。"

二、"遇到的人善待",法宝是以身作则

从校长办公室出来,我感觉又有了底气——我以身作则,做给她看。

接下来的每天午餐时间,我都边吃饭边开展全校巡视,特别关注4(3)班。每次到4(3)班的教室门口,我都要多站一会,主动和A老师打招呼,并询问午餐情况。慢慢地,我发现A老师见到我的时候也主动开玩笑、交流沟通了。在A老师的微博里,她还这样写道:"我本想完全实行午餐自主管理,这学期新来的张副校长不乐意了,午餐还非得要我去教室里管理。但我也发现张副校长自上周开始每天都在各班轮流进行陪餐,好好好,你陪我也陪,大家一起吃更香甜……"看罢A老师微博里的这段话,我觉得自己的以身作则发挥作用了,正如付华校长所说:"先把你自己的事情做好。"要想把自己分管的工作按照要求保质保量地做好,自己必须要先以身作则,不需太多言语,他们自然会看得一清二楚,自然会把他们分内的事情做好。每个人都做到了"经历的事尽心",那学校就能得到更好的良性运行。

三、"遇到的人善待",关键是用人之长

到学校一段时间后,我发现A老师对于戏曲不仅仅是喜欢,可以说她的生活中、工作中都有戏曲,而且将戏曲融入了班级文化、班本课程、学科教学等各个方面,并且取得了不错的成绩。我想,这与付华校长对她这一爱好的包容和发掘离不开关系。

既然A老师有这个优势,而且付华校长也将她的优势挖掘得比较明显,那么作为分管校长,我应该要用人之长。机会很快就来了。我在接到武侯区第十三届中小学生艺术节的通知时,一开始十分犯难,因为我们学校是四川省艺术特色学校,按照要求,至少要申报两类节目,但学校舞蹈组和合

唱组要参加"第一届中外人文交流小使者"全国展演,根本没有人可以借,摆在我面前的节目只剩下诗歌朗诵和校园剧了,但缺少可以指导的老师。但我很快想到了,A老师有校园剧编排经验,又有戏曲特长,何不让A老师来挑此重担呢? 我向校长汇报后,得到了校长的认同,于是我马上与A老师沟通,A老师欣然同意,带领6(3)班学生认真排练,在区级比赛中取得了不错的成绩。

在武侯实验小学的每间办公室都有这样一句话:"遇到的人善待,经历的事尽心。"在武侯实验小学像A老师这样既优秀又有特长个性的老师很多,如何更好地践行"遇到的人善待"这一管理文化,是作为管理者的我们要带头示范和践行的。

"学校管理无小事,学校管理重在细节。"在学校管理工作中,我们充分尊重老师、学生,将引导与管理渗透在以身作则中,用慧眼发现教师的优势和新的生长点,真正地将"遇到的人善待"这一温暖的文化符号写入全校师生心灵深处。

小学心理健康教育的策略
——以成都市武侯实验小学为例

成都市马家河小学　赵洪琴

为了准确了解学生心理健康,学校对全校学生开展了科学的心理筛查,发现有个别学生存在着不同程度的心理和行为问题,包括厌学、耐挫力差、攻击、退缩、焦虑、抑郁等外显和内隐的心理行为等。这些心理行为问题严重地影响了学生的身心健康发展。学校心理健康教育能有效帮助学生、老师、家长重视心理健康,营造关注心理健康的氛围,而心理健康活动和心理健康知识普及,为疫情期间的学生搭建起提高心理素质的平台。武侯实验小学非常重视学生心理健康教育,不断培育学生良好的心理素质,促进他们身心健康全面和谐的发展。

一、点面辐射展双翼,善润学生健康心灵

(一)组建教师核心团队,奠润心之基

学校心理健康教育工作不是校长一人就能完成的,而是需要一个核心团队由点到面辐射全校的系统工作,因此组建一个结构合理、专业能力强的团队尤为重要。学校前期通过问卷调查了解老师们的心理健康教育需求,以及成为学校心理健康教育中心组的意愿,在教师申请自愿加入中心组后,学校再从专业能力和教师结构等多方面进行考虑、选拔,组建起结构合理、专业能力强的心理健康教育中心组,成员包括校长、分管副校长、德育主任、心理专职老师、骨干班主任等。

中心组的老师们有着明确的分工和目标。校级干部做好学校心理健康教育顶层设计规划和团队引领,德育主任负责具体工作推进,心理老师负责教育教学资源的推荐及收集,各年级的骨干教师负责年级的工作落实。

首先中心组每一位成员做好学校心理健康教育工作并起到带头示范作用,每学期要完成"心理五个好",即"上好一节心理班会示范课,写好一篇心理教育论文,做好一次心理团辅,研究好一个心理微型课题,开展好一次心理月活动",中心组有效发挥辐射作用,学校心理教育工作稳步推进;其次是服务学校,参与学校各种心理健康教育教学活动,特别是在学校心理活动月中,每人都有自己的职责,学校校级干部负责活动方案的策划,德育主任和心理专职教师则担任活动的具体推进,班主任负责具体落实;最后是提升自己,做好自我心理建构,让自己变得阳光开朗、合群、自信。有了中心组的牵头,学校心理健康教育工作开展更有序、高效。

（二）提升教师专业能力，展润心之翼

人人都是德育工作者，人人都是心理健康工作者，这是武侯实验小学一直以来所坚持的理念，所以培养教师队伍的专业能力成为学校重要工作。一是开展教师心理专题阅读活动，专职心理教师不定期在全校教师会上做好书推荐，同时给每一位班主任发放推荐书籍，比如《知心育人——适合每位教师的心理健康教育指导手册》一书，全校班主任不仅阅读还写读后感，开专题分享交流会。二是学校通过"请进来走出去"，对全校教师进行心理健康教育理念转变和能力的提升，邀请心理专家做心理健康教育专题讲座，对全校老师开展学校心理辅导员 C 级资格证的普及培训工作。三是"老中青结对行"，师徒共学习互帮助齐成长，在遇到心理问题学生时，师傅给予指导，同伴给于帮助。通过有规划、有目标多种方式的培养，提升教师的健康教育素养，对学校心理健康教育工作也起到决定性的作用。

（三）培养学生心理委员，发挥朋辈互助之效

朋辈互助的作用对学生心理健康教育起着不可忽视的作用。学校在全校 2~6 年级中，由每个班级选拔 1 名热心、阳光、心细的学生担任心理委员，组建学生心理健康委员团队，并且定期对其进行培训，心理委员协助教师团队做好全校学生心理相关工作。当心理委员发现有爱哭泣、喜欢独处、情绪稳定性差的同学时，他们会发挥作用，第一时间告诉老师，老师的及时干预会有效帮助心理问题学生，同时班级心理委员们还会组成一个互助小队，营造温暖的氛围，不露痕迹地帮助心理问题学生，让他在友爱温暖的氛围中，渐渐消除焦虑，舒缓情绪。

二、活动课程丰富，善拓学生健康途径

（一）"心灵小屋"开润心之门

温馨的"心灵小屋"是学校心理健康教育必不可少的重要场所之一，它集私密、温馨、放松为一体。学校的心灵小屋以蓝色为主色调，分为教师办公区、接待区、个别辅导区。心理专职教师都取得了国家心理咨询资格证书，每周五上午都是心灵小屋开放时间，每个上午都会接待 1~2 名学生，专职心理老师会提前征得谈话学生父母的书面同意，然后再与学生（有时候会约学生父母一起）进行沟通，让学生在"心灵小屋"里彻底卸下防御，大胆地毫无顾忌地倾诉，甚至痛哭发泄。教师耐心倾听学生的诉说，了解学生心中的烦恼和痛苦，并排解他们的烦恼，给予一些帮助。"心灵小屋"打开了学生心灵之门，成了学生放飞心灵，放松心情，放下负担，放逐烦恼的温馨港湾。

（二）"心理团辅"解心灵雾霾

1. 国旗下讲话缓解心理压力

心理团辅犹如一道光，照进学生心里，驱散他们心里的雾霾，能让学生正确面对学习困难、交友困难、家庭矛盾，能用正确的方法去调解内心的冲突矛盾焦虑困惑。心理老师会利用国旗下讲话、德育午会等时间对全体学生进行心理健康团体辅导。比如每学期针对不同的学生作心理健康辅导，开展学困生团体辅导，开展考前心理疏导"轻轻松松去考试"，在团体辅导中有效地消除学生

因考试带来的心灵"雾霾",学生能正确看待考前紧张并坦然面对考试带来的压力,考试焦虑也有所缓解。

2. 心理课获取心灵力量

学校每周一节的心理课,专职心理老师有针对性地对全班学生开设知识讲解、方法应对、科学调整等心理辅导课,课以游戏活动为主,学生在游戏中直面问题,了解解决问题的方法。心理课让学生在游戏活动中体会集体温暖并获得力量。

3. 德育心理午会调适心理

利用德育午会时间开展德育心理主题午会,为全校学生做心理调适。半月一次的20分钟的德育心理午会,形式丰富,有小品,有视频,还有心理短剧等,内容符合学生需求,主题涵盖各学段最突出,最需要解决的问题,如亲子沟通、学业提升、情绪管理等,让学生在轻松愉悦中掌握心理知识,调控情绪,调适心理,健康快乐成长。

(三)巧设活动拓心灵之路

1. 心理健康月深入人心

心理活动月不是走形式的活动,而是问题驱动,在活动中多学科融合去解决学生存在的心理问题。学校每年将五月和十一月定为"心理健康周月",这个月的活动设计方案精心,活动内容丰富,活动形式多样,活动主题与学校育人目标"育慧美灵动新时代好少年"高度契合,比如主题"慧美同行 从心开始"。活动的内容源于问卷调查发现的问题,结合不同学段学生的心理特点,开展情绪、人际、生命等活动;推荐适合各年段学生的心理读物、心理绘本、心理剧、心理电影,各班利用心理活动时间组织班级学生观看,学生完成相应的绘画、观后感等。从活动开幕到开展再到闭幕,每一次活动都深入人心,让学生受益,真正拓宽学生心理健康教育的途径。

2. 心理微班会资源共享

将班会课与心理课巧妙结合,班级存在的问题在微型班会课中得以快速处理。学校中心组成员各负责一个年级,通过观察或问卷调查在各年级中发现存在的共性问题,选择主题,比如,一二年级主题"争做倾听小精灵"、三四年级主题"你好,外号君"、五六年级主题"当诱惑成为'网事'",并根据主题精心设计心理微班会课教案、课件制作以及全套教学资源,材料准备好后打包发给各年级班主任老师,班主任老师根据班级实际情况修改后,由年级商定上课时间并报学生发展中心后,组织时间统一上课。学校通过共同做课共享资源的微班会,真正实现了共享最优化效果最优化。

3. 丰富活动获心灵成长

丰富的活动让学生在笑中带泪体会感悟去成长。学生在观看心理情景剧《我们都是最亮的星》后备受启发:每个人都有自己的优点,不用羡慕别人,更不用成为别人,每一位孩子都是与众不同的那颗星。心理小报绘出每个学生心中最美好心愿,心理班会排除心理困扰,看心理绘本在与色彩世界中舒缓情绪,写心愿卡烦恼"我要大声说出来",等等,促使学生学习、掌握、运用心理健康知识,营造良好的学习心理教育氛围。学生在活动中有所思,有所感,有所得,不断完善自我,提高自己的心理素质,获得心灵的成长,以积极的心态应对学习和生活。

三、家校协同齐发力 善育学生健康心理

(一)及时指导助心灵成长

学校在对全校学生进行全面覆盖心理测评筛查,通过初筛和复测,对有心理问题的学生进行精准应对。学校专职心理老师和校级干部及时与班主任进行一对一的有效沟通,让班主任及时了解、掌握有特殊状况的学生具体情况,指导班主任如何帮助各种特殊情况的学生,如何与家长进行沟通告知该学生的情况,如何指导家长填写《学生心理健康告知单》,让班主任遇到这种情况不再束手无策,而是精准帮助学生,让学生阳光健康自信。

(二)家校协同育健康心理

良好的家校合作需要家长全力支持和配合。在发现特殊心理学生时,学校会第一时间与家长进行深入沟通,包括学生在近段时间呈现出来的心理状况、行为习惯、情绪表现,还包括对学生家庭情况的了解,同时给家长合理的建议,目的是让家长的理解和配合,请专业人员对心理问题学生进行诊断或定期心理辅导,在专家支撑和专业保障上发挥更大作用,从而快速促进学生心理健康,真正让学生有安全感和幸福感。

新时期少先队活动课程化的实践与探索

成都市温江区庆丰街小学　袁　丽

从1924年的劳动童子团发展到现在的中国少年先锋队（简称少先队），它已经走过了99年的光辉岁月。队歌从《中国少年儿童队队歌》到《我们是共产主义事业接班人》，见证了少先队发展的历史。一首歌凝聚了一个时代的足迹，一首歌展示了一个时代的风采。社会在发展，时代在进步。新时期的少先队活动将如何开展呢？

全国少工委把着力创新丰富少先队实践活动放到了重要位置。要求用好少先队活动课，突出实践性、杜绝"课堂化"、形式化、成人化的现象，组织开展假日活动，积极参与研学旅行，用好实践基地。为学校少先队改革指明了方向。少先队活动要杜绝落入"说教式""课堂化"倾向的泥沼，就必须坚持三个转变、三情共育。

一是必须实现"小课堂"到"大课堂"的转变，少先队活动要充分利用周边有教育意义的社会资源，走出课堂，走进生活；二是必须实现"浅尝试"到"深思考"的学生活动方式的转变，把少先队活动充分课程化。三是必须实现"教育人"到"人受教"的活动主体的转变，把实践、体验、认知、评判、提升的主动权还给孩子们。以此为基础，实现"情感共育""情谊共育""情怀共育"。

一、找到少先队活动校本课程化的契合点

温江区庆丰街小学是一所百年老校，从1901年蒋春帆先生创办三官庙私塾，至今已有122年的历史。经历百年的风雨，庆丰街小学在总结、传承的基础上提出了"情智教育"的办学理念，把"情智教育"作为学校文化的顶层设计，把培育博大胸怀、深厚积淀、国际视野、具有较强未来竞争力的阳光情智少年作为学生发展的基本目标。

办学思想、学生发展目标的达成，离不开课程作为坚实的基础。没有课程的支撑，理念、思想、目标就是无源之水、无本之木，这已经成为大家的共识。庆丰街小学经过多年的研究实践，逐步形成了"情智共生"课堂的课程基本理念。从充满人文情怀，注重思维创新，尊重个体差异，倡导自主合作四个维度上对课程体系做出了明确的要求。

经过实践的检验和修正，它不仅成为情智教育在课堂教学实践中的核心教育理念，而且在事实上成为学校统领教育教学的基本评价标准。其核心架构见图1。从情智共生课堂架构图上，我们可以清晰地看出情智共生课堂把前置式自主学习、生成性合作学习、探究性深度学习、多元化形

成性评价作为基本的教学模式。这个课堂教学模式不仅囊括了当前现代课堂的核心要素,而且符合课程改革的基本要求,更为重要的是,它同少先队活动开展的基本程序高度契合,区别仅仅在于活动场所、活动目标和活动内容等方面。

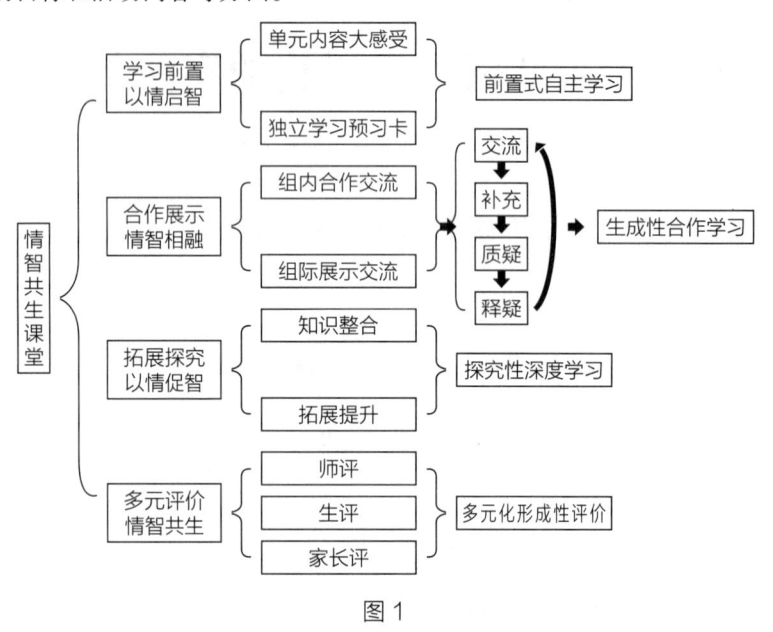

情智共生课堂：
- 学习前置 以情启智：单元内容大感受、独立学习预习卡 → 前置式自主学习
- 合作展示 情智相融：组内合作交流、组际展示交流 → 交流↔补充↔质疑↔释疑 → 生成性合作学习
- 拓展探究 以情促智：知识整合、拓展提升 → 探究性深度学习
- 多元评价 情智共生：师评、生评、家长评 → 多元化形成性评价

图 1

找到少先队活动课程化和学校传统教育教学体系的契合点,也就是解决了少先队活动课程化的关键点和难点。一方面会让少先队活动课程摆脱随意化倾向,走上科学、规范、富有时代特色的正确路线,自然而然融入学校课程体系中;另一方面鲜活的、开放的、富有生机和活力的少先队活动课程也会为传统教育教学体系课程提供有益的借鉴。

总体看来,走出校门、走进社会,以真实环境为背景进行的少先队活动课程为学生综合素养的培养搭建了一个宝贵的平台。

二、推动少先队活动课程"3+"融合

少先队活动是我们党的儿童组织特有的活动,也是党、团、队一脉相承的活动,它既有自身的特点,又必须把握时代发展的脉搏,以开放的胸怀吸收先进文化的营养,不断更新才能不断发展。

作为"成都市红领巾示范学校""成都市十佳红领巾示范学校",庆丰街小学的少先队活动逐步形成了自己的特色,有着丰富的实践经验。这为学校少先队活动课程化提供了坚实的基础。我们把学校常规性少先队活动、特色性少先队活动加以总结和提炼,形成了温江区庆丰街小学少先队活动"3+"的课程体系。

(一)队本+校本的融合

所谓队本课程就是以少先队员为本,以大中小队为基础开展的具有少先队特色的课程。将队本课程与校本课程有机融合,就是在学校已有的比较成熟的校本课程基础上,融入少先队文化、元素等,体现少先队组织的特点,凸显少先队活动课程的地位,更好地发挥少先队在立德树人方面的

重要作用。

（二）校内＋校外的融合

一是要充分用好每周一课时少先队活动课，通过多种形式开展少先队教育。二是要积极拓展课外资源，将每一次的课内主题活动进行有效延伸。例如在开展"垃圾分类"主题活动时，课前组织学生调查各国垃圾分类的标准，确定本地垃圾分类的标准，并进行调查汇报，提出新的问题。之后大队部组织学生走进"绿色地球可回收垃圾分拣厂"，进行实地参观访问。

（三）网络＋资源的融合

在少先队活动课程的建设中，我们应该怎样实现网络与资源的融合呢？首先，建立少先队工作QQ群、微信群、微信公众号，及时进行少先队活动课程的相关信息发布，确保信息畅通。其次，利用有效的社会教育资源，实现少先队活动课程网络直播，开展少先队活动网上课程。利用周边的社会资源，通过信息化的手段，实现少先队活动精品课程的辐射与推广，提高少先队组织的影响力。

总之，少先队活动课程建设应依托社会资源，倡导资源共享，通过少先队活动课程规范化建设的提升、课程融合的优化，实现少先队活动课程建设的有效实施。

三、开展少先队"3+"课程的实践

庆丰街小学少先队活动课程开展10余年以来，不断通过学校网站、微信平台、电视台等媒体对外宣传，引起社会的广泛关注，收到了良好的社会效益。活动不仅为学校"情智教育"做了一个生动的注解，而且为学校获得了良好的社会声誉。我们深切体会到，只要给孩子们一个舞台，他们就能创造出一个个奇迹，绽放出一朵朵美丽、鲜艳的花朵！现在我就以"3+"课程中三个主要课程的实践进行交流。

（一）品格教育的实践

品格实践课程是少先队活动课程的基础课程。课程目标是培养正直、善良、诚实，有爱心、有科学意识，有劳动意识、审美意识的少年儿童，使其身心健康发展。主要包含：学用队章，开展少先队的队前教育；举行仪式，用好少先队的礼仪教育；召开队员会议和少代会，建立大中小队组织，创建快乐、自主、友爱、向上的队集体；培养小干部，充分体现了队本教育。

在品格教育、教学的实践中，学校认识到真实环境下的教育教学对学生品格有固化作用。2017年11月30日，庆丰街小学"情智杯"赛课的课堂被搬到了一个特殊的地方——成都理工大学博物馆。学校科学教师执教的"消失了的恐龙"一课在这里进行。之所以选择成都理工大学博物馆，是因为这里有合川马门溪龙的化石，在这里孩子们能和有着"东方巨龙"美誉的国宝级恐龙化石——合川马门溪龙有一个令人向往的会面。

（二）国际理解课程的实践

庆丰街小学少先队活动的特色课程，作为国际理解课程，是一门体现了校内＋校外的融合课程。课程目标是培养少先队员在对中华民族主体文化认同的基础上，更好地理解世界的多元性，增强全球意识,提高跨文化沟通能力,学会尊重、共处和合作,担负起"世界公民"的责任和义务,形成正确的世界观、价值观和科学思维,成为通晓国际规则、能够参与国际事务和国际竞争的国际化人才。

2012年我们走进香港特区,体验特区文化特色。

2013年走进韩国,感受邻邦文化内涵。学校先后两次去韩国江原道原州市友好学校——韩国邱谷初学校进行友好交流访问。2015年走进马来西亚,理解大马文化,开启了一段收获颇丰的研学之旅。2017年走进英国,感受中西方文化的差异。

2017年、2018年、2019年在韩国、马来西亚、英国、美国的友好学校回访学校,大家就共同关心的话题展开了深入细致的探讨。

这些游学活动都体现了校内+校外课程融合的特点,每次活动都以小组合作的方式,提前收集了解这些地区、国家的历史文化、生活习俗,这就是前置学习。在活动中,孩子们根据自己遇到的困难,提出自己的解决方案,这就是生成性研究合作学习。每一天孩子们都会对自己、同伴进行评价,老师也会评价。让我印象最深的是在香港特区的游学活动中,香港特区的带队老师评价我们的孩子,这是她带过的最优秀的学生团队。当然,这只是一句褒奖之词,但从这句话可以看到学生的成长。

(三)"五彩自愿者"课程的实践

"五彩志愿者"课程是一项公益课程。课程目标是帮助学生养成"适应终身发展和社会发展需要的必备品格和关键能力",在公益意识、沟通交流能力、团队协作能力、创造力等方面得到提升。它体现了少先队"3+"课程体系中"网络+资源"的融合。

经过全校同学自愿报名,学校从1832名学生中选拔出符合条件的500人组建成学校首批"五彩志愿者"团队。德育处或者班级、年级组织,带领不同颜色的志愿者走出学校,融入社会,充分体验和学习志愿者所必备的品格和能力,开展了丰富多彩的公益活动。"五彩志愿者"的所有活动具有"情智共生"课堂教学模式的特点。

从2016年3月起,庆丰街小学"五彩志愿者"社会公益系列实践体验活动受到社会的广泛关注,形成了良好的校园氛围,受到师生、家长的广泛欢迎。越来越多的社会志愿者们加入这个公益团队中,在学校"五彩"志愿者平台上发光发热。2016年9月,庆丰街小学"五彩志愿者"项目被评为温江区"十佳志愿者"项目。

学校志愿者活动的开展,带动了班级"五彩志愿者"的逐渐融入,全校学生参与其中,带动了学生家庭积极参与,全面构建"情智少年"的核心素养体系。

新时代的志愿者精神,本质上就是"雷锋精神"的国际化过程。庆丰街小学"五彩志愿者"组织建立以来,努力继承和发扬中华优秀传统文化的精髓,吸收社会国际化进程中的合理因素,相互学习、相互补充,开辟出一条学校公民意识培养、志愿者服务、少先队建设、校本课程开发相互融合的新路径。

课程丰富学生生命　特色助力素质教育

——学校花棒特色少年宫建设汇报

北川羌族自治县坝底小学　李桂兰

为促进农村地区素质教育均衡发展，落实立德树人根本任务，北川羌族自治县坝底小学乡村少年宫充分利用学校现有资源，坚持为青少年健康成长创造良好的文化艺术环境，使乡村少年宫成为青少年思想教育的阵地、艺术教育的基地。坝底小学乡村少年宫以花棒为特色，对少年宫的运行进行了调整和提质，取得了优异的成绩，现将此项工作汇报如下。

一、因地制宜定目标

（一）基本情况

北川羌族自治县坝底小学，地处边远的青片河流域，是一所典型的农村寄宿制学校，生源覆盖14个村，2个社区，辖区内户籍人数7000余人。2008年地震后完成了原址重建。学校现有教职工36人，其中小学高级教师12人，县级骨干教师11人，省级骨干教师1人；在校学生264人，留守学生占比80%，住校学生占比90%。

（二）现状分析

（1）实施乡村振兴战略，全面建成小康社会，人民群众需要的不仅仅是温饱，而是日益增长的精神文化需求。农村地区教育条件相对落后，建好乡村学校少年宫能弥补这一短板。

（2）留守儿童多，家庭教育缺失，隔代教育让教育变得困难，学校教育的责任重大，而乡村学校少年宫可以提供平台和更多机会参与留守儿童的教育和管理。

（3）新时代教育的育人目标是培养德智体美劳全面发展的时代新人，少年宫建设是学校教育的有效延伸和拓展，能助力素质教育水平的提升。

（4）适合的教育才是最好的。由于少年宫的师资不稳定，部分专业的课程无法长期坚持实施，因此更需要有针对性地选择适合现状的特色课程。

鉴于以上原因，学校对乡村少年宫的建设进行了改版升级，以"三餐式"的模式，为青少年量身定制课程，以达到全面充分、长效育人的效果。

二、各项保障护运行

（一）队伍师资有保障

1. 建立健全领导班子

学校成立了少年宫领导班子，由校长担任少年宫主任，分管副校长担任副主任，中层干部担任各部部长，年级组长、班主任担任活动小组负责人，聘请了专业老师、志愿者担任辅导教师，构建了学校少年宫管理网络体系，形成了一系列的少年宫管理制度。

2. 师资队伍专能结合

（1）专业教师进行特长指导。音、舞、体、美专职教师对学生进行特长辅导。以电子琴为例，3年级整个班的学生参与定期学习，虽然进度有快慢，但是所有学生都有机会了解这一课程，或许这一接触，他就能在这个领域发现全新的自我。在校学生中已经有部分学生能够独立演奏《赛马》等曲目，学校希望通过一年的训练，能够看到一整个班的孩子集体亮相、震撼开演。

（2）非专业老师指导基础教学。非专业老师是一个大群体，虽不具备特长专业，但是可以借助专业老师的指导，结合网络资源的使用，做到持之以恒，也能带领学生夯实基础，共同成长。

（3）非物质文化遗产传承人进校园。花棒、口弦、皮鼓、舞龙、山歌……都是羌民族的特色文化，通过传承人的亲身相授，更能让学生感受到非遗的原汁原味，进一步增加学习兴趣和信心。

（4）文化艺术团队公益教学。县文化馆艺术下乡与走进校园相结合；艺术团专业指导与民间传承相结合，让特色教育更有特色，让艺术教育更有底蕴。

（二）硬件配置足使用

学校有功能室11间，配套标准运动场，另有羌民俗馆1间，既能满足常规教学的需要，又能为乡村少年宫活动提供场地、设施、设备。

（三）资金投入有落实

近年来，在县教育和体育局关心支持下，陆续投入近20万元，用于改造少年宫活动场地，同时利用中国彩票公益基金捐助资金，采购并维护了体育、科技、美术、书法、舞蹈和器乐等各种设备，进一步充实完善少年宫活动的硬件设备。

（四）建章立制有考核

为便于管理，学校先后制定了《坝底小学乡村少年宫工作管理制度》《少年宫工作考核制度》等系列制度，注重落实各项目组"年初有计划，年末有汇报"的举措。加强过程的监管，做到科科有落实，人人有进步，并将此项活动纳入教师年终业绩考核，以有效保障日常工作顺利进行，推动少年宫良性发展。

三、特色课程助成长

（一）"配餐式"内容因材施教

脱贫攻坚解决了老百姓的温饱，乡村振兴战略就是要在物质需求得到满足的基础上追求精神上的富有,以达到建成文明社会的目标。因此,我们的课程以社会主义核心价值观为指引,以德智体美劳全面发展为目标,实现课程设置的"二分一特色",做到因材施教。

1. 分班级实施

改变以前的班级混合组团,一个社团里有不同班级的学生,导致学生的学习和训练难以做到系统化和日常化。因此,本年度的社团课程面向全体学生,根据学生的年龄情况,以班为单位开展普惠性课程,保证每一个学生都能参与,不会存在漏网溜边的现象。低年级以基本技能为主,中年级考虑适当的技能提升,高年级则以赛事准备为主。

2. 分项目实施

项目的设置不再贪多追求花哨,重在基础的夯实和项目的细作深耕。根据现有的师资和学生的兴趣爱好,少年宫将花棒作为特色核心项目,并以此拓展到文化艺术体育领域,将课程分为五大类。

花棒特色类:以花棒为主,了解民族文化,传承民族精神,通过理论学习与实践,既能强身健体,又能提升艺术修养。

音乐舞蹈类:包括现代舞、民族舞、合唱、器乐课。孩子们通过对专业课的学习,在舞蹈、演唱、和表演能力上得到了提升。

美术类:开设了儿童画、素描、羌绣等课程,在老师的悉心指导下,学生徜徉于艺术海洋,完成很多作品。

体育类:包括乒乓球、足球、篮球、排球、田径等。在这些活动中,学生既锻炼了身体,又学到了体育竞技知识。

综合类:主要以个别阅读、主持、演讲、等课程为主,着重培养此领域内的特长生。

3. 特色课程的实施

以花棒为特色的社团,既有表演性,又有推广性。全校学生都有基本的了解和参与,社团的学生在普及的基础上懂得更多,做得更好。此外,还有羌歌和羌舞、羌绣,都是我们少年宫的保留项目。

(二)"定餐式"学习持之以恒

学校采用了三结合的方式,来保障课程学习做到"三定三确保"。

(1)定时间:课堂教学、课后服务、少年宫活动三个时间段相结合,确保了每一门课程的学习时间不但充足,而且能做到持之以恒,不再是三天打鱼,两天晒网,以足够的时间确保课程的实施。

(2)定内容:理论与实践相结合,确保课程内容的丰富性。以花棒为例,我们不但要学习花棒的步法和技巧,还要学习以花棒为窗口的民族文化;对于足球的学习,不但要进行实践训练,还要了解相应的足球文化知识的。

(3)定要求:特色课程与国家课程相结合,确保课程落地落实、有量有质,不会增加教师太多的教学负担。对于特色课程的落实要做到与国家课程的落实一个态度,把它当作全面实施素质教育的有效途径。虽然有个别老师担心:如此多的时间投入,间接减少了文化学科的辅导时间,不利于学习成绩的提升，可能影响学校的成绩考核；低段投入的时间和精力，也不利于目前的赛前训练，对于学校当前的比赛成绩也不会有很大作用。但是实践证明，一学期以后，一年以后，到中考、高考、到学生整个人生的发展，今天的付出是有收获的。只要有利于学生的健康发展，终身发展，我们就要坚持走下去。

（三）"点餐式"选择突出特长

学校以专业教师的教学为主，利用早间的晨练、大课间等，见缝插针地为个别学生提供额外的指导，充分挖掘学生潜力，发挥学生特长，既为学校的发展增光添彩，也为其他学生树立榜样，更为个人的发展添砖加瓦。近年来，我们已经通过这种"固定加灵活"的方式培养了很多优秀的学生，为县市选送优秀苗子 10 余人。

（四）"套餐式"发展润泽人生

以国家课程为基础，强化基础教育；以特色课程为点，助力学生全面发展。就像营养餐计划一样，荤素搭配，主辅结合，才能为成长赋能，为生命赋能。

四、丰富活动促成长

书香是校园的味道，艺术是校园的色彩。校园里有了艺术的氛围，就有了灵动的气息，也就充满了生机与活力。

（一）体育活动增强学生体质

以花棒为特色的少年宫体育活动，让学生的体质得到充分的锻炼，既有少年儿童的活力，又在体质健康监测和各项体育赛事中，取得越来越优秀的成绩。这些活动包括：常规项目的田径、三大球一小球，传统项目古斯都（包括推杆、抱蛋、押伽）等。校内一年两次的运动会和县上的中小学生运动会、古斯都比赛，都是特色少年宫成果的展示舞台。

（二）美术活动提升个人审美

少年宫活动开设了儿童画、羌绣、竹绘、剪纸等课程。学生在老师的指导下，认识了色彩，学会了构图，能够以不同的材质、不同的手法来描绘心中的美好，无论是自然主题，还是科技主题，都能够得心应手，每一笔每一画都是他们脑海中的美好未来，那里面承载了各种各样的梦想。细细勾勒的线条，美好渲染的画面，让人看到山村孩子对于美好的认知，对于未来的期盼，对于成长的自信。

（三）特色活动传承民族文化

以花棒为特色的少年宫活动，充分挖掘了羌族的历史文化，将羌歌、羌舞、羌绣、羌笛、口弦等融入教学，让孩子们更多地了解到自己的民族，进一步提升民族自豪感。羌族舞蹈《幸福羌寨》在北川羌族自治县第十届校园艺术节舞蹈比赛中获得"一等奖"，学生和家长的羌绣作品在麦田公益的支持下，拍卖了 3000 多元，其所得全部返还作者，用于羌绣传承。学校的花棒、羌舞等多次参加县乡运动会开幕式，受到社会好评。

（四）乡村学校少年宫建设提升道德品质

在传承和发扬花棒特色的过程中，以社会主义核心价值观为引领，通过团队的学习活动，学生学会了互相帮助，明白了团队意识、集体意识、规则意识。学生通过对祖国和民族历史文化的学习，感受到中华民族勤劳、善良、勇敢的品质，感受到祖国的日益强大，逐渐树立家国情怀，铸牢中华民族共同体意识，真正做到以德化人，以德育人，立德树人。

（五）多点参与全员共育

少年宫注重加强与社会、家庭等多点位的合作发力，在合作与交流中，全方位加强青少年儿童的教育。

（1）学校教育与社会教育接轨，将艺术课程带入社区，辐射兄弟学校。《花棒》《少年》《走进新时代》《黄河大合唱》《红心闪闪》《草原赞歌》等节目走进坝底社区、墩上社区、坝底乡政府、马槽小学，在不同的地方进行不同的展示，既大力彰显了学校的办学特色和品质，又为学生发展提供了更大更多的舞台。

（2）家庭教育与学校教育联手。比如今天舞龙的队伍里，既有传承人，又有学生家长，还有老师。亲子同台、师长联袂，共同演绎精彩，同时增进彼此的感情，这种家校共育的力量是无可替代的。

五、今后努力的方向

（一）加强管理，确保少年宫发挥作用

少年宫要拓展活动空间，除在各活动室组织活动之外，还不定期地在校园内举办一些专题活动，并积极组织学生走出校门，参与社会实践活动，参观校外德育基地，切实收到活动效果。要进一步丰富活动内容，利用少年宫活动，补充课堂教学的不足，拓展学生知识面，增强动手操作能力。要加强少年宫活动的检查考核，切实提高少年宫活动的实效。

（二）加强队伍建设，提高辅导员素质

按学年制订具体的辅导员队伍培训计划，按照计划切实开展培训工作，"请进来"与"走出去"相结合，提高辅导员教师的业务素质。

（三）打造活动品牌，突显少年宫特色

坚持从各学段学生的自身特点和规律出发，形成一系列特色鲜明的活动项目。从经费上保证，力量上倾斜，辅导上加强，提高活动成效，训练持之以恒，逐渐形成具有本校特色的品牌项目。

体育强健身心，艺术点亮人生。下一步，我们将持续培养孩子内在与外显的综合素养，全面实施素质教育，引导学生"眼里有光、心中有爱、脚下有梦"，成为文化、艺体双修的人才，培养五育并举、全面发展的社会主义建设者和接班人，将学校的内涵发展与特色建设相结合，努力办成农村地区的精品学校，办成人民满意的教育。

问题导向　开发课程　以体育人
——小学体育室内游戏课程开发的实践研究报告

成都市武侯科技园小学　张　利

一、研究背景简介

成都平原地处四川盆地，气候潮湿，一年中下雨的天数多，雨后场地湿滑，加之天气污染等原因，导致区域内空气质量下降，雾霾天气增多，学生不能或不适宜在操场室外活动，进而让室内体育课教学日渐成了一种教学常态。然而由于室内课学校普遍重视不够，任课教师又多以课堂讲授方式为主，体育课堂质量不达标，阻碍了学生身心素质的提高。

二、研究对象及目标

小学体育室内课程是指在小学阶段在室内开展进行的体育锻炼或游戏的相关的教学设计及方法。课题研究时间为2020年9月至2021年10月。主要研究所涉及的对象为本校1~6年级的全体学生和体育教研组9名老师。

本次研究室内体育活动课程的主要目标：以本校教室为场地，加上游戏道具，开发符合学生特点和教学实际的室内活动课程，丰富体育与健身内容课程，以活动化的身体练习，切实提高体育课教学的有效性。

三、研究方法

文献资料法：在研究过程中，笔者发现发达国家一些室内游戏内容对本文的研究具有一定的借鉴作用。在对国内相关文献收集和整理中发现，我国室内体育教学的许多经验集中于室内特色操的创编，这些研究经验为本文的研究拓展了思路。

行动研究法：按照研究方案，在室内体育课的实践过程中运用课程，并且找到不足加以修改，分析研究过程中的成效，为教学提供翔实的资料。

经验总结法：对学校开发的室内体育活动课程进行收集整理，加以总结，提炼分析室内体育教学中的有效经验。

四、研究成效

（一）研制出新课标下室内游戏课程

根据课程标准的内容和要求,本次研究根据不同的水平阶段,将课程分为水平一、水平二、水平三,三个不同阶段,聚焦身体素质(灵敏、耐力、肺活量、力量等)的提高,从相关资源的利用和开发入手,研制出如下各水平段的游戏课程内容(见表1)。

表1 各水平阶段游戏课程

活动名称	难度指数	运动指数	兴趣指数	适用阶段
飞鹰出击	★	★★	★★★	水平一
玩转地球	★★	★★★	★★★	水平一
韵律操	★★	★★★	★★	水平一
五禽戏	★★★	★★★	★★	水平一
一字马	★★★	★★	★★	水平一
抓逃手指	★★	★★	★★	水平一
吹乒乓球	★★★	★★★	★★	水平一
黑板作画	★★	★★★★	★★★★	水平一
占领阵地	★	★★★★	★★★★	水平一
小小搬运工	★★★★	★★★	★★★	水平二
手指舞	★★★	★★	★★★	水平二
搬家	★★	★★	★★★	水平二
凌波微步	★★★★	★★★★	★★★	水平二
袋鼠跳跳跳	★★★	★★★★	★★★	水平二
吹气球	★★★	★★★	★★★★	水平三
盲人背肢残人	★★★★	★★★★	★★★★	水平三
谁最准	★★★	★★★	★★★★	水平三
推人出圈	★★★★	★★★★	★★★★	水平三
模仿追逃	★★★	★★★	★★★	水平三

（二）研制出民间体育游戏课程

结合地方文化特色和地域性民族民间运动项目,学校开发了民间体育游戏课程,以传承和弘扬优秀的民族民间体育文化精神,培养学生的民族自豪感(见表2)。

表2 民间体育游戏课程

活动名称	难度指数	运动指数	兴趣指数	适用阶段
翻花绳	★★★	★★★	★★★	1~6年级
拾石子	★★★	★★★	★★★	1~6年级
跳房子	★★★	★★★★	★★★★	1~6年级
打纸板儿	★★	★★★	★★★★	1~6年级

（三）明晰了室内课程开发与实施的原则

1. 实用性和趣味性原则

实用性是指既要考虑主动适应学生个性发展的需要,也要考虑主动适应社会发展的需要,便于学生课外自学、自练。趣味性是指体育教师要重视启发式教学,让学生充分体验运动锻炼的乐趣,启发学生创造性地学习,主动尝试。

2．多样化和综合化原则

体育教学内容要全面,不能偏向某些项目。要充分弘扬我国民族传统体育,汲取世界优秀体育文化,体现时代性、发展性、民族性和中国特色。在具体的一节室内体育活动课上,其内容安排既有技术教学,又有锻炼内容,项目多样生动。还要变单一健身功能的传统体育活动为健美、健心、健脑、育人、发展个性等多种功能于一体的综合性体育活动。

3．竞技性和灵活性的原则

我们在体育教学过程中要消除那种"单纯以竞技体育为中心"的教学现象,对那些竞技性较强的项目先进行各个角度的加工改制。应根据新课标要求和学生身心特征,抓住运动中的主要因素简化规则,根据学生的兴趣、注意力、能力来灵活运用规则。对同一项活动内容,可以变换规则,延伸出更多的适合学生运动的内容。

4．与课外体育、生活实际融为一体的原则

教学内容要同保健项目相结合,开发与锻炼密切相关的运动处方等。所设项目及内容应同学生实际学习和应用能力相结合,使体育教学内容贴近生活,为生活服务。同时要开辟新的、多层次的、适应不同体质和年龄特点的教材内容,把社会生活中出现的丰富多彩的体育项目、体育活动引入学校中。

五、课程的开发与实施促进了教师的专业发展

在课程开发的前期,老师大量查阅相关文献,积累与室内体育课程相关的知识。在课程开发的过程中,我们再次对义务教育《体育与健康》课程标准进行研读,相互讨论,根据课程标准不断修改活动内容。这不仅可巩固教师的专业知识,还可加强教师专业技能的提升,活跃思维。此次课程的开发,全面地提高了体育组教师专业技术水平和课程研究能力。

六、课程持续研究的关注点及反思

（一）课程持续研究的关注点

在开展研究的一年中,学生对体育室内课的兴趣不断增加,对室内课的主动参与积极性显著提高;学生在课堂中的运动时间由原来的10%增加到50%以上,体质健康各项指标有效提高。通过对教材的梳理,教师的专业技能与教学水平有了长足的进步。同时学校要重点关注以下三点。

第一,学校要考虑能否让学生真正"动起来",注重课程内容的体验性和活动功能,并挖掘更多促使学生动手、动脑和全身运动的资源。

第二,要富有趣味性,让学生能保持长久的练习兴趣,以达到一定的运动负荷,从而产生较为理想的运动效果。

第三,要符合学生的年龄特点和生理特点,了解他们的认知水平,选择新鲜有趣的切入点,寻找富有意义的内容进行开发,发挥课程的多重功效。

（二）后续研究的反思

1. 如何有效整合资源，拓展课堂

在开展室内课时，场地也受到限制。应该考虑如何去整合课程资源，拓展课堂，达到最优的上课效果。

2. 如何全方位、多角度开发课程

在这次的研究中，学校是从不同阶段的水平整合开发课程资源。同时考虑从其他方面入手，对课程的资源进行利用，从室内课自己制作器材方面着手，进行深入的研究。

3. 如何多校联合，资源共享

小学体育室内活动课程的开发和利用需要更多的学校一起参与，形成多校联合，资源共享的良好局面。建议在武侯区小学体育教研活动中形成课程开发研究项目小组，引领更多的教师发挥聪明才智，形成更大范围的资源库，在丰富课程资源的同时，使更多体育教师的教学能力和专业技能得到不断提高。

小学安全教育的创新实践
——以成都市马家河小学为例

成都市武侯实验小学 谢 琳

成都市马家河小学坐落在美丽的江安河畔,先后被评为全国教育科研先进学校、全国年度创新型学校、全国青少年校园足球、排球特色学校、成都市阳光体育示范校、成都市科普基地校等。

学校秉承"成就每个孩子,造福每个家庭"的办学理念,努力创办一所老百姓喜爱的"三园"好学校。这三园,一是绿草如茵、花团锦簇的花园;二是温馨舒适、身心愉悦的家园;三是共同成长、共同发展的乐园。

要建"三园"好学校,平安校园是基础,因此,学校高度重视安全工作,树立了"人人讲安全,事事为安全;时时守规则,全面促安全"的安全工作理念。通过安全制度建设、配套安全设施设备建设、系列安全管理落实、系统安全教育开展等,建立起了平安校园。

其中,我们尤为注重对学生的安全教育。小学生由于年龄小、自我保护能力不足、社会阅历和生活经验欠缺,很容易受到伤害。如果在安全教育中培养孩子们养成规则意识,并遵守各项规则,就能让他们避免很多伤害,规则意识就是安全的基石。因此,我们结合学校德育重点——规则教育,形成了"守规则、促安全"的安全教育校本特色,促进学校安全教育不断提质增效。

抓手一:形成"守规则、促安全"的校本特色

(一)规则课程渗透安全教育

学校开发了《遵守规则 你我同行》规则校本课程读本,编写了《注意安全 遵守纪律》《珍惜生命 自我保护》等内容,根据低中高段学生年龄特点,对孩子们进行守规则、促安全的教育。

在每周的规则主题班会中,老师们将规则课程读本中的内容与安全主题进行有机整合,针对班级中容易出现的不遵守规则造成的安全隐患等问题,用孩子们喜闻乐见的活动形式开展实践探究,从而帮助孩子们守规则、促安全。

(二)教育注重规则学习

为了让安全教育内容更加系统化、结构化、特色化,我们对学校的安全教育内容进行了梳理,突出规则的学习,形成了五类"规则安全课",并通过时间递减的方式,让每类课线条清晰,便于掌握,不易遗忘,按时保质保量组织学生开展和落实。

（1）每周40分钟生命生态安全课，在上好常规生命生态安全课同时，开展安全规则知识思维导图制作，让孩子们将各项安全规则牢记在心。

（2）每月30分钟安全演练，强调地震、消防、防恐防暴等不同内容的演练规则的学习和运用。同时，还开展家庭小演练主题活动，让孩子们为自己家设计制作疏散线路图，组织家人共同开展演练等活动。

（3）每月进行20分钟安全规则主题学习，我们筛选安全教育平台的部分内容，结合一些安全规则教育，在每个月的德育课程时段中开展一次安全规则主题学习，既可以在国旗下展示活动中开展，也可以在校园电视台、红领巾广播站中开展。孩子们通过喜欢的视频学习、知识竞赛、小品、快板、诗歌朗诵、歌曲演唱等多种形式，跨学科学习安全规则，并结合实际情况，组织部分学生开展走上街头当小交警，结合国家反诈APP的推广宣传预防网络诈骗、制作杜绝校园欺凌宣传语等活动，让主题学习与孩子们的生活紧密结合，变得更加丰富、具有吸引力。

（4）每次安排10分钟假日前一天的专题学习，每逢假日，我们组织学生配合学校的特色节假日课程学习单进行假日安全专题学习。学习不同的节日里度假安全规则，例如，每个假日必备的居家安全、交通安全、外出防踩踏、清明文明扫墓预防森林火灾、暑假防溺水等，让孩子们清楚地知道不管身在哪里，都要牢记安全的重要性，遵守安全的规则，提前做好防范。

（5）每天5分钟安全规则教育。坚持每天由班主任、副班主任在放学前根据当天的情况等开展安全规则教育，阅读背诵安全规则儿歌，让校内安全延伸到校外，落到实处。

抓手二：创新"守规则、促安全"的评价考核

（一）评价内容突出"守规则、促安全"要素

学校建立了"集星争章，做规则好少年"评价体系，每周评选"规则好少年""规则示范班"，每期评选"优秀班集体"。在"规则好少年"个人层面共有13颗星星，安全之星是其中一颗，通过学生们在班级日常活动中的争取，各班每期评选出安全之星。在班级层面的规则班级评选中，实施安全一票否定的机制，让师生共同重视安全，遵守规则，守护安全。

（二）评价方式助力"守规则、促安全"考核

（1）隐患一键上报。我们在智慧校园平台中专设"安全隐患"栏目，树立"人人遵守规则、人人都是安全员"的意识，师生、家长们在平时的校园生活中发现了安全隐患，可以通过这个栏目进行上报，学校审核上报内容并及时处理。对于学生们发现的问题，学校根据情况给予表扬和奖励，从而激发了学生们发现问题的意识。

（2）实时智慧考核。我们在班级考核中设置"安全文明"栏目，对于每个班级的安全行为由学校值周老师、"规则110"学生管理员进行考核，实现了发现问题及时考核、及时反馈，各班班主任、副班主任和学校行政、值周老师都可以实时看到此项考核评价内容，以及时整改，消除安全隐患。这样的考核机制充分发挥和培养了学生们的自我管理能力，不断强化其从小守规则、当好小小安全员的角色意识，为今后成为健壮、睿智、阳光、担当的新时代公民，担负责任奠定了坚实的基础。

通过规则考核,让安全评价管理的内容更加聚焦、更加及时,经过实践探索,学生的规则意识不断建立,越来越多的学生文明守纪,校园中的安全意外事件也逐渐减少了。

抓手三：促进"守规则、促安全"的家校合作

我们在"守规则、促安全"的系列教育中,重视家长作用的发挥,让家长也重视"守规则、促安全"。例如,学校运动会邀请家长担任裁判员,对家长进行比赛规则、安全规则等培训,通过每一次家长进校的机会对"守规则、促安全"进行宣传教育。同时,我们还坚持通过"小黄帽暖心行动",携手家长共同"守规则、促安全"。

马家河小学处于城郊,校外汽车、货车、三轮车都比较多,孩子们上放学的交通方式也比较多,有私家车接送的,有自己坐公交车、地铁上下学的,还有步行的。为了让每个孩子安全上放学,学校每年为每个学生制作发放小黄帽,要求每个孩子佩戴小黄帽上放学。

（1）发放小黄帽,仪式感足,意义非凡。每年九月,当孩子们结束暑假走进校园,学校都会为每位孩子发放一顶小黄帽。这顶小黄帽上,标明了学校和班级,老师们逐一发放给每个孩子,同时组织开展班级交通知识的学习和上放学遵守交通规则的训练。这样的活动学校已经坚持了多年,不仅让孩子们在开学第一天就将安全规则的种子种在心中,还具有隆重的开学仪式感。用小黄帽开启新的学期,这份开学礼物意义非凡,深受孩子们的喜爱。

（2）上学路上,戴好小黄帽,平安保障。小黄帽白天颜色鲜亮、分辨度高,夜晚反光醒目,能从各个角度提醒道路上的车辆注意前方,有效遏制交通事故的发生。我们要求孩子们每天上放学都戴好小黄帽,遵守交通规则,保护好自己。

（3）通过小黄帽,牵手家长,守规则、促安全。马家河小学的学生90%都是随迁子女,他们的家长大多都是进城务工的人员,每天在城市的各个角落辛苦地工作,他们的安全不仅关乎他们自己,更关乎家庭和学校每个孩子的生活。我们希望让小黄帽成为家校携手的纽带,让小黄帽不仅提醒孩子们注意上放学的安全,而且成为一个醒目的标志,提醒家长在工作中、在生活中注意安全。因此,我们要求孩子们每天把小黄帽戴回家,把在学校学习和习得的安全知识带回家,分享给爸爸妈妈和家人,时时提醒家长也要注意各项安全。

新的时代赋予了学校新的使命,办好人们满意的教育,学生的安全教育是首要任务,学校需要在安全教育中不断创新。马家河小学在不断探索中,以规则教育促进安全教育和管理实效,以更适合学生的、更受孩子喜爱的方式不断丰富安全教育的内容,家校携手切实提升安全教育的效益,共同守护好每个孩子的幸福和安全。

以幼儿为本的户外足球自主游戏实践探索与思考

成都市第二十三幼儿园 宋晓艳 乔 丹 杨 静

一、园本户外足球自主游戏的实施背景及教育价值

成都市第二十三幼儿园由武侯区教育局举办的公办幼儿园,成都市一级园,是全国足球试点园、第一批全国足球特色幼儿园示范园、成都市优秀足球幼儿园。幼儿园于2013年9月开园,与足球结缘近7年。

(一)规则下足球游戏的探索(2016—2019年)

2015年,国务院办公厅印发了《中国足球改革发展总体方案》,强调"发展振兴足球事业要注重夯实人才根基,从娃娃抓起"。基于时代背景,幼儿园利用户外环境优势,以足球为载体,尝试以班级形式开展户外足球体育游戏。教师遵循幼儿年龄特点和动作发展水平,围绕足球基本动作设计游戏。通过教师讲解、示范游戏规则和动作要领,幼儿再反复练习,以掌握足球基本动作技能。2018年,幼儿园立项区级课题"幼儿园足球游戏园本课程开发与实施",开始持续深入地研究户外幼儿足球游戏。

(二)自主自发足球自主游戏(2020至今)

《幼儿园教育指导纲要(试行)》指出:"教师要保证幼儿每天有适当的自主选择和自由活动时间。"《3~6岁儿童学习与发展指南》(以下简称《指南》)指出:"幼儿在活动过程中表现出的积极态度和良好行为倾向是终身学习与发展所必需的宝贵品质。忽视幼儿学习品质培养,单纯追求知识技能学习的做法是短视而有害的。"

独立自主是幼儿的天性,幼儿在自主游戏中提升和改造经验,满足需要和愿望,不断发展专注、耐心、创造力等学习品质。足球游戏不仅仅是促进幼儿身体动作的发展,其背后的足球精神,比如热爱、坚持、协作、信任、支持等带给幼儿的发展具有深远意义。这些精神与教育部颁布的《指南》的实施原则"重视幼儿的学习品质"相符。尽管幼儿园前期积累了一些足球游戏的经验与做法,但教师花费精力设计和组织的足球游戏,幼儿被动参与、不喜欢、容易玩腻,幼儿在教师要求玩的"足球游戏"中不够自主,缺乏创造性。教师在游戏中占主导地位,存在高控现象,更关注幼儿的足球基本动作技能练习和目标达成,在一定程度上忽视了幼儿在游戏中的情感体验和学习性品质的

培养。基于以上背景，2021年9月，幼儿园继续申报立项区级课题"幼儿园足球自主游戏的开发与实施——以成都市第二十三幼儿园为例"，聚焦幼儿的自主性，开始研究户外足球自主游戏。

二、不断突破，持续探索幼儿足球游戏有效实施路径

（一）教师主导的户外集体式足球体育游戏

1. 幼儿被动参与，缺乏游戏兴趣

幼儿园在探索足球游戏初期，活动流程参照幼儿园户外体育活动，包括热身、基本环节、分散活动、放松整理等环节。活动中，幼儿分散、自由玩足球的时间较少，主要以集体观摩教师的动作讲解和示范为主，再根据教师口令进行集体或分组的动作练习。由于幼儿在活动中一直被动参与，游戏兴趣也随着活动时间的推移逐渐下降。

2. 教师高控游戏，重视动作技能

教师每次会以一种足球基本动作为活动目标，投放相应的足球训练器械，组织班级幼儿进行集体观摩学习和动作练习。过程中，教师主要关注幼儿是否正确掌握足球的动作技能，尤其强调游戏规则。为了达成目标，教师会反复强调游戏常规和安全，并通过动作示范、语言讲解、个别指导等方式帮助幼儿学习动作技能，存在明显的高控现象。

3. 游戏材料单一，年龄段特点不清晰

幼儿园配备了专业的足球训练器械，如敏捷梯、锥形桶、标志杆、标识盘、标志旗、记分牌、足球门等，投放于班级足球体育游戏中。这些材料结构高，具有很强的导向性，不足以满足各年龄段幼儿的学习方式和游戏需要，组合在一起缺乏游戏趣味性，幼儿只是反复、机械、被动地练习足球动作技能。

（二）教师退位的户外分散式足球游戏

1. 幼儿自由游戏，陷入盲目自主

为了尊重幼儿在游戏中的主体地位，教师尝试将游戏权利还给幼儿。由于教师对"自主游戏"的理解缺乏科学、清晰的认识，导致游戏出现了新问题。幼儿完全按照自己的想法玩游戏，在游戏场地上随意穿梭奔跑，任意取放游戏材料，游戏空间被大量的无序堆放的材料占用，幼儿之间经常发生碰撞，影响了游戏的进程。游戏中，无所事事的幼儿越来越多，他们手拿足球与同伴相互追逐打闹，玩足球投篮……给予幼儿自由后，游戏陷入了盲目自主，足球的运动特性消失，幼儿的游戏水平停滞不前，这与我们期望的足球自主游戏越来越远，游戏进程和方向也已发生了偏离。

2. 教师退位放手，缺失专业指导

为了充分尊重幼儿的游戏意愿，教师尝试退位放手，在游戏前、游戏中、游戏后给予幼儿充分的信任和权利，鼓励幼儿大胆地玩自己喜欢的足球游戏。教师开始将游戏空间、游戏材料、游戏玩伴、游戏玩法的权利统统还给幼儿，只在幼儿与同伴出现矛盾或纠纷时，或是有安全问题时才会介入。一些教师认为只要幼儿安全，随便怎么玩都可以，疏忽了对幼儿游戏的观察与专业指导。

3. 游戏材料过多，干扰游戏进展

为了让幼儿在游戏活动中有更多玩法，满足幼儿的探索与创造，我们为幼儿提供了多样化的材料。由于缺乏深入思考，游戏材料在年龄层次性、结构性、趣味性、适宜性上不能满足幼儿的游戏需求，导致幼儿只是将足球与其他辅助材料进行简单的组合、堆砌，大部分的时间处于静态化的摆弄材料，并没有与足球充分接触，幼儿的户外运动量不足，干扰了游戏进程。

（三）教师支持的户外足球自主游戏

1. 充足保障游戏时间和游戏空间

足球具有较强的运动特性，需要一定的活动空间开展足球游戏。为保障每位幼儿充足的游戏活动空间，尽情地享玩足球，幼儿园根据幼儿的年龄特点和游戏需要，制定了全园户外足球自主游戏周安排表。各年龄段每周分别开展一次，每次时长一小时。

2. 打破班级界限，年级组联合游戏

幼儿是未来社会的主人，学会交往、合作是幼儿在未来社会发展生存的根本。打破班级界限的联合游戏，不仅能实现游戏空间的开放、拓展幼儿与同伴间的交往，同时还能共享资源，促进幼儿的人际交往能力和社会适应性的发展。基于幼儿园户外场地的大小和班级幼儿的人数，幼儿园以年级为单位推进户外足球自主游戏。小班幼儿年龄小，对足球的玩法主要表现为用身体去体验球感。他们喜欢用手抱着足球抛接，用各种辅助材料摆弄、移动足球，或是将足球比作糖果、冰激凌等进行情景游戏；中班幼儿对足球有了基本的认识，掌握了一些简单的足球动作，也积累了一些足球玩法经验，有初步的规则意识。他们在游戏中会将足球与其他材料进行组合，与同伴一起玩足球游戏；大班幼儿在力量、耐力、速度和爆发力方面有了较好的发展，他们喜欢有难度和挑战类的竞技游戏，在足球游戏中更喜欢玩类似于5V5的足球比赛。同年龄段幼儿的发展水平和游戏方式接近，打破班级与班级之间的界限，有利于营造宽松、自由的游戏氛围，让幼儿在游戏中不仅有新鲜感，还能接触到更多的同伴，从而发挥同伴的相互影响作用，在互动交往中创新游戏玩法，提升幼儿的游戏经验。

3. 升级改造游戏材料，激发幼儿参与兴趣

游戏材料是幼儿开展足球自主游戏的重要物质基础。丰富适宜的游戏材料不仅能唤醒幼儿的前期经验，激发游戏兴趣，同时能引发幼儿在游戏中无穷的创造力。当教师在足球自主游戏中退位放手后，教师的专业性如何体现？如何提升幼儿的游戏水平和推进游戏进程？游戏材料的结构、种类、数量、与足球的关联度直接影响着幼儿的游戏行为和游戏方向。我们发现幼儿园现有的游戏材料不足以支持幼儿的足球自主游戏。高结构、同类型、成品类的游戏材料在游戏中占比较高，材料与足球之间缺乏关联性，游戏材料的年龄段特点不明显，缺乏趣味性、挑战性、层次性，这些因素在一定程度上限制了幼儿对足球游戏的自主创新玩法。幼儿园过重新梳理问题，分析原因，研讨措施，对足球自主游戏中的材料投放进行全面改革。

一是体现足球的运动特性。投放的材料与足球具有较明显的关联性，有隐性的暗示作用，能够引导幼儿自主创造性地玩足球游戏，如射门类的游戏材料可以投放网球门、九宫格球门、斜坡、拱门、废旧纸箱自制的山洞或小动物、充气不倒翁等，运球类的游戏材料可以投放垫子、标识盘、标

志桶、泡沫垫、敏捷梯、废旧纸箱自制的迷宫格、围栏等。

二是凸显趣味性、层次性、挑战性。结合幼儿的年龄特点和游戏需要，教师为幼儿提供多样化的游戏材料。包括购买幼儿足球游戏的专门设备，如足球回弹网或挡板、幼儿足球门、标志桶障碍物等；教师利用生活废旧材料改装自制的游戏材料，如纸箱制作的可爱小动物的"家"（球门）；小班幼儿护送小动物（足球）回家，或是将足球踢进球门喂食小动物。也可以用硬纸板制作成"水草"，小班幼儿带着自己的小鱼（足球）在海洋里游来游去，同时注意避让海底的水草。利用绘画或彩色卡纸手工制作成幼儿喜欢的各种头饰，有小动物的、卡通动画人物的、不同职业角色的（警察、小战士、小司机等），幼儿可以自由选择扮演喜欢的角色，丰富足球游戏的情景。

三是易于幼儿移动与组合。通过日常的游戏观察，发现在足球自主游戏中，教师投放的材料中最受欢迎的往往是那些能够让幼儿持续感兴趣的。这些材料具有一个共同的特点——幼儿可以自主移动、任意组合。比如塑料轮胎、标志桶、泡沫垫、充气小球门，这些材料体积小、重量轻，幼儿可以轻松地搬运到想要的任何位置，并进行随意组合，自主设置出需要的游戏场景。通过自主选择需要的游戏材料，自由组合，不仅能激发幼儿的无限创造力，也能给幼儿带来游戏成功后的满足感。

三、结语

从重视足球基本动作的集体式户外足球游戏，到重视游戏趣味性的户外足球游戏，再到看见、支持幼儿的户外足球自主游戏，幼儿园在实践与研究中，持续深入地推进幼儿户外足球游戏。足球游戏在改革中变得更具趣味性、运动性、挑战性，教师的教育观念与教育行为也在悄然发生转变，幼儿在游戏中的自主性、创造性获得进一步的发展。

户外足球自主游戏还存在着很多有待研究与解决的问题，游戏材料的改革也将是未来需要花较长时间去突破的研究难点和痛点，好在已经迈出了研究的第一步，也因地制宜初步形成了具有园本特色的户外足球自主游戏开展模式。幼儿园也将继续在专家的指导下，坚持以幼儿为本的出发点，依托园本教研活动，日常的户外足球自主游戏活动扎实、深入地推进研究，让幼儿在快乐、自主的足球游戏中健康成长。

基于绘本的幼儿园戏剧节活动设计与实施

成都市第二十二幼儿园　王　瑶

一、活动背景

"阅读"是成都市第二十二幼儿园的特色课程，以"阅读滋养"为理念，在全阅读教育理念的指导下，让幼儿在文学作品中阅读，在生活中阅读，从而吸取自然、自在、自主生长的养料，为幼儿的生长奠定扎实的根基。

文学作品的阅读，即通过文本阅读吸取生长的养料，根据每月的阅读主题开展集教活动、游戏活动以及生活活动。

生活阅读，秉承生活即教育的理念，在生活中学习阅读，在阅读中学会生活，从生活环境、社会环境阅读信息，通过一日生活实现。

在阅读的基础上，开展戏剧表演，以成果的方式总结、展示幼儿阅读的效果，我们将每年的六一儿童节作为幼儿园的传统节日——戏剧节。基于各个班级的绘本阅读，以"戏剧表演"为载体，探索园本课程实施的有效途径。

二、活动思考

（一）戏剧节

戏剧，指以语言、动作、舞蹈、音乐、木偶等形式达到叙事目的的舞台表演艺术的总称。戏剧的表演形式多种多样，常见的包括话剧、歌剧、舞剧、音乐剧、木偶戏、皮影戏等。戏剧是由演员扮演角色在舞台上当众表演故事的一种综合艺术。戏剧有四个元素，包括演员、故事（情境）、舞台（表演场地）和观众。同时，戏剧表演中的很多元素又与艺术领域中的美术、音乐相关联，既包含美术中的审美，又包含音乐中的律动、表演。

戏剧节，以六一儿童节为契机，结合园所课程特色，由全园幼儿、教师、家长共同参与，基于绘本再融入创造性戏剧的要素，每年一次的大型活动。

（二）创造性戏剧

戏剧节的开展，要基于符合3~6岁幼儿的年龄特征，因此，幼儿园采用了"创造性戏剧"的方式,鼓励教师在这个过程中支持幼儿的发展需求,以促进幼儿的成长。

创造性戏剧最初是由幼儿自发性戏剧活动发展而来的,强调"即兴"和"非表演性质"。创造性戏剧在幼儿社会性发展方面,能有助于幼儿自我概念、情绪处理、社会观点取代、社会技巧等方面的发展;在幼儿认知发展方面,能有助于幼儿认知思考、创造力、价值判断能力的发展;在肢体动作与美感知觉方面,有助于肢体动作的感知表达、戏剧艺术的美感知觉;在语言方面,能有效促进幼儿口语以及前读写能力的发展。

在幼儿园的区角内投放了大量支持幼儿创造的材料,以及与绘本故事相关的道具,在区角时间,幼儿会将喜欢的故事搬上小舞台,进行自主的创造性表演,这也为一年一度的戏剧节表演打下基础。

(三)基于绘本的创造性戏剧

绘本对于幼儿来说是喜闻乐见的一种读物,无论从绘本的内容还是形式来讲,都有着很大的发展价值,它能够有助于幼儿认知、社会性、语言表达等能力的发展。有研究者将绘本融入幼儿的语言、数学、社会领域来促进幼儿语言、数学、社会性等方面的发展,并取得了一定的成效。以绘本中有趣、冲突的情节,充满童趣的图画吸引幼儿,继而再开展创造性戏剧活动,让幼儿在创造性戏剧的活动中体验、感知,学习幼儿应掌握的五大领域相关的经验。

(四)戏剧节中的"美育"渗透

在戏剧表演中,为了获取更好的效果,往往会考虑到更多的因素。例如形式美,就要考虑到舞台的色彩、道具、服装的搭配,甚至是灯光的使用。每年的戏剧节中,幼儿都会和老师一起,讨论服装设计以及更好的舞台效果,比如贴上亮片会在灯光下就有闪闪发光的效果,用塑料透明伞加上绸带可以模仿水母的游动,孩子们还会和老师一起用绘画、手工等方式自制道具。在美工区,投放的材料可以支持幼儿去创作戏剧表演的道具。例如韵律美,就是要有音乐的伴奏,还要有契合表演内容的舞蹈动作,幼儿在舞台上除了表演剧情,还要结合角色,掌握基本的节奏,进行一定的舞蹈编排和表演。

三、活动策略

戏剧节的开展,既是特色课程的一个成果展现,又是一个综合的教育活动。从戏剧节的策划到实施,其期间渗透了一系列的教育主题。作为传统活动,教师、幼儿以及家长要从剧目主题的选择、角色的扮演、编排、舞美等环节共同经历思考、探索等过程,共同获得成长的养料。

(一)主题的确定

戏剧节的开展,需要确定一个主题,这样有利于指导班级教师和孩子有针对性地选择剧目,避免了有时班级教师和孩子面对众多喜欢的绘本或故事不知从何下手。可以根据当年的热点话题选择,可以是展现园所特色的课程,或是正在开展的全园性话题、课题。

例如,2018年"播种品格·童年飞扬"戏剧节活动就是基于我园的区级课题"生活教育理论视角下开展幼儿有序品格教育的实践研究",我们确立了基于品格培养的绘本,结合创造性戏剧,开展凸显幼儿园品格教育的"戏剧节"活动,使幼儿在活动中得到了"品格教育"的熏陶,感受到了有序的环境美、礼仪的语言美、舞台的灯光美以及传统品格的文化美。

(二)绘本选择

戏剧表演中,绘本的选择决定整体的效果,要考虑到戏剧的四个元素。"演员"元素中,要考虑"演员"能否胜任,是否符合他们的年龄特征;"故事(情境)"要考虑故事的情节是否有一定的冲突和趣味,是否能够吸引观众;"舞台(表演场地)"要考虑为剧情服务,需要适当的道具,营造与剧情相匹配的环境;"观众"要兼顾所有幼儿的喜好,用多种元素丰富视觉效果,得到观众的认可。

1. 适合幼儿年龄的绘本

根据本班幼儿的年龄特点,选择适合幼儿阅读理解的绘本,让幼儿能够更好地投入表演中。

2. 让幼儿感兴趣的绘本

选择幼儿感兴趣的绘本,如他们津津乐道的故事和人物,容易引起观众的共鸣。

3. 有矛盾冲突的绘本

在故事的选择上,需要选择一些有一定矛盾冲突,情节有一定转折的绘本,这样演员会更乐于表演,观众才会被吸引。

4. 有教育主题的绘本

结合幼儿园的教育主题表达选择绘本。例如,2018 年"播种品格·童年飞扬"戏剧节活动中,主题被确定为"品格教育",幼儿、教师、家长对品格的关键词产生了浓厚的兴趣,从 24 个品格教育的内容出发,幼儿与教师还有家长一同阅读绘本,观看视频,共同来选择相关绘本故事,潜移默化地为孩子们播种一个品格的种子。

(三)生成剧本

剧本的产生,需要充分结合和考虑到幼儿的兴趣。孩子们通过听教师阅读绘本故事,观看表演视频,选出自己最为喜欢的绘本故事来进行编排和创编。

例如,在 2019 年"绘声绘色绘表演"戏剧节活动中,幼儿通过阅读《借你一把伞》剧本中小动物给娜娜送伞的绘本故事,仿佛在活动中感受到了帮助他人的快乐,潜移默化地在练习中、在表演中领悟了友善、真诚、热情、智慧这些品质的含义。

(四)确定角色

尊重幼儿的选择,尊重幼儿身心发展的规律和学习特点,把选择的权利交给幼儿。谁是恐龙?谁来表演恐龙妈妈?谁又是恐龙爸爸?幼儿在确定角色的过程中,大胆表达、积极参与竞选,用稚嫩的言语述说自己的所思所想。

例如,在 2019 年"绘声绘色会表演"戏剧节活动中,小班适宜选择情节简单,人物性格温暖,角色特点突出,台词重复次数多的角色,小班的幼儿通过老师的引导,用举手、站圈圈、盖印章的形式自主选择角色;中大班的幼儿会选择一些有挑战的角色,倾向于保护森林、智斗怪兽等类型的故事,情节跌宕起伏,总是有些让人猜不到结尾,却又特别吸引观众。例如,贪婪又愚蠢的大灰狼、欺软怕硬的大老虎、狐假虎威的红狐狸,都是幼儿选择特别多的角色。

(五)创造性排练

创造性戏剧强调"即兴"和"非表演性质",戏剧活动的排练渗透到了幼儿在园的一日生活中。

例如,服装、道具的制作可渗透到美工区中制作;台词、站位、角色表演渗透到表演区中;整体的排练可渗透到户外活动中。

(六)家园协作

幼儿的成长应与家庭、社区密切合作,综合利用各种教育资源,共同为幼儿的发展创造良好的条件。利用好戏剧节的教育契机,发动家长一同参与进来,亲子共同制作角色服装,不仅可以让孩子们动起来,还可以促进亲子间的关系。

例如,在2021年"绘读绘演绘童年"戏剧节活动中,在幼儿选定了剧本和角色后,家长与幼儿一同投入到制作角色服装的过程中,再结合自己对角色的认知,选择颜色、形状各异的材料,和爸爸妈妈一起制作衣服、裤子、头饰和装饰物。在此过程中,爸爸妈妈的陪伴已经化作"六一"最好的礼物。

(七)环境与宣传

美国诗人惠特曼在《有一个孩子向前走去》中写道:"有一个孩子天天向前走去,他只要观看某一个东西,他就变成了那个东西,那东西就变成了他的一部分。"为了给孩子们营造一个富有教育意义的戏剧节环境,让环境成为孩子们成长的第二任"老师",戏剧节中所需的所有物品都别有用心。

戏剧节的环境布置是需要老师们提前设计的。例如,会场的主色调要与当年的主题相契合,这就需要老师们在颜色的使用上、道具装饰上要考虑其美感,使其达到和谐的效果。

另外,在宣传上,戏剧节开始前,每个班级的老师和孩子要一起共同设计本班的海报,为了赢得观众的青睐,每个班级的海报形式多样,有绘画,有拼贴,还有班级将实物融入画面。在为戏剧节做准备工作中,还有一项重要的工作,就是孩子们还要设计门票,除了图案,要还有打孔的地方。戏剧节当日,前来参加戏剧节的嘉宾以及家长都要手持孩子们自己设计的门票,检票入场。

(八)及时评价

一场热闹的活动背后,承载着全园教职工、家长和孩子们的努力和汗水。一切的努力都希望能得到一个好的评价和鼓励。

戏剧节之后,我们会鼓励家长在微信群、朋友圈发表关于戏剧节的小故事,诉说幼儿在戏剧节中的点点滴滴、对老师们的辛勤付出充分肯定,在真实的话语中流露出真实的情感。对于每个班级的戏剧,我们也会分出不同的奖项颁发给班级以及孩子。在此过程中,幼儿园的幼儿、教师、家长们都充分感受着分享、赞扬的快乐。

四、活动效果

如果孩子的成长与时间相加,你将得到一个逐渐长大的孩子;如果在时间的基础上,增加鸟语花香、琅琅书声、优美环境,你将得到一个有丰富内涵的孩子;再在此基础上,加上基于绘本的创造性戏剧表演,你将得到一个内涵丰富、内心善良、眼睛里闪着光芒的孩子。教育是一种最高层次的启发和引导,教师就是去引发孩子建构他们自己完整杰出的人格。

成都市第二十二幼儿园的戏剧节抓住适时的教育契机,结合环境、家长、社区的教育资源,充分尊重孩子,调动幼儿的积极性,潜移默化地为幼儿"开了一个好头",逐渐为幼儿的成长奠定良好的基础。

生成与支持

——幼儿自主游戏中生成性游戏的设计与实施

成都市武侯区簇桥中心幼儿园　戴　璐

簇桥中心幼儿园有着88年的办园历史,始终坚持以"爱·美·自由"为办园理念,努力实现"每一粒种子萌发,每一个生命舒展,各美其美,美美与共"的办园愿景。努力整合园所内外一切教育资源,如龙井记忆馆、丝绸博物馆等,尝试开发和实施生活化、游戏化、本土化的课程。幼儿园坚持方向引领性、全面发展性、生活统整性、游戏渗透性、活动体验性原则,通过自主游戏特色课程的建设,培养"健康有活力、好奇爱探索、温暖会交往的花样玩童"。

《3~6岁儿童学习与发展指南》强调"幼儿的学习是以直接经验为基础,在游戏和日常生活中进行的"。幼儿在游戏中应有主动参与、自主选择、自由结伴的权利,通过主动研究方式保护每一个幼儿的天性。自主游戏是以幼儿"主动参与、自主选择、快乐游戏、智慧成长"为课程理念,在固定场地、不固定区域的情况下,幼儿自选材料、自选玩伴、自选场地、自定玩法、自定规则开展的游戏,这也是一条幼儿从发现问题到解决问题,引发深度学习的路径。生成性游戏是指幼儿根据自己的生活经验,而产生的游戏内容。其游戏的产生具有不可预估性。

维果斯基表明幼儿的能力水平分为"现有水平"和"潜在水平",幼儿的发展即从现有发展水平发展到潜在发展水平,达到最近发展区。这里的潜在水平即指在教师或同伴的支持下幼儿能够达到的水平。支持性策略是指促进幼儿自主性发展,教师采取的可引发并维持幼儿自主学习的意向和行为,促进幼儿达到潜在能力水平的方法。自主游戏中的支持性策略指的是为促进幼儿在自主游戏中幼儿生成性游戏水平到达潜在能力水平,教师介入游戏所采取的一系列方法。丁海东认为,教师可以采取以下三种方式指导幼儿游戏活动:第一,以自身为媒介,以游戏者或旁观者身份介入幼儿游戏;第二,以材料为媒介;第三,以儿童伙伴为媒介。因此,生成性游戏中,幼儿园可以有多种方式支持幼儿的生成,但是生成性游戏中教师所提供的是否为幼儿最需要的支持策略呢?或是教师想要给予幼儿的支持是否对幼儿的发展有促进作用的呢?

一、游戏现状分析

(一)幼儿的游戏现状

幼儿喜欢自主游戏,参与游戏积极主动,乐意与同伴交流和表达自己的游戏愿望,会根据角色生发出新游戏。但因生成性游戏充满了不确定性和挑战性（生成时间的不确定、生成内容的不确定、游戏同伴的不确定、持续时间的不确定），幼儿之间的游戏水平差异较大，具体表现为以下三个方面。

1. 游戏主题缺乏连续性

在生成性游戏中，幼儿对游戏的注意力不集中，容易被其他事物吸引，频繁更换游戏区域。游戏主题多变、游戏深度浅、游戏同伴不确定、持续时间短，主题缺少递进性、层次性。生成性游戏中的游戏主题常发生于不经意之间，此时，游戏同伴的交流和共性经验引发幼儿思考，激励幼儿搜寻游戏关键点；教师的教育智慧和专业水平支持幼儿创新游戏玩法。

2. 游戏玩法缺乏多变性

游戏时，幼儿重复摆弄材料，材料玩法单一，缺少材料组合玩法、变换玩法，停留在玩耍材料初级阶段，以物代物能力不足，如盒子常用来送快递，而不会把盒子当成帽子、锅、碗等。充足的游戏材料是生成性游戏的物质条件，足够的游戏材料激发幼儿的连续思考，缺乏材料也正是幼儿游戏总是重复上一次游戏内容，或者重新玩新一轮游戏，游戏水平低的主要原因。

3. 游戏内容缺乏真实性

幼儿是自己生活的专家，幼儿游戏情节却单一重复，幼儿很少主动将生活经验放入游戏中去思考，进行游戏。教育即生活，生活即教育，幼儿的一日生活是教育引起幼儿共鸣的基础。从幼儿进入幼儿园开始，本身隐藏着对生活性、真实性材料的了解，提供生活性、真实性材料是为幼儿搭建鹰架的基础。

（二）教师游戏支持性策略存在的问题

儿童生成性游戏背后是教师的创造性工作。希望培养什么样的儿童，就需要用相应的方法，更需要相应的教师。我们想要培养自选材料、自选玩伴、自选场地、自定玩法、自定规则的具有自主性和创造性的幼儿，就更需要爱思考、爱创造的教师。通过对自主游戏中幼儿生成性游戏的教师支持性策略的观察，发现问题集中为以下三点。

1. 环境狭窄、材料缺乏

幼儿园环境老旧，环境狭小，长廊狭窄、教寝一体，游戏场地不足，不足以支持幼儿在自主游戏中的探索、创新和生成。幼儿园原有的游戏多为开学初教师依据主题内容、环境场地以及幼儿旧经验进行划分游戏场地、预设游戏主题、投放游戏材料。所以，当幼儿有新游戏产生时，没有适合的场地和更丰富的材料，特别是低结构材料支持幼儿活动。

2. 教师对幼儿生成的游戏"视而不见"或者"读而不懂"

当"快递、购物、野战、医院、露营、农家乐"等幼儿自主生成游戏出现时，教师的敏锐性不足，解读能力不够，对生成性游戏的重要价值可谓是"视而不见"或者"读而不懂"，直接影响教师对幼儿生成性游戏的支持度及有效性。

3. 教师对介入的方式、时机把握不准

教师介入方式的创新性不足、介入时机具有偏差。通过调查，我们发现，当游戏中出现材料匮

乏、空间不足、氛围不够、幼儿参与度不高时，教师的应对途径和策略不能支持游戏的深入开展，这不仅仅说明教师对幼儿自主生成性游戏的介入把握不准，更指向了教师本身在幼儿遇到问题时，更习惯于安于现状、利用传统的方式指导幼儿解决问题。

那么，如何创设支持幼儿生成性游戏的环境呢？教师如何有效与创新地支持幼儿的生成性游戏呢？

二、改革措施

（一）环境支持，为了幼儿

物质环境是幼儿在自主游戏中生成游戏的基础保障，教师创造思维是幼儿生成游戏的前提。在自主游戏课程建构中，幼儿在与环境和材料的相互作用中，学会发现问题并尝试解决问题，能共商玩法、分配角色，当出现争执时，能想办法解决，促进幼儿解决问题能力的发展。

1. 创设环境，保障幼儿游戏的物质条件

幼儿园科学创设园所环境，拓展幼儿游戏空间。幼儿园以部门联动的方式，在"环境，为孩子的发展创造可能"的环境创设理念下，改造幼儿园环境；并结合"伸缩、延展"概念，科学规划园所环境。

案例1：光影游戏

一天，教师A发现幼儿A和幼儿B在教室的一个小角落里面拿着手电筒和剪纸在玩光影游戏，当幼儿C带着白布加入光影游戏时，却发现没有地方悬挂白布。教师A在巡视班级周围环境后，发现在教室旁边有一条长长的走道，这里场地足够，没有灯光，是一个天然的光影游戏场地。于是，教师A便建议幼儿们将走道作为光影游戏的场地。

教室的游戏空间不足，教师便走出教室，寻找更有价值的游戏场地。以此，幼儿园结合文化建设和课程建设需要共改造三条狭长走道，打造出"历史长廊""足球游戏长廊""自主游戏长廊"。随后，通过"一坊三区、延展空间"的方式，创设了"三坊四区小角落"，有效地延展游戏空间，保证班级幼儿参与活动的场地空间。

2. 在自主游戏区域划分中，教师学会适度留白

预设游戏由教师主导，依据教师前期对幼儿学习与发展的了解、园所环境划分自主游戏区域，但是以此设置的区域随着幼儿游戏的发展具有一定的局限性，会限制幼儿的游戏进程。为此，教师在设置游戏区域时适度留白，为幼儿留足发挥想象的空间。

案例2：城墙变长了

场景一：一天，老师A和老师B一起到操场一角观察大班幼儿野战游戏情况，发现参与野战游戏的幼儿分成蓝队和红队进行对战游戏。

蓝队幼儿A："老师，红队总是到我们的这边打我们呢？"

老师A："你觉得应该怎么办呢？"

幼儿B："我要把我们这里拦起来，不让他们打进来！"

幼儿C:"用什么好呢?"

幼儿A:"用纸箱,这里好多纸箱呢。"

于是,蓝队和红队用大小不一的纸箱搭建了两条城墙。但是随着城墙越来越长,操场的一角已经不能放不下长长的城墙了。

幼儿C:这里已经放不下我们的纸箱了。

幼儿D:我们队的纸箱也放不下了。

幼儿B:我们去那边吧,那边有空。

于是,幼儿到更大的操场搭建各自的城墙。

操场的空间大、场地平,可以支持幼儿生成更多的游戏。在学期最初,教师将操场一角设置为野战区,而留有空间支持幼儿自由想象,支撑幼儿引发深度学习。这不仅需要教师对空间做了解,而且需要教师对幼儿游戏发展特点做专业性了解。

3. 丰富的材料鼓励幼儿开展生成性游戏

投放有层次性、适应性、真实性的材料是提升幼儿游戏水平的关键。前期,教师们通过研讨真实地感受到幼儿游戏水平的变化,从最开始的混乱游戏到之后的以物代物、情景创设、联合游戏,稳步成长。教师随着幼儿的游戏水平发展不断投放相关的材料,为幼儿创设游戏乐趣。

案例3:烧烤游戏

今天自主游戏又要开始了,材料超市里,幼儿A拿出烧烤架放在自己面前,又拿出自制烧烤串、水果等食物放在烧烤架子上面进行翻烤。当烧烤串、水果烤了一会后,他拿起旁边的一盒胶泥将其涂在食物上。

前期材料超市里面只有仿真玩具,幼儿无法发挥想象力进行生成性游戏。为此,在自主游戏结束后,师幼共同总结游戏进度,尤其是缺乏的游戏材料,再围绕生成性游戏中幼儿生成的主题共同寻找材料。首先,在班级内共同寻找游戏材料,支持游戏的延续性,并以家园联动的方式鼓励幼儿和家长共同寻找材料,满足生成性游戏的独特性;其次,在年级之间进行游戏互动、材料互助,支持不同游戏水平幼儿的特殊需要;最后,园级建设材料超市,支持幼儿游戏的共性,支持幼儿以物代物,推进游戏发展。

(二)专业支持,看见儿童

1. 支持孩子生成游戏主题

教师作为"旁观者",不是只站在幼儿观察的旁边无所事事,而是站在一旁观察幼儿的游戏行为,幼儿遇到的问题和解决过程,是否需要支持等。教师应作为观察者,应眼中有幼儿,时刻关注幼儿在自主游戏中的行为变化,留心幼儿遇到的问题,观察幼儿未能解决的问题和经验提升的关键点。

案例4:这样摆放更方便

自主游戏中,鞋子摆放杂乱,幼儿经常踩到其他幼儿的鞋子。

幼儿A:"你踩到我的鞋了?"

幼儿B："是你自己把鞋乱放的！"
幼儿C："要不我们把鞋放整齐吧！"
幼儿D："还是会踩鞋呀！"
幼儿A："我们用什么来放鞋呢？"
教师说："你们可以去看看什么东西能帮助你们呢？"
四名幼儿在游戏场走了一圈，幼儿A找到了一块长条形木板："放在这里吧！"
B和C将鞋子放在木板上，幼儿D："我的鞋放哪里呢？放不下了！"
幼儿C："加一层呗，我家就是两层的。"
C和D去拿了很多积木搭成了两层鞋柜。
教师通过观察解读幼儿游戏行为，发现幼儿生成性游戏的转折点和升华点——鞋子太乱了，并在幼儿游戏中插入问题，激发幼儿思考，支持幼儿生成鞋柜的游戏主题。

2. 尊重并支持幼儿在游戏中的独特想法

幼儿是充满想象的幻想家和艺术家，有自己的视角和独特想法。

案例5：小脚穿大鞋

2021年6月25日下午，幼儿A和教师B在娃娃家里面玩起了"宝宝和妈妈"的游戏，当游戏结束后，幼儿A走到鞋柜处，穿上教师B的鞋子就走了。教师B就穿着幼儿A鞋子，踮着脚走路。

之后，幼儿A和教师B还进行了跑步比赛。

幼儿A和教师B站在起跑线上。

教师B："你往后退一点，你站在线上了。"

幼儿A："预备跑！"

幼儿A和教师B同时出发，跑向娃娃家的沙发。这场比赛以双方打平结束。

幼儿对周围的世界充满了好奇心和探索欲望，希望探索不一样的世界，为此，他们充分发挥着自己的想象力和探索欲望。

3. 支持孩子在游戏中的问题解决和深度学习

自主游戏是遇到问题、解决问题的不断循环的过程，幼儿不仅需要解决方法，更需要解决思维。

案例6：城堡出现了

2021年3月25日下午，老师A和老师B再次带领幼儿来到野战区。蓝队和红队很快搭建自己的城墙，蓝队幼儿A从红队城墙的左边偷袭了红队的队员，红队马上反击蓝队。等蓝队幼儿A退回蓝队城堡里后，老师B对红队说："蓝队从这边攻击了你们，你们要怎么办呢？"。

红队幼儿马上拉起了纸箱和积木围住了自己的领地，很快，红队将自己的领队牢牢地围住。

蓝队发现后，也利用纸箱、积木围住自己的领域。

幼儿C："把自己围住了，那我们怎么回家呢？"

幼儿D："建条小路回家。"

幼儿A:"用长条的积木建小路。"

幼儿C:"把攀爬架拿过来围住自己的城墙"。

于是,一个简易的城堡出来了。

在生成性游戏中,教师面对幼儿遇到问题时,第一反应是直截了当给予幼儿答案。答案会帮助幼儿解决当时的问题,但是引导幼儿创新思维具有欠缺性,常禁锢幼儿的游戏思维。为此,教师在生成性游戏中以长远的眼光看待幼儿的发展,反过来询问幼儿的想法,等待幼儿解决问题,以语言搭建支架,引发幼儿主动思考,解决问题和深度学习。

三、存在的问题和持续优化的思考

我们发现,幼儿生成性游戏的开展和课程建设过程中仍存在着以下思考的地方。

(1)如何利用游戏环境和材料,支持幼儿深度学习。幼儿是在游戏中学习的,是通过不断与环境的互动,反复摆弄、操作材料,习得游戏经验的。幼儿园将关注幼儿与环境和材料的互动,支持幼儿生成性游戏的推进,促进幼儿在游戏中的深度学习。

(2)如何帮助教师对幼儿的游戏行为深入解读。幼儿的游戏行为需要真正被看见、被看懂。我们引导教师尝试通过一对一观察、游戏复盘、游戏研讨等形式进行小时观察,记录幼儿的具体游戏行为,对标《3~6岁儿童学习与发展指南》分析解读幼儿的游戏行为,从而看懂游戏,理解幼儿。

(3)如何在自主游戏开展中形成具有幼儿园特色的游戏课程。目前,幼儿园的自主游戏课程已形成雏形,但基于幼儿生活和游戏中的经验生成的活动相对局限,不具有系统性。幼儿园的自主游戏仍停留在游戏中,未真正与课程进行有效链接,我们也将逐步探索基于游戏的园本化课程。

我们坚信,"以游戏为基本活动"的理念不是口号,而是真正意义上支持幼儿学习与发展的行动。我们将不断优化和拓展幼儿园多维空间,投放适宜的材料,为幼儿的游戏提供环境支持,提升教师观察解读幼儿游戏行为的能力,为幼儿的成长和发展服务。

阅读之力，助推五育并举

成都市第二十一幼儿园　刘薇娜

古人有云:"春来正是读书时,书读花间字句香。"春光明媚,到处生机一片。每年四月"世界读书日"之时,我们会迎来园所"共享阅读好时光"读书月活动,赋予师幼阅读专属的仪式感。教师、幼儿、家长全员参与,借助阅读的力量,去探索未知的新世界。让阅读成为一道温暖且明亮的光,带我们走向世界,走向未来,这是一道温柔且强大的力量,助推幼儿的身心和谐,全面发展。

一、以阅明德，在参与中塑造良好品格

不要单一地看待事物和身边的现象,这是我们在阅读活动中获得的真切感受。图书漂流活动是每年"共享阅读好时光"活动的固定组成部分。这个活动每年都有,有的班级每个月都有,一直受到孩子们的欢迎。探寻其原因,我们发现,原来孩子们期待的不仅仅是那一本小小的绘本漂流到自己这里前的那份"小惊喜",更重要的是在过程中,参与着与同伴交换绘本时的交流,感受着书本漂流回家与爸爸妈妈一起阅读的温馨,肩负着保护好书籍的责任。在漂流活动开展过程中,我们发现了新的问题,如何将孩子们参与情况记录下来呢？于是,我们与孩子们共同讨论,形成了"阅读存折"的管理方式,即每个班级是一个"阅读银行",每个孩子为"阅读储户",拥有一本属于自己的"阅读存折",家长作为管理员,对"阅读存折"的使用,有提供帮助、督促和监管的任务。

在"阅读存折"中设有阅读书籍名称、阅读时间、阅读效果、阅读数量等板块,家长和孩子共同依据幼儿阅读的情况进行真实记录,并设有"附加储蓄"板块,主要内容为对幼儿阅读情况的评价和家长阅读书籍的记录,例如阅读书籍、心得体会等。每个班级也会依据自己的特色增加记录选项。我们会定期回收、分享"阅读存折"储蓄情况,依据阅读数量、阅读时长、家长评价、参与阅读相关活动等情况,进行"财富"统计。依据积分的高低,提供相应的奖章、绘本等多形式的奖励。通过这样的形式,孩子们阅读的绘本越来越多,对阅读的兴趣也从书本的外在吸引,慢慢走向主动了解绘本内容,探索书中的精彩世界,直到逐步形成一种坚持阅读的习惯。在一天天的漂流活动中,蕴含着丰富的德育价值,孩子们乐于分享,敢于交流,信守约定,学着保护他人的物品,等等。当然在阅读中,孩子们也会认识到关于诚实勇敢、乐于助人、有礼貌等优秀的品质,并在行为中体现出来。

二、以阅启智，在亲身体验中获取智慧

绘本具有多图少字的特点，能帮助幼儿对抽象概念的理解和认识，提升学前儿童的阅读能力，在阅读中幼儿对重点信息的抓取能力、总结能力都在增强。成都市第二十一幼儿园的幼儿多数从出生到现在都是生活在城市里，对森林、田野等自然生活的经验是非常缺乏的，在阅读中，可以让孩子们看到不一样的世界。比如柠檬班的孩子们对操场上掉落的果实很有兴趣，于是在班级的共读活动中，老师选取了《咕咚来了》这样一本传统的绘本故事作为主体，通过阅读绘本、亲自实验，孩子们发现，果实成熟到一定的程度，就会从树枝上掉落下来，掉下来之后落入水中就会发出"咕咚"的声音。于是班级教师从幼儿的兴趣出发，开展关于"咕咚"的探究活动，师幼共同收集多种果实，通过直接感知和亲身体验，最终发现由于果实的表面、重量不同，落入水中的声音也不一样。通过绘本阅读这样的媒介，能够萌发幼儿探究世界的兴趣，认知学习经验。绘本的内容包罗万象，对天文、地理、历史、人文、自然、科学等种种常识皆有所描述，它犹如百科全书，提供各种具有观察性、思考性和感受性的素材。

随着阅读活动的持续开展，我们对幼儿在阅读活动中相关核心经验的发展有了更深入的认识，在阅读活动实施过程中更加关注幼儿的年龄特点。比如在小班阶段，将重点放在激发幼儿的阅读兴趣，了解爱护图书的简单知识，形成初步的阅读习惯等上面；中班阶段，侧重于幼儿对故事内容的理解、复述，能专心地看书等；大班阶段，则应该与幼小衔接相结合，对幼儿的阅读要求也更具有挑战性，如能续编、创编、改编故事内容等。聚焦幼儿发展核心经验的阅读活动，对促进幼儿认知能力，提升阅读活动的整体质量有积极作用。

三、以阅健体，在动静结合中促进身体发育

学龄前的孩子，正是身体发育的关键时期，培养良好的阅读兴趣和习惯，可以避免幼儿对电子产品的依赖和渴望。幼儿在阅读绘本的过程中，可能对故事内容也深深着迷，教师们要善于把握这样的"好时机"，顺应孩子们的兴趣，利用绘本故事情节，开展相应的体育游戏活动。例如《一园青菜成了精》是一本以北方民谣为基础的绘本，利用中国的传统水彩绘成一出菜园里的各种青菜各出奇招、斗智斗勇的热闹场面，草莓班的孩子们在阅读《一园青菜成了精》过程中，就对扮演故事角色和重现故事情节跃跃欲试。于是教师让孩子们选定喜欢的角色，到户外利用体育器械搭建自己的"地盘"，然后两方通过闯关、对战等内容展开了体育游戏，其中涉及攀、爬、跑、跳、躲闪等相关的动作发展核心经验。

四、以阅汇美，在体验中培养尚美创美之力

（一）亲近美

区域呈开放式，孩子们可以自由进出，软软的地垫，纱质的帐篷，或是一对小沙发，或是一瓶插花，或是一盆绿植，或是一组软垫，我们每一个班级都在光线较好的地方，为孩子们打造了独一无二、具有班本特色的阅读区。清晨或午后，阳光洒进来，美好的环境，让孩子们不由自主地想要靠

近,想要在里面待一会儿,看一册绘本,品一本书。

(二)欣赏美

绘本是视觉美的载体,它有很高的艺术性,绘本的图画是画者进行绘制的美的世界,它们的表现形式是多种多样的,具有大量丰富的细节和各式各样的风格,例如,《一颗莲子的生命旅程》就是以国画风格绘出莲的生命轮回;《花格子大象艾玛》就使用了明艳的色彩格子引发视觉上的冲击;《奥莉薇》用简洁流畅的线条勾勒出造型夸张的肖像,黑、白、红三色的"单调"用色,赋予了画面单纯且明快的特质。孩子们在阅读的过程中,就在不断接触各种艺术风格的作品,不断地在欣赏美、感受美。

(三)表达美

经验是在一次次的输入与输出中以螺旋状上升的形式积累的,欣赏美与感受美是一种输入的过程,而表达美正是孩子们输出的表现,我们必须给予孩子们这样的空间与时间。"共享阅读好时光"具有仪式感,是属于阅读的庆典,是一整年阅读活动的精彩荟萃,是孩子们表达美的集中展现。在"共享阅读好时光"的闭幕仪式上,孩子们齐聚操场,这一年来的阅读成果汇聚校园各处,楼道间是孩子们描绘的一幅幅绘本故事精彩片段;家园交流区、绘本馆、图书角里有一张张阅读剪影;小V宝大展台上是一出出生动有趣的绘本表演。"你需要胡子,走路的时候背要弓着,不能走太快了!""我正在画小花,到时候要剪下来贴在草坪上的""我家里有兔子耳朵的发卡,我可以当兔子"……这些都是孩子们在筹划故事会演时的童言稚语,孩子、老师都成了阅读的主角。

(四)维护美

有序即是美感。在阅读区中,书籍按照一定的规则摆放,或是类别,或是大小,或是封面的颜色,不经意间藏着教师们的小智慧,取放之间含着对孩子们的小考验。区角中张贴着孩子们设计的规则海报,在无声中提醒着孩子们,要做文明的阅读者,轻手轻脚,不随意打扰他人,共同维护环境的和谐。

五、以阅促劳,在拓展中收获自主能力

阅读活动是丰富的,师幼的收获也是多元的。在绘本阅读的过程中,幼儿开阔了视野,激发想象力、创造力,发现了阅读的乐趣,提升了阅读兴趣,培养了良好的阅读习惯,自信、大方、爱阅读、愿表达。不仅如此,孩子们在班级中形成"值日生"管理制度,轮值"图书管理员"的小朋友,要负责当天图书区的绘本整理、环境卫生管理、有序借阅等内容,在阅读到一些与种植相关的绘本时(比如《小种子,快长大》),也会开展与种植相关的活动,去亲自种下小种子,观察记录,等待发芽。劳动节前夕,我们在大班年级组开展了《朱家故事》的年级组共读活动,孩子们通过绘本感受到,家庭中没有分工只有协作,每一个家庭成员都要互帮互助。这项活动我们也推广到家庭中,作为亲子阅读推荐书目,家长们以身作则,参与或陪伴到孩子的阅读中,不仅起到了榜样作用,而且与孩子建立起了情感的交流,树立了科学育儿的观念,尝试着放手让孩子去做一些力所能及的事情。

孩子们从阅读中发现劳动的乐趣,从劳动中收获成长的自信,家长们看到孩子的进步,更加愿意参与家园工作,共同助力幼儿成长。

阅读是运用图画、语言文字来获取信息,认识世界,发展思维,并获得审美体验的活动。它是从视觉材料中获取信息的过程。阅读是一种主动的过程,是由阅读者根据不同的目的加以调节控制的,陶冶人们的情操,提升自我修养。阅读是一种无形的力量,多角度为我们打开教育的大门,让我们五育并举具有可行性。世界是广阔的,生活是多彩的,我们盼以阅读之力,实现五育并举,助推孩子们走向更加明亮的未来。

让劳有"依"、有"法"、有"获"
——幼儿园如何在一日生活中开展劳动教育

成都市武侯区第八幼儿园 范 颖

"劳育"作为"五育"中的一环，与德育、智育、体育和美育有着同样重要的地位。幼儿生活中充满着劳动的契机，比如整理玩具、收放桌椅等都有着"劳育"的痕迹。本文将介绍劳动教育对于幼儿的作用，探究劳动教育在实施过程中的误区，并从中寻求实施的策略。

一、知"劳育"之作用

幼儿的一日生活中充满了劳动教育的契机，通过劳动教育能促进幼儿"体""智""德""美"的发展。

（一）提升身体素质

幼儿在劳动中能够使身体得到锻炼，增强体质，发展动作，促进协调。比如幼儿在生活中会抬自己的小椅子，并摆放整齐，在这一过程中会促进幼儿大臂肌肉的发展；在整理区角材料时能促进幼儿手部肌肉的发展。生活中，幼儿必须身体力行地做一些劳动，他们通过抬、搬、拖、擦等动作促进肌肉的发展，从而使身体得到锻炼。由此可见，"劳育"能够促进幼儿建立良好的体质。

（二）促进智力发展

劳动中的幼儿能产生思考，促进智力发展。比如幼儿在拖地时，教师提供不同材质的拖把让幼儿进行实际操作，在过程中幼儿可能会发现不同材质的拖把的特点，探究在什么情况下使用何种材质的拖把；又比如，幼儿悬挂衣服时，衣服总是套不到衣架上，在一次次试错的过程中幼儿最终找到挂衣服的方法。所以幼儿在劳动中并不是单纯的劳动者，而是一个思考者。

（三）养成良好品德

劳动教育能为幼儿提供自我服务或者为他人服务的机会。幼儿在劳动中能养成坚持不懈、不怕困难、团结他人等良好品质。比如，幼儿在每天游戏后能坚持将材料收放整齐，这本身就是一种坚持不懈的良好品格；再如，帮助他人叠被子，能够有一种为他人服务的意识。所以营造良好的劳动氛围，能够促进幼儿养成良好品德。

（四）发现生活之美

劳动的本质是美的,劳动的过程中充满着辛勤的美,劳动结束后有着成功的美,甚至劳动者都是美的,是值得尊重、赞扬的。比如在植物角的种植中,幼儿每天照顾、探索植物的生长,感受生命之美,同时也体会到劳动的快乐。

二、探过程中误区

幼儿生活中有很多劳育契机,教师也抓住了这些契机进行劳动,但总是发现效果差强人意,这就是掉进了实施过程中的误区,主要有以下三个方面。

（一）重表面后的"失真"

重表面后的"失真"主要表现在两个方面。一是劳动方式,为了劳动而劳动,失去了劳动的真谛。比如,为了让幼儿都能参与到劳动中,教师常用的手段就是值日生的形式,或者小组轮流做劳动的方式,这虽能保证每个幼儿都能劳动,但是缺少自发性,幼儿没有内驱力。二是劳动方法,很多时候教师在组织幼儿进行劳动时,总是优先为幼儿讲解方法,让幼儿照着做,缺少真正的探索,幼儿就错失独立思考、解决问题的机会。

（二）多形式下的"肤浅"

这主要是指教师或幼儿园开展多种形式的劳动活动,但只是展开了"横向"的形式,而缺失了"纵向"的内涵,是"肤浅"的劳动。比如"折被子大赛",让幼儿比赛折被子,这虽然能调动幼儿对折被子的兴趣,但是不能使其养成长期坚持的习惯,同时也缺少自主探索的机会。但是若能在"折被子"的问题上带着幼儿通过不同方式去探索、可能会发现"被子可以怎么折""怎么才能最快折好被子""被子的多种折法"……这样就从形式转变为内涵。

（三）求安全中的"高控"

在幼儿园里,安全是放在首要位置,所有活动的前提都是以安全为先,劳动教育也不例外。很多教师为了安全,可能会采取一些教育措施。比如固定劳动任务、定点定人进行劳动。真正劳动教育是要放手给幼儿的,让他体会到劳动的快乐。

三、寻实施之策略

在实施劳动教育的过程中掉入误区并不可怕,可怕的是深陷其中而不自知。所以一定要走出劳动教育的误区,抓准教育目标,提供教育条件,引导幼儿深度探索。

（一）明确目标，劳有依据

一是以幼儿年龄特点为依据,设立不同年龄段的劳动目标。比如小班幼儿可以学习简单的折衣服的方式,大班就可以尝试自己或同伴合作折被子。根据幼儿的发展水平设立不同年龄段的劳动目标。

二是根据活动内容提前设立目标,可以根据主题活动、节日活动、区角游戏等活动提前设立劳动的目标,并按照目标开展活动。比如在五一劳动节中,抓住节日契机,进行劳动活动。又如在"我上大班了"的主题活动中开展"我是班级小主人"的子版块内容,提前设立目标,通过谈话讨论、实际操作、经验总结等方式来达成劳动教育的目标,促进幼儿养成自我劳动意识,为自己、为他人服务。

(二)创设条件,劳有方法

1. 创设环境

围绕着"幼儿能在哪儿劳动""如何劳动?"这两个疑问进行深究,为其创设良好的劳动环境。

一是创设实际的劳动场地。劳动不仅局限于区角的整理、植物角的种植、班级地面的清洁等,还能走出教室、走出班级,可以是幼儿园的各种场地。比如银杏叶掉落满地,这也能成为劳动教育的契机,抓住这个机会组织幼儿讨论如何打扫落叶,启发孩子们的思考,最终开展劳动实践。再比如,将幼儿园划分成各个区域,每个班自主认领一块场地,让孩子们成为管理小主人,负责区域的清洁。

二是营造劳动的氛围。孩子们在劳动中有很多的奇思妙想和神奇的发现,可以将这其中产生的话题通过图片、绘画、语言等方式进行呈现,既能了解一些劳动小知识,又能调动劳动积极性,营造良好的劳动氛围。比如在擦镜子的活动中,孩子们发现帕子沾水之后擦镜子会花,那么用什么工具、什么方式擦镜子会最干净呢?教师可以带着幼儿一起探索,并将过程做成话题墙供幼儿观看。

2. 提供材料

提供多种材料,让幼儿想劳动、有工具、有探索。孩子们通过自己探索、家园沟通等方式,了解不同的劳动材料的特点,并筹集不同种类、材质的材料。比如可以提供不同种类的毛巾,有的吸水性强,有的材质柔软,有的不会掉毛……

(三)深度探究,劳有收获

1. 方法的探究

方法的探究是指教师在幼儿劳动中改变传统意义的说教形式,成为幼儿的引导者、支持者、合作者,让幼儿在过程中进行探索,自发地获得方法。比如在植物角的活动中,幼儿领养植物之后,通过养殖调查—制订种植计划—每天照顾植物—做好观察记录,在探索的过程中获得种植经验、了解植物特性、培养坚持品格。

2. 内容的延续

内容的延续是指在劳动教育中不是开展一次活动就能达成目标,而是要注意内容的延续性,幼儿获得的持久性。比如在折被子的活动中,可以探索折被子的方法—折被子比赛—自己折被子—合作折被子,这是一个延续的教育内容,通过不同形式,让幼儿获得方法,保证持久性。

四、结语

苏霍姆林斯基在《怎样培养真正的人》一书中提出:"劳动,不仅仅意味着实际能力和技巧,而且意味着智力的发展,意味着思维和语言的修养"。这句话体现了劳动对人们的重要性,体现了劳育能促进幼儿全面发展。

那么如何在幼儿生活中实施劳动教育呢?我想最基础的就是正视劳动教育,明确教育目标,为幼儿创设条件,引导其深度探索。教育不是一夜而成,幼儿劳动习惯也不是一时就起。只有教育者有着正确的观念、明确的目标、充分的准备,用爱浇灌引导,才能使劳动教育的果实在幼儿心中扎得深,扎得实,最终才能劳有"依"、有"法"、有"获"。

以篮球特色课程建设为抓手，促进园所优质发展

成都市武侯区第八幼儿园　罗晓萍　吴莉菁

幼儿园的特色课程是指幼儿园在培养幼儿全面发展、完成《幼儿园教育指导纲要》任务的同时，所表现出来的稳定的、科学的、独特的特长教育风貌。幼儿园特色建设和特色课程设计成为幼儿园育人工作中的强项和优势所在，其研究成果直接关系到幼儿园的长远发展及我国人才教育的质量。如何提高特色课程的质量呢？自开园以来，成都市第十幼儿园（碧云园区）以环境、游戏、主题活动为切入点进行思考和探索。

一、篮球教育环境

《幼儿园教育指导纲要》指出："环境是重要的教育资源，应通过环境的创设和利用，有效地促进幼儿的发展。"余琳等人在《优质幼儿园建设的四把尺》中提出将环境基础作为衡量优质幼儿园的标准之一。因此，碧云园区将环境作为幼儿园课程的重要组成部分，充分利用地面、墙面、空间三维度进行思考，让环境为幼儿服务，促幼儿思考，让幼儿成为环境的真正主人。

（一）记录、创设可回味的空间环境

如何为优质幼儿园做好铺垫，不是高结构游戏材料，不是展现教师的高超美工技能，而是从孩子出发，让孩子的需要成为教育环境的支撑，让教育环境为优质幼儿园的建设做好铺垫。

环境作为隐形的教育资源，我们希望从课程展板的呈现、篮球游戏室的建立、篮球小天地的创设为孩子们提供可看、可玩、可摸、可思考和可表达的空间。幼儿的游戏过程、绘画作品、学习方式都能以多形式进行呈现。

所以在课程展板中除了园所三大特色课程版块的建立，还让孩子们用自己方式表达关于游戏的内容。篮球游戏室中除了提供高低不同的篮球框，还有不同大小、材质的球，让孩子们尽情玩耍；篮球小天地里除了记录园所篮球特色活动，更是孩子们用自己的"语言"表达对篮球活动的认识、游戏的过程。

（二）实验、发现最适合的地面环境

在草坪上拍球，篮球"跳"不高，于是让孩子们自己去思考、发现，什么样的地面才能满足拍球需要？孩子们和爸爸妈妈一起查资料，是硬的、软的、塑料的、木头的？孩子们把自己的发现与教

师进行沟通,园所提供支撑。最后教师和幼儿一起选择最适合的拍球地面——悬浮地板,于是我们在操场上安装了悬浮地板,设置了幼儿篮球场。

(三)呈现、操作可互动的墙面环境

创造力从哪里来?若不给孩子更多丰富的体验,何谈创造力?在楼道环境创设中我们以五大领域内容为基础进行环境打造。一楼是有关健康、科学的内容,二楼是有关艺术的内容,三楼是有关社会、各楼道的内容。以领域内容为切入点,呈现孩子们的活动过程,让环境呈现的内容来源于他们的经验和生活,给予幼儿充分的体验机会。实现和幼儿的互动游戏。

在有了充分的感知后,进一步为孩子们提供表达机会,让墙面环境可以操作互动。孩子的作品表达对这个世界的认知和感受,每个孩子的感受都是不一样的。

二、篮球游戏活动

要让特色课程有质量,不只是环境的改造,更核心的是落脚到幼儿的发展。游戏是最适合幼儿学习的一种方式,创造生动、丰富、有趣的游戏活动,让游戏活动更加适合幼儿,让幼儿有满满的收获感。

(一)专业助力、科学有效促发展

教师的专业能力是有质量游戏活动的前提和关键。面对教师篮球技能不足、篮球活动内容贫乏,缺少有效组织篮球活动的经验三大挑战,篮球教练的加入为游戏活动注入新生力量,切实弥补短板。为给幼儿提供更多的锻炼机会,篮球教练和教师共同研究设计出篮球体能活动,梳理出每月体能活动安排表(见表1)。考虑幼儿年龄特点、动作发展水平的差异,小班幼儿从培养篮球兴趣出发,中班幼儿学习篮球技能,大班幼儿通过篮球活动培养团队合作和规则意识。专业意识的增强、专业能力的提升让幼儿的篮球体能活动更科学、更有效。

表1 篮球体能活动3月安排表

3~4岁	目标简述	4~5岁	目标简述	5~6岁	目标简述
大灰狼来了 运西瓜 消灭地鼠 消灭地鼠2	1.学习持球的基本动作,并尝试与篮球多种互动。 2.学习多方位滚球动作。 3.学习单手拍球动作,并尝试倾听规则的拍球。 4.巩固练习原地单手拍球动作,并延伸行进间单手拍球。	修房子 老狼报时 螃蟹运球 保护庄稼	1.练习前后左右的多方位搓球。 2.学习帽子式拍球,并增加拍球次数。 3.学习横向拍球姿势。(并变化行进间的横向拍球)	接力比赛 拍球大比拼 运送萝卜 灰太狼来了	1.学习弓步拍球姿势。 2.行进间拍球绕过障碍物。 3.行进间快速运球,强调运球速度。 4.巩固练习弓步拍球,并行进间急停弓步拍球。

（二）观念转变、实践创新助成长

《3~6岁儿童学习与发展指南》（以下简称《指南》）指出："幼儿园组织活动时，可以经常打破班级的界限，让幼儿有更多机会参与不同群体活动。"在游戏中玩什么？怎么玩？全由幼儿说了算，幼儿真正成为游戏的主人，让幼儿的游戏真正"活"起来。

以《指南》为理论抓手，在不断地实践中，幼儿园探索出混班篮球游戏，以篮球游戏为基本活动，将教育融入各项游戏中。根据幼儿兴趣、发展的需要，设计符合各年龄段幼儿玩耍的篮球游戏区域（见表2），让幼儿自由自主选择喜欢的区域开展游戏活动，让幼儿在直接感知、实际操作和亲身体验中获得发展。混班篮球游戏，不仅是游戏方式、游戏空间的一次创新，还是教育理念的一种突破。

表2 混班篮球游戏传球乐区域

年龄段	玩法	游戏目标
3~4岁	幼儿围成圆圈，师击鼓，幼儿将球传给下一位幼儿，击鼓停止，幼儿停止传球，拿到球的幼儿在中间做自我介绍，巡回游戏。	1. 愿意参与游戏活动，体验传球的乐趣。 2. 听到鼓声，能传球给下一位幼儿。
4~5岁	幼儿围成一个大圆圈站好，师击鼓，从第一个幼儿开始，击地传球，下一位幼儿接球，击鼓停止，幼儿也停止。球传到谁的手中，该幼儿就表演花样拍球或其他表演。	1. 喜欢参与球类游戏，感受合作传球的乐趣。 2. 掌握双手胸前传球的动作要领，同时能接住同伴抛过来的球。
5~6岁	幼儿围成一个圆圈，师击鼓（幼儿也可），幼儿进行传球，下一位幼儿进行接球，击鼓停止，幼儿传接球停止，球传到谁的手中，该幼儿进行花样拍球或者进行其他表演。下一轮他就来当击鼓者。	1. 愿意参与击鼓传球的游戏活动，体验篮球游戏带来的快乐。 2. 能够合作进行击鼓传球的游戏，提高控球能力。 3. 通过击鼓传球的游戏，增强合作意识。

（三）家园配合、篮球特色显成效

家长作为幼儿园重要的合作伙伴，参与到幼儿园课程建设中，自发组织成立"篮球爸爸社团"，家长的参与充分提高幼儿参与篮球游戏活动的兴趣和积极性。

篮球爸爸走进课堂，向幼儿传递篮球知识小奥秘；走进赛场，为幼儿呈现精彩篮球比赛；参与游戏，关注幼儿的点滴成长。篮球爸爸陪伴篮球宝贝充分感受、尽情体验、共同成长。家园配合在课程建设中从表面走向实质，拓宽家园合作的广度和深度。

三、篮球主题活动

在"小篮球、大世界"特色课程发展思路下，基于幼儿的生活经验，为了满足幼儿探索篮球的兴趣，幼儿园开展以篮球为载体的主题活动，同时我们还梳理出主题活动开展的四个步骤，解决老师们在实际操作过程中做什么、怎么做的问题。

第一，有准备，教师进行计划的初定和预设；第二，有表达，通过与幼儿进行对话，运用儿童的表达，灵活调整探索方向；第三，有思考，充分挖掘材料、环境等资源，有效调动幼儿参与活动的兴趣，促进幼儿的均衡发展；第四，有反思，梳理完善篮球自创主题资源包，涵盖主题网络图（详见图

1)、主题活动设计表等。

四个步骤让主题活动富有弹性、独特性、生成性,让幼儿自主建构知识,教师充分提供支持,师幼共同合作让零散的经验获得整合。

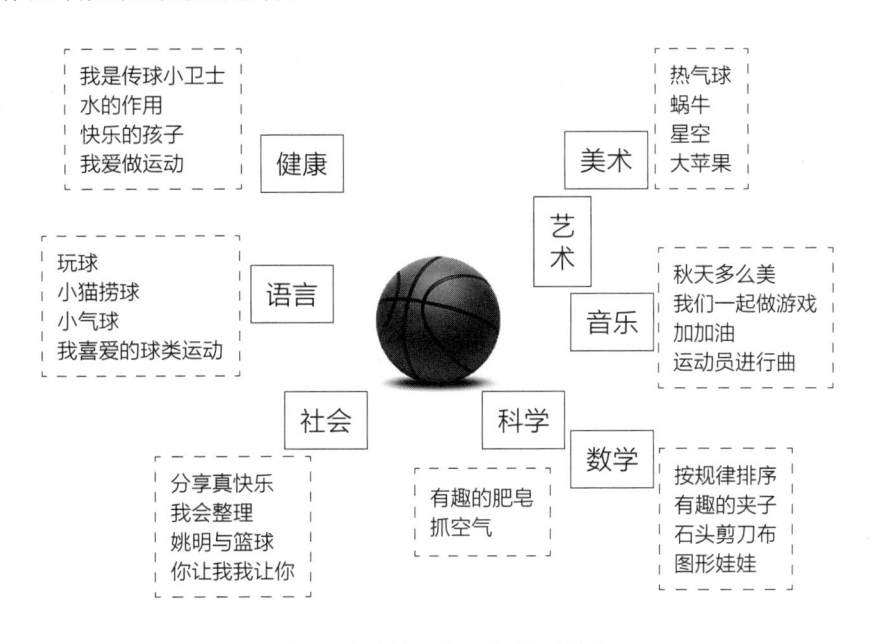

健康:我是传球小卫士、水的作用、快乐的孩子、我爱做运动

美术:热气球、蜗牛、星空、大苹果

语言:玩球、小猫捞球、小气球、我喜爱的球类运动

音乐:秋天多么美、我们一起做游戏、加加油、运动员进行曲

社会:分享真快乐、我会整理、姚明与篮球、你让我让你

科学:有趣的肥皂、抓空气

数学:按规律排序、有趣的夹子、石头剪刀布、图形娃娃

图1 中班篮球宝贝主题网络图

建设优质幼儿园是我们努力探索的方向。园区将继续在"小篮球,大世界"特色课程的发展思路下,秉承从童心出发,建设出能让幼儿与环境互动,与游戏为伴,与活动共生特色课程,让幼儿园的每一个角落都蕴藏丰富的教育价值,让教师树立正确科学的儿童观、游戏观、教育观,眼里时时处处有幼儿,走进幼儿的心灵,更好地服务于幼儿。

幼儿园环创机制创新，激发教师主观能动性

成都市第二十二幼儿园　王　瑶　杨　婷

幼儿园环境作为一个重要的课程资源，起到开发幼儿智力，促进幼儿个性和谐发展的重要作用。成都市第二十二幼儿园从2017年开始，从环境创设与打造着手，以美的环境陶冶人的情操；以美的环境促进人的发展；以美的环境培养好的品格，为师幼提供成长的场所。在这个过程中我们组建了幼儿园的"环创小组"，以项目制的方式招募人员，同时采用"环创包干制"，以评价与奖励相结合，激发有特长的教师的积极参与，围绕支持儿童发展的总目标，充分发挥自身潜能，使我园环境创设成为一个亮点，同时也使教师的专业水平得以提高。

一、创新幼儿园环境，从"成人视角"到"儿童视角"

一是创设育人教育的环境。成都市第二十二幼儿园将童话故事融入环境，例如，爬满藤蔓的墙面，教师们想到了绿色的森林，用自制的材料做成了童话故事《绿野仙踪》的场景，单调的绿植墙一下子就有了童趣；在幼儿园大厅门口有一颗高大的人工树，我们将这棵树作为道具，把童话故事《愿望树》的场景搬到了孩子们每天都经过的地方；草坪上用卵石、竹筒、盆栽组成了一个《龟兔赛跑》的场景，孩子们可以趴在草地上，摆弄玩偶，编故事，讲故事，把幼儿喜欢的童话故事以可以触摸的玩偶、道具呈现，激发了他们的想象力。教师们经过共同讨论、选定绘本、画稿预设、反复实践等过程，充分利用园内的每一个角落，打造出经典有趣的绘本小景，赋予环境以灵魂，能够留住脚步的不仅有美景，还藏着生动有趣的绘本故事。

二是创设师幼需要的环境。幼儿园环境应当满足师幼在幼儿园学习生活的多重需求，重视师幼的需求，为他们创设一个安全、愉悦的精神家园。例如，成都市第二十二幼儿园在大厅设置了一个绘本馆，划分为视听区、阅读区、亲子借阅区，图书按照年龄段摆放，视角和高度都要考虑儿童的高度，户外利用外墙凹进去的一个区域，设置成为陶艺吧、木工坊，在楼梯角增加光源，设置成一个小型阅读区，巧妙最大限度地利用空间为儿童打造活动区域，而在这些区域里，幼儿参与规则的制定，用自己的作品装饰，满足幼儿认知的需求和体验的需求，同时也是对自我的肯定。在教师办公区，设置了办公室、资源室、舒适的卡座书吧，户外平台上设置了休闲区，可以喝茶、聊天、举行小型

教研,楼道挂着教师们的照片,营造出家的温暖,让幼儿园教师在工作中和工作之余都会感到在幼儿园的归宿感和大家庭的幸福感。

二、创新环境包干模式,从"被动"到"主动"

一是创新环创小组。为了更好地创设出适宜幼儿、具有丰富教育功能、能与幼儿互动的环境,教师能够更好发挥专业特长,幼儿园通过全园招募成立了"环创小组",在组长的带领下负责幼儿园的整体环境规划与创设,环创小组的成立,将幼儿园中具有环创特长的教师集中到了一起,在环境创设的过程中,每一位教师都能够发挥出自己的特长,这样的结合,提高了教师环境创设的动力与效率,更加提高了环境创设的质量。

二是创新环创主题。既然要发挥环境的教育功能,那环境就不能一成不变,环创小组在学期初将一学期的环创主题进行了商议与方案的制定,从季节、传统节日、幼儿兴趣需要、主题课程等方面确定环境主题,做到每月有主题,每月新主题,将环境的教育功能发挥到最大化,环境的每月一换,让幼儿对环境充满兴趣与探索欲望,在探索环境的过程中,享受着环境带来的愉悦,丰富幼儿的经验。教师在创设环境的过程中需要多方位考虑环境的适宜性,是否符合幼儿发展特点,在这个过程中教师需要把握各年龄段幼儿的年龄特点、发展特点及对环境的需要,还需要掌控环境的积极育人作用,同时提升了教师的专业能力。

三是创新环创经验。在每一次的环创后,环创小组的教师都会将环创作品进行拍照保存,并将所需的材料以及创设草图进行保留,在下一次的创设中进行参考,实行组员包干负责制,每人负责一个板块环境的后期材料补充以及更换。在这个过程中,就需要教师对幼儿进行观察,观察幼儿与环境的互动,对环境的兴趣,环境是否适宜于幼儿的年龄特点与发展特点,并进行记录,以此了解各个年龄段幼儿对环境的需求,以及环境对各年龄段幼儿发挥的不同教育功能,反思环境的创设,在以后的环境创设过程中进行改进,在这个过程中,教师需要站在客观的角度对幼儿进行观察,不论是观察方法、记录方法的使用,都促使着教师在反思中成长。

三、创新保障机制,从"单一"到"多元"

一是完善环创小组管理机制。成都市第二十二幼儿园完善环创小组的管理制度,对教师的每月承担项目及幼儿园大环境的维护情况等进行动态监测,确保幼儿园环境做到一月一主题,干净、整洁、无缺漏。保证每月都有新的实时主题,呈现出不同风格与特色,为幼儿创设更加优美、健康、安全的学习、生活、游戏环境。

二是建立绩效奖励机制。完善教师绩效考核办法,明确教师在组织环创小组成员完成园级环创的创设,并指导班级教师进行班级环境创设,进行班级环创评价等情况的奖励方式,有效提高教师参与环境创设小组的积极性和责任感。

三是多元评价机制。构建过程性评价和终极性评级相结合的方式,要关注教师在实践过程中的学习与成长，在每一次环境创设主题的实践后，同伴会及时给予教师反馈，给出相应的分数，作为平时考核的一部分。此外，个人单次环创、专业技能、创意表现及小组合作展示等，也都是平时考核分数的组成部分。这些平时考核分数与期末考核分数（技能、能力、创意）相结合，形成教师的最终成绩。这种全面性、多样性、综合性和发展性的评价模式能满足环创包干制的发展需求。

美的环境是教师智慧的体现，实施和运用好能激发教师参与创造的机制尤为重要，实践证明成都市第二十二幼儿园的"环创小组"以及管理机制能很好地推动幼儿园的环境与课程建设，并带动全园教师积极参与，取得了良好的效果。

第二章

学习共同体：探索成长"新方式"

北川羌族自治县坝底小学　　北川羌族自治县幸福小学

北川羌族自治县永安小学　　安岳实验小学

在阅读中滋养，在教学中生长，名校长工作室作为学习共同体，不断尝试"新方式"，实现了质感的成长。

倡导静心阅读，积蓄专业力量。细读《教育常识》，探讨《德育美学观》，畅想《未来学校》，探讨"五育"融合、家庭教育、教育中的断舍离……在阅读中团队成员思维与思想如春笋般涌动舒展，个性与创造如天马般纵横驰骋。在阅读中，读懂学生、读懂教师、读懂管理、读懂教育，积蓄专业精进的力量。

深化教学研讨，丰富生命成长。将阅读后获得的思考与启迪融入主题研讨活动中，聚焦"双减"下课堂提质，探讨"五育"融合下课程教学新样态，不断提升校长的教学领导力。

回归教育常识，做温暖智慧的教师

——读《教育常识》一书有感

成都市武侯实验小学　付　华

华东师大教授、特聘教授李政涛所著的《教育意识》，由华东师大出版社出版。作者在书中说："在我看来，就是社会弥漫着的对常识的无知和漠视，对常识的尊重和敬畏的缺失，驱使我想到了'从常识开始的教育'，故而才有了此书的付梓出版。"那么何为教育常识？作者认为：就是有关教育的最基本且简单的事实性知识和道理。本书所呈现的教育常识主要有名人的格言慧语、经典的教育故事、自身对教育的体悟感言等几种形式。

以下是本书对我触动比较大的常识观点，以及我的学习感悟。

一、教育是衡量好社会的尺度

教育从来就不局限于学校，教育之事并不等于学校之事。教育是社会的细胞，它无处不停留，无处不生长，无处不产生影响，发挥其特有的作用。叶澜指出，在教育与社会关系中存在着三大缺失：一是社会发展的教育尺度缺失，二是社会缺乏对教育的责任，三是每个社会细胞缺少对教育价值和功能的把握。健全、健康的基础教育离不开社会的支持和保障，素质培养、智慧启迪不仅和学校有关，也与社会生态相关。

然而，现实中我们身边出现的一些社会问题，不少人都习惯简单把责任归罪于教育、归罪于学校、归因于教师，有时连我们身边的亲人、熟人也习惯了这样的口头禅：都是因为学校教育出了问题，都是因为教师素质太差。殊不知，好的教育需要一个好的社会基础，只有好的教育才能更好地服务于社会的发展，只有好的社会基础才有利于人的更好成长。所以，教育是衡量好社会的尺度，是人人应有的常识，也是人类社会发展中一条颠扑不破的真理。尊师重教的良好社会氛围需要全社会共同支持，需要每一个公民共同努力才可能形成。

二、教育立场即学生立场

学生立场是教育的第一立场。学生立场有三个内涵：学生立场不等于以学生为中心，不等于放弃教育者的责任，对学生放任自流。学生立场意味着学生的实际状态，成为教育教学的起点和出发点，成为教育教学目标制定的依据。学生立场还预示着教育者应当关注学生的生长需要，把发现、满足和提升学生的成长需要作为自身教育的使命。在教育的世界里，学生的生命第一。

事实上，如果我们能够基于学生实际设计与实施教育教学活动，如果我们能够始终把关注学生生命安全放在第一位,如果我们能够把不断发现、满足和提升学生的成长需要作为应尽之责,那么我们无疑就具有了可圈可点的学生立场。

三、教育常识的根源是人性常识

教育,就是对人的存在之谜和成长之谜的勘探。不懂得人就不懂得教育。对教育最透彻的理解,往往浸润着对人生最通透的感悟。教育透,则人生透。人生不透,教育也难免隔靴搔痒。衡量一位教师是否进入智慧的境界,不仅要看他有没有与教育有关的实践智慧和思想智慧,更要看他有没有直捣人心、洞察人性的智慧,有没有形成自己独特的对人性的理解。有什么样的人性智慧,就有什么样的教育智慧,反之亦然。读懂学生其实是一种读人、懂人和识人的能力。把学生放在心上,不是理想的最高要求,而是对教师最起码的要求,以此为标准衡量老师,大致有三种类型:心中无学生。心中有学生,但是抽象的学生者。心中有学生,而且是具体的学生者,这样的老师会追问:学生已经有什么?还缺什么?学生的困难和障碍是什么?学生的差异是什么?学情与教学目标、内容、方法和教学过程的关系是什么?

以上观点启发我们,做教师做教育必须从研究人开始,从读懂我们的学生开始。要做好教师,教师必须修炼自己的为人,教师要有好的为人,教师要善于从生活中吸取教育的智慧。教师要善于了解人、理解人、洞察人,要努力成为高情商的人。

以学校新教师的教育教学工作为例,我们常常有这样的体会,由于经验的不足,新教师在课堂上一心想完成教材任务,而没有学生。不少新教师认为自己教了什么,学生就一定能够学到什么。他们中一部分老师很少认真去了解分析每个学生的差异,很少花时间去和孩子建立学习之外的链接关系,很少耐心倾听学生的需要,很少询问学生的感受,有时还缺乏对学生必要的理解与尊重。可见,学校在新老师入职教育中还需补上这样的一课:儿童发展心理学中儿童认知的阶段性特征及案例分享、教师与学生交往的实用经验和方法等。

四、儿童的生长需要自由节律

人与人之间可以无限地走近,但永远不可能成为对方,成为对方的距离是无限的。我们可以克隆相貌,但是不可能克隆生命历程,有不同的生命历程,就必然会有不同的人生。人的独一无二,既是教育的起点,也是教育的终点。教育者赖以自豪的成功,就在于能够自信地宣告:我培养出的每一个学生,都是宇宙间独一无二的,我参与创造了他的独特。人的需要就是人性的一部分,任何违背人的需要因而违背人性的管理和教育,都可能会带来失败。

以上观点阐释的核心就是再次突出教育要因材施教,要尊重儿童自身的成长规律。在实际的教育教学工作中,我们常常忽视教育对象的千差万别,习惯用一种眼光、一个标准、一个模式来看待来衡量来实施我们的教育。由此,我们的教育便产生了很多的冲突、很多的无奈、很多的失败。

以班级出现的特殊学生为例,学校难免有自闭症、智力低下、肢体残疾、心理疾患、行为不当等学生出现,教师如果不能认真去学习和研究这样的学生,不主动选择适合的教育去帮助他们,而是习惯凭经验凭感觉统而化之地去做工作,那么由于缺乏对特殊个体必要的认识,缺乏行之有效的教育方法,就必然导致我们的教育劳而无功的结果,也将不利于特殊孩子平安健康的成长。

五、教育的过程是转化的过程

把外在的知识、价值观念等文化转化为个人的内在精神,是教育活动中最本质的转化。以知识这种教育内容的载体为例,它在教育中的转化表现为三个层面:第一层面的转化指把外显的知识转化为内在的知识,第二层面的转化指把内在的知识转化为外显的行为,第三个层面的转化指把潜在可能性转化为发展的现实性。教育力就是转化力,以此衡量教师,可以发现有三种层次的教师:一是有知识但没有转化的意识;二是有知识,也有转化的意识,但没有转化的能力;三是既有知识也有转化的能力,更有转化的习惯。教学即转化,就是把挖掘出的育人价值转化到教学设计、教学过程和教学反思中去,转化到学生的头脑中去,衡量教学质量的主要标准就是对育人价值转化程度的考量。

如果以此作为教师专业发展的努力方向,那么,我们可以说,有专业度的教师不仅要做到有过硬的学科知识及教育专业知识,还要有学科教学的专业能力,更要有不断反思的意识和习惯。

六、教师最重要的学习能力是现场学习力

如果年轻时比的是聪明,年长后比的就是积累,一个教师积累的厚度和深度,决定了他职业生涯的长度。教师需要有三大积累:阅读积累、实践积累和写作积累。能否实现积累,不仅取决于时间、精力的投入,更取决于习惯。提高教师的现场学习力至少有四种类型的现场:自己每天的教学现场,同行教师的教学现场,教研组日常教研活动现场,各种培训讲座现场。良好的现场学习力表现为专注力、捕捉力和转化力。其中,把听到的上出来,把上出来的说出来,把说出来的写出来,这种转化力是教师现场学习力中关键的能力。

李政涛教授还告诉我们:关键是向名师学成长!不仅学习技巧和方法,更要学习他们赖以生长的思想和精神,那是名师之树的根,还有名师成长的历程,而这是最重要但又是最容易被忽略的。

未来的模样照亮了今天前行的方向
——读《未来学校——重新定义教育》有感

成都市武侯实验小学 谢 琳

2020年暑假,付华名校长工作室领衔人付华校长推荐我们共读了《未来学校：重新定义教育》一书。今年,区教育局又将此书推荐为校长暑假重点阅读书目,我又再次翻开此书阅读,再次被朱永新教授从实践和现实出发,以丰富的案例为我们描述的可以预期、令人向往的未来学校所触动。其中书中的第三章和第四章引发了我的学习兴趣和深入思考。

一、看看未来学习的模样

话题一：学习中心,谁来学？——谁想学,谁就是学生

本书第三章一开篇就为读者呈现了一幅跨越国界和地区、超越年龄和性别的学习画面。在麻省理工学院"生命的奥秘"这门课程的选修者中,有13岁的孩子、72岁的老人,有南美的医生和医学院学生、希腊的高中生,也有荷兰的退休化学家、斯里兰卡的大学辍学生、印度的全职主妇、乌克兰的软件工程师和菲律宾的医生。没错,这个不可思议的场景,很有可能就是未来学习中心的常态！想学的就来学！无论你此刻在地球的哪一面,无论你是花季少年还是古稀老人,无论你从事什么职业,开放的课堂、无线的网络让学校没有物理的边界。有教无类,混龄学习成了学习中心的关键词。

（一）有教无类

人类学家玛格丽特米德说：把所有游戏和学习放入童年,所有工作塞进中年,所有遗憾留给老年,这是极端错误和非常武断的做法。

谁想学,谁就是学生；谁有本事,谁就是老师。在这个领域是学生,在另外一个领域就可能是老师。

因此,未来就是一个能者为师、学者为生的新型学习型社会,这样的未来让人充满期待。

（二）混龄学习

朱永新教授用自己大学的经历、以阿克顿学院和可汗学院的案例来说明：中小学也可以实现混龄教学。

在未来学习中心可能会呈现这样的场景：一是少年儿童来学，父母也可以同时来学，实现父母与孩子的共同成长；二是少年儿童来学，老年人也可以来学，创建老年人与少年儿童一起学习的新体系，把老年人的隔代抚养变成隔代教育与隔代学习，三代人同堂学习，共度、共写、共同生活；三是不同社区、不同城市的学生都可以来学，在更加个性化、自己为自己买单的学习中更加主动、自觉地学习。

因此，在未来的学习中心，每一个未成年学生的身边，都一定活跃着积极学习的成年人，成为未成年学生学习的榜样；能者为师的激励，又为每一个未成年学生提供了成为教师的机会。未来学习中心不再以未成年学生为主体，却能够给未成年学生提供更好的保障。真正实现有教无类、终身学习。

话题二：学习中心，谁来教？——能者为师，谁能教谁教

（一）未来教师职业会消亡吗？

每个人的成长和进步都离不开学习。随着智能机器人技术的强大，未来的智能机器人会帮助教师更好地从教，未来的教育也会进入"人机共教"的新时代。但是，机器人的智能再强大，它也永远都是机器，不具备人类的情感，自然也就无法对学生实施情感教育和情感渗透。教师的职能是教书育人，也许智能机器人在教书方面会超过人类，但是教师的育人功能，机器人永远无法取代。因此，未来，教师职业不会消失，也不会被智能机器人取代。

（二）未来教师职业具有哪些特征？

虽然教师职业不会消亡，但是教师职业一定会发生转变以适应未来社会的需要，特别是与"人机共教"形成互补，因此，未来的教师会成为自由职业者，更是"自由学习"的指导者、陪伴者。

当然，在未来学为中心的社会中，更加多元的教学方式，决定了教师也会有多种职业形态，一是传统学校教育中的教师仍然会存在，负责教育的"兜底"职责。是更加具有开放性、可以自主选择的"教师"的存在，会有诸如喜马拉雅这样的民间知识传播平台、史金霞这样的个体性质的"自由教师"、胡进这样的教师工作室都会共同存在，为民众提供更多的、个性化的优质教师资源。

二、未来的模样照亮了今天前行的方向

我们翻开书本期待未来的改变，关上书本时却恍然发现，随着现代技术和信息手段的迅猛发展，未来已经并不遥远。

不管个人愿不愿意，未来都会推动我们每个人改变。不管是学习者的变化，还是教师本身职业的变化，我们不得不思考，作为要适应未来的教师，我们究竟如何改变，从现在起攒下哪些技能，才能换到通往未来的通行证？我想混龄课程的开展和教师信息素养提升是我们可以首先做出的改变。

（一）尝试开展混龄课程，创设未来学习的环境

混龄教育顾名思义就是将不同年龄段不同资质的孩子放在一起进行教育。混龄教育并不是

毫无原则的混合,而是通过以大带小、以优带劣的方式,促使孩子们互相学习、互相交流、共同成长,最后达到双向共赢的效果。

混龄教育更侧重于因材施教,尊重孩子的差异化,有利于孩子各方面潜能的开发,提高孩子的社会生活能力。

1. 以学生间混龄综合性课程开展让孩子彼此帮助获得成长

在当前的学校课程中,我们可以设置更多的综合性或者拓展性的课程,打破年级年龄壁垒,以弥补不足。例如,武侯实验小学传统的新生入学课程、入队教育学长辅导员课程、共植课程等,让这样的课程增加,并引导不同年龄的孩子在课程中获得分层的锻炼和收获。

2. 以家庭协同共建课程让家庭彼此支持共同成长

混龄可以是家长和孩子共同学习,倡导家长成为孩子学习的同伴,成为孩子学习的榜样,例如,智慧家长讲堂、家庭实验室这些课程,可以结合混龄课程的理念,进行丰富和优化。

3. 以师生共创的综合实践体验课程让师生共同成长

混龄还指老师和学生的共同学习,师生共同探究、共同成长,例如,武侯实验小学胡艳带领朝天乐班孩子们共同开展的"戏曲童萌"综合实践活动课,师生共同学习戏曲、师生原创绘本《浣花笺》、师生共读《红楼梦》等,在活动中师生关系进一步得到融洽,亦师亦友,共同成长,不断在成长中生成新的精彩。

又如,武侯实验小学美育课程中的刀马旦工作坊,师生共同学习刀马旦传统故事,学习刀马旦艺术表现手法,一起外出写生、一起访问民间艺术家、一起进行戏曲美术等创作,在学习中师生共同传承传统文化、当好代言人。

(二)提升个人能力与素养,拿到未来教师的通行证

1. 树立终身学习的观念

我们尝试依托教师数字画像项目,伴随式采集教师成长数据并实时反馈,教师随时可以了解自己的情况,不断弥补自己的短板,不断学习提升自己的专业水平。

2. 要学会做智能机器人做不到的事情

智能机器人不可能完全具有人的情感交流和人文关怀,不可能具有真正的人的创造性和独特性。于是,我们可以从心理学开始补课,蹲下身子来学习,尝试去真正了解学生、呵护学生,同时,不断增强自己的亲和力,努力成为学生的知心朋友,成为学生的成长伙伴,走进学生的心灵世界。

3. 要学会与机器人共处,让智能机器人为我所用

我们学着娴熟地运用智能机器人获取各种教育资源,利用各种数据处理的方法和技术,及时分析教育教学中的各种案例和问题,转变课堂教学方式。

未来值得期待又充满挑战,未来学校的模样照亮了我们前进的方向,让我们在不断尝试、创新中迸发!

未来将来，未来已来
——读《未来学校——重新定义教育》有感

北京第二外国语学院成都附属小学　付　强

在仔细品读了朱永新先生的《未来学校——重新定义教育》后，结合自己几十年的教育经历，感慨万千之余又产生些许不能称之为思考的想法，不算是有答案的想法，于是提笔写下来，或许在将来的某个时刻可否顿悟。

三年前我们曾面向全体教师做过一项调查，其中一项问卷题目是"你认为好学生是什么样子的"。分析老师们的回答，集中在以下几个方面：积极参与的心态；对学习内容有积极的兴趣和期待；能独立思考；对自己承担的任务能坚持下来；保持好奇心，有良好的思维习惯和意识；良好的表达能力；有团队协作的意识；等等。

文学家纪德曾言道："虽因芦苇的摆动我们才认识风，但风比芦苇更重要。在《未来学校——重新定义教育》这本书里，开篇即提出了振聋发聩的三个问题：

（1）今天的学校生活是天经地义的吗？

（2）人类的教育一开始就是现在这样的面貌吗？

（3）学校的形态会永远固定不变吗？

答案当然是否定的，学校从产生到发展都是随着社会的不断演变而变化、变革的。我们一直在变，无论是主动地还是被动地顺应着时代、社会的变化。在相当长的时期内现行的学校制度都发挥了它重要的作用，但是社会的发展又对学校教育提出了更多更高的要求，教育和质量的内涵被赋予了更深更广的意义，所以未来一定会在某些方面产生变化的。上述三个问题的目的对我们而言，不是变不变，而是怎么变。

在《未来学校——重新定义教育》这本书里，为学校必然要经历的变革，提出了三个层次的理由：首先，两千多年前孔子就提出了"有教无类""因材施教"等教育思想，其本质指向的是教育的公平与质量。现在的学校教育其实是基于这样的假定：同一个年龄段的学生都在同一个发展水平，同一个班级的学生学习同样的东西都能获得同样的进步。因而更多的是考虑群体，较少考虑个体。其次，社会的发展呼唤那种学习资源和教育资源随处不在的教育，那种能打破时空的界限，随时随地在不同的人群中发生学习行为的教育。最后，互联网和人工智能科技的进步，倒逼学校进行新的变革，并且科技技术也能够为这种变革提供更多的技术支撑与支持。

我们课堂教学的现状是，从入学开始已经给学生设计好了课程，在指定的学校跟随指定的老师学习指定的内容。教师在课堂上无法真正直视学生之间的差异,习惯整体推进教学,课堂呈现师生之间的单向信息交流,多数教师根据自身经验推进教学,把自己认为重要的内容都讲一遍,而不是循着学生学习进程中出现的亟待解决的真实问题展开,无视学生学习的真实问题,所谓寻找适合自己教学的学生而不是寻找适合学生的教学。那么未来学校应该是这样的:给学生预留足够空间去探索他们感兴趣的知识领域,构建他们的知识。未来学校的教师的意识与行为最显著的特征就体现在教师心中有学生立场,充分践行人本思想,通过任务设定、提供表格等方式让学生在小组中围绕学习任务互帮互学,完成知识整理、重难点提炼、展示交流……这样不仅能引导学生找到自己真正想学习的知识,同时当学生有学习上的误区、盲区或认识不清的地方,教师再来引导组内组外、师生之间多向信息交流,并适时点拨,这样也会更有针对性。学校将是一个综合学习中心,包含各种学习资源、网络授课与面对面授课,学生可在一定程度上实现自由选择,被充分利用的教育资源在未来的学习中心里,可以不受时间、空间和场地的限制,没有上、下课的区别,没有寒、暑假,也没有班级限制,可以随时随地地发生学习行为。

学校安排的内容不能满足个别学生的学习需求,学校课程的丰富性和时间的灵活性还有很大的局限性,逐渐成熟的网课,让我们看到实现上述条件具备一定的可行性。未来的学习中心,谁来教?人工智能等相关技术的发展会让教师这一职业消失吗?人工智能的特点是可以复制,人类学习却不能拷贝,人工智能可能会替代一部分教师,但教师更多的责任则是人工智能所不可替代的。教师这一职业不会消失,教师被赋予更深的角色含义是具有情感性和互动性的学生的成长伙伴,自我发展、自我培养、自我完善将成为未来教师的基本的职业操守,而教师的从业标准一定会大大提高。

看到摇荡的芦苇就感受到了风的存在。还是套用书上的那句话,未来学校,我等凡夫俗子虽不能至,但心向往之。

德育美育 美美与共
——读《德育美学观》之思

成都市武侯实验小学 张 霞

捧读檀传宝先生的《德育美学观》，书中"道德教育的内容与形式如果可以经过审美化改造，成为一幅美丽的画、一曲动听的歌，那么与这幅画、这首歌相遇的人就会在欣赏中自由地接纳这幅画、这首歌及其表达的内涵"看似简短的几句话，却阐明了道德教育与美育相融、相和的重要性。我们都知道美育是自由的，但是道德教育却带有一定的强制性。道德规范的学习就是让学生从一个他律的态度变成一个自律的过程，但是我觉得这应该指的是只有学生从认知、情感上认可并在意志、行为上形成道德自觉和自由时才能真正地形成道德。看似没有联系的德育和美育，其实它们是有着相融的密切关系。

如何让教师们、孩子们在感受美、欣赏美、体验美的过程中，将道德教育的"价值引导"与道德主体的"自主建构"这两个原本相互对立的方面得以统一和完成，在自由的"欣赏"（即教育和接受）过程中，形成良好的对话关系、理解关系、道德文化的共识、宽容和欣赏关系，在"美"中育德，让德育"美"起来，让师生焕发自由的美，正如《德育美学观》书中所说，我们要让德育教育的内容、形式"美"起来，方能事半功倍。

2020年10月，中共中央办公厅、国务院办公厅印发《关于全面加强和改进新时代学校美育工作的意见》，提出"美是纯洁道德、丰富精神的重要源泉；美育是审美教育、情操教育、心灵教育，也是丰富想象力和培养创新意识的教育，能提升审美素养、陶冶情操、温润心灵、激发创新创造活力"。可见教育一直是充满美感和艺术感的，同时也充分体现了美育在品德养成中的重要作用。武侯实验小学秉承"我们不一样，我们都优秀"的校训，一直将"德育美育，美美与共"的探寻与实践根植于教育教学中。

一、精心策划，让常规活动"美"起来

每年的3月12日是植树节，每个植树节都有"护绿养绿"的主题活动。2021年3月12日，第43个植树节之际，武侯实验小学1400余名师生共同度过了一个特别的植树节，在这一天参加了"护绿养果，做慧美少年——以果树为载体的综合实践活动课程的启动仪式"。

班级学生代表接过设计精美的"认养牌"，并在老师带领下亲手将"认养牌"挂在班级认养的绿植或者果树上，那份小心翼翼和专注细致，让原本平常的德育教育活动多了一份美的感受、美的

体验，更加凸显了此次活动的意义。

全校师生庄严宣誓："我们勤学好问，灵动善思；我们用双手种一棵树，植一片绿；护一朵花，育一树果；在护绿养果的实践活动课程中，我们认真劳作，一丝不苟；我们团结互助，共同成长；我们尽心尽力，呵护陪伴；我们与绿植、果树一起向上生长！"在这充满美感和仪式感的活动中，既有劳动教育的内容，又有生活教育的内容；既落实了以美育德，又培养了学生的责任感、团队协作，落实了德育教育。可见，在常规德育教育中下工夫，精心设计的德育活动，让德育教育的内容和形式美起来，让常规德育活动多了一种美学表达，更加吸引人，更加可感可知。

二、抓住契机，让即时事件"美"起来

美——德育的原貌和动力。苏联著名教育家苏霍姆林斯基在《要相信孩子》中这样说道："心地善良的人首要的一点就是爱人。他对一切事物的忠诚来源于这种对人的热爱。我们认为培养热爱人的感情和关心人的强烈意向是学校最重要的德育指向，只有找回德育的原貌——美，让孩子在美的面前微笑，那么德育才能够发挥其真正自然的作用，才能够培养学生的情感人性美，使德不再是只存活在书面上的，而是真正内化到了灵魂里。"而这种美不仅仅存在于我们精心策划的活动中，更存在于我们的每一个教育契机，存在于一些即时性的活动中。

2021年6月23日，一个平常而普通的日子，但对于武侯实验小学2021届的学生来说却是不一样的，因为今天是他们参加毕业典礼的日子，是对六年小学生活的最美告别。活动按照流程顺利进行，马上是毕业典礼最隆重的时刻了——家长牵孩子走红毯。天公好像故意考验实小的师生情，突然下起了大雨。怎么办？按照常理，我们可以取消这个环节，或者不走红毯，直接从楼道上走过来。但在这神圣而庄严的时刻，如何保证活动的仪式感，不破坏整个活动的美感呢？校长付华发现了良好的契机，她指导所有行政人员和老师撑起雨伞，为孩子们筑起一条特别的"红色坦途"。家长牵着孩子，走过雨伞遮挡的红毯，脸上洋溢着满意的笑容，嘴里不停地表示感谢。

这虽然是活动中即时出现的情况，但在武侯实验小学人的心中，每一个突发情况都是良好的教育契机，都是有温度的、可观可感、可触摸、可体验的德育课程。让这样的即时活动"美"起来，让师生、家校在和谐中相生相长。

三、爱之真诚，让师生关系"美"起来

有人说："教育学其实就是一部关系学。"如何构建良好的师生关系？如何将教师的价值引导和学生的自主建构有机结合在一起？如何让师生关系"美"起来？通过书中的论述可知——打通师生情感阻隔，构建师生心理相容，心灵互相接纳，同时让师生互相把对方看成审美对象、让情感之美充盈师生之间是关键。

古人有云："亲其师则信其道。"良好的师生关系是教育成功的前提。武侯实验小学一直致力于构建新型的师生关系，用付华校长的话说，那就是："遇到的人善待，教孩子六年为孩子一生。"这便是新型师生关系的注解。具体就是要求教师一方面要注重建设自己的师表美、师道美，另一方面要用审美的眼光去看待学生。

韩愈在解释"师"的传道、授业、解惑三项任务时,传道乃是第一位的。教师作为人师必须有道可传,无道可传则师将不师。如果说表美是师表美的外在实现,那么道美可以说是师表美的内在灵魂。作为一名教师,我们要时常问自己这样一个问题:"你心目中的好老师是什么样子的?"不论是在我学生时代还是在我自己走上讲台之后,我给自己的答案都是:好老师一定是和蔼的,一定有一双善于沟通的眼睛,一定能时刻散发出一种魅力,牢牢抓住学生的注意力,让学生为自己所折服,产生知识上、思想上的共鸣,能够带动学生,向着美好的方向前进、发展,探索出属于自己的成长之路,塑造富有个性的完美人格。

用审美的眼光去看待学生,简言之就是教师能公平公正、一视同仁地对待班级的每一个学生,特别是班级的特殊学生,发现每一个学生身上的闪光点。在我们学校,为了落实这一德育之美,付华校长身先垂范。每天早上,付华校长都早早地来到学校,和学生交流,关心学生的生活、身体、家庭和学习,还和学生一起讨论学校活动、日常生活等。付华校长把了解到的学生情况反馈给班级教师、年级行政。值得推广的就大力宣传,有需要提供帮助的就及时解决,有不清楚的就及时跟踪,构建了良好的师生、家校、同事关系。付华校长经常和教师谈心,希望教师要多关注班级里需要关注的学生、家长,要时刻践行"遇到的人善待"。付华校长经常说:"我们遇到的人就是我们的学生、我们的家长,他们就是我们要善待的人。"学校教师也积极地践行这一理念。六年级的小A同学,因家庭原因总是显得很"特别"。班主任郑老师特别关注小A,像妈妈一样无微不至地关心小A,耐心地帮助家长、用自己的言行去影响孩子和家长,毕业典礼时,小A还担任了全校主持人,孩子脸上的自信与阳光、家长的激动与感谢,难道不是"师生关系美"的诠释吗?在武侯实验小学,这样的例子举不胜举。是的,德育无处不在,美的德育就是应该高度关注学生的态度、情感、信念、自尊及其情绪,关注学生愉悦的身心发展,关注学生的健康成长。

德育不是思想的生硬灌输,也不是理论的死记硬背,而是用身心去感知真善美,用心灵去体悟生活之美,用行动去践行生命之美,最终让孩子们找到自己人生的美好价值。在人人都是德育工作者的氛围下,在德育人的努力下,德育美育,将在这一条条坦途上携手共进,美美与共。

家庭会议可以成为家庭教育的一剂良方
——读《正面管教》有感

成都市沙堰小学　朱玉琴

家长们对孩子的教育往往容易走两个极端：一是认为惩罚有效，过于严厉；一是认为应该体谅孩子，而过于娇纵。简·尼尔森在《正面管教》一书中倡导走一条中间路线——不惩罚、不娇纵地有效管教孩子，也就是和善而坚定地把有价值的社会技能和人生技能教给孩子。这让我想到了中华优秀传统文化所倡导的"中庸"之道，凡事不走极端，而是走适切的、不左右偏颇的、着眼于长远成效的道路。正面管教可以成为解决家庭教育问题的"灵丹妙药"，而开好家庭会议就是家庭教育的一剂良方。

一个小家庭，组织好家庭活动，开好家庭会议，非常有助于强化家庭成员共同的价值观，促使家庭建立起良好生活及处事作风，涵养家庭里的优秀传统。开好家庭会议，能建设一个平等、和谐、尊重的美好家庭。简·尼尔森在《正面管教》一书中用自己的亲身经历和大量的研究案例展现了开好家庭会议取得的良好效果。

首先，营造轻松、平等、民主的家庭氛围。虽然名为"家庭会议"，但切忌开成工作布置会或者法庭审判会。一些专职型家庭，其家庭会议往往把家庭成员聚集在一起，家庭中的年长者进行一番训话，不容他人申辩，训完即散会。又或者对家庭重要事务进行通报和部署安排，其他人听到并服从即可！这样的会议效率看起来挺高，但却因为氛围很拘谨，也没有成员间的互动交流、心灵沟通，是不利于每个成员主动积极参与的，更谈不上对家中孩子的深刻影响了。要让"家庭会议"真正发挥汇集智慧，促进家庭及个人发展的作用，首先得改变家庭里沟通交流的方式。大人们达成共识，孩子是独立的个体，把孩子真正当成家庭里的一员。既然是家庭里的一员，孩子有一定的权利，也需要让其承担一定的责任。要求孩子做到的，大人们一定自己首先做到。家里的一些重要事情，特别是与孩子相关的事情，一定告诉孩子或征求孩子的意见，让孩子感受到自己和大人是平等的，大人对自己是尊重的。同时，尽可能把沟通交流的氛围变得轻松、活泼一些。

例如，笔者家里新年的第一次家庭会议上，全家随意地坐在客厅的沙发上，嗑着瓜子。爸爸第一个发言，谈起他自己的诊所经营规划。爸爸说完后，请其他成员特别是孩子帮忙分析诊所当下经营存在的不足以及管理中有待提升和完善的地方。大家的态度都是认真而严谨的，孩子自然很用心地帮忙出主意和想办法，切实帮爸爸想到了一些切实可行的解决之道。通过开家庭会议，把每个人的事当成是家庭的事情，并且大家一起想办法解决问题，而不是去纠结这个问题是谁造成的,谁应该负起什么责任。因为不去追究,而是用建设性思维去面对问题,每个人都很乐意接受。其他人也很理智地站在旁观者的角度帮忙分析问题,就算没帮忙找到解决的办法,也促使了当事人去思考、琢磨,结合实际找到一些突破口。一旦打开突破口,问题的解决就走上了正道。在此过程中,每个成员,都觉得自己受到了尊重,彼此是平等的。交流是讨论、是商量,而不仅仅是听从、服从了。

其次,确定好家庭会议讨论的议题。家庭里的每个成员善于捕捉日常生活中的棘手问题,并把问题放到家庭会议上解决。在日常家庭生活中,总会发生一些让人不太愉快或者需要想办法解决的问题,有的家长总喜欢发现问题就立刻念念叨叨,希望引起孩子注意或者提醒孩子,甚至严厉指责教训孩子。这是非常不明智的做法。不仅引起孩子反感,还不利于问题的真正解决。我们可以学习用《正面管教》中的方法,把日常发现的问题,通过提议,放到家庭会议上来研究、讨论解决。这样可以避免与孩子们之间的很多不愉快互动。一放假,孩子们的生活作息时间就开始紊乱,起床晚,玩游戏不节制,作业拖沓,宅在家里,不出去活动,等等。看到孩子们这样,家长们大多容易上火。家长这时候一定要沉住气,暂时留存这个问题,寻找合适时机召开家庭会议,邀请家庭成员共同研究解决之道。

当然,如果能引导孩子自己把遇到的问题或想解决的问题拿到家庭会议上来讨论也是非常好的。这更有助于发挥孩子的主观能动性。比如,笔者的女儿在学期末自发总结和反思了大学第一学期的生活及学习,梳理了自己需要继续保持下去的优点,罗列出了自己的缺点及具体表现。于是,家庭会议的重点就是讨论怎么来消灭这些缺点或者逐渐改变这些缺点。父母注意表达理解和同情,并表示自己年轻的时候也犯这样的错误,也有这样的缺点。女儿感受到父母的包容和理解,就能心平气和地思考解决之道。父母再引导并鼓励其积极面对问题,想办法解决它。在情绪管理的问题上,全家一起讨论,怎么转变看待问题的角度,改变自己的视角,改变自己的观点,从内心里真诚包容他人,从而让自己保持一种平和的心态去对待他人和事。当情绪不好时,还需要学习一些情绪转移或调整的小技巧。深呼吸,先静下来,再来说话,处理问题;或者把事情冷一冷,听听音乐,追追剧等,不在冲动或情绪糟糕的时候做决定和做事情。正如《正面管教》中所说的那样,在这个过程中培养了孩子感知力、社会生活技能。同时,也让孩子学习和练习了怎么分析问题、解决问题,提升了孩子综合思考及实践能力。

最后,逐渐建立家庭会议的规则。这规则不是大人们直接提出来的,而是在一次次的会议中发现、总结出来的有效做法。当然,这个会议规则也可以作为家庭会议的一次议题。大家一起商量议定,大家一起遵守。这样一方面提高开会的效率,一方面真正让会议中形成的共识或者商定的具体做法落到行动上。比如,认真听别人发言,等别人讲完后才发表自己的意见。可以提问,进一步了解相关情况,也可以补充自己不同的想法。发言时要先肯定,再指出问题。说问题,说自己看到的现象和感受,不得对他人进行随意评判。这样的规则最好能变成家庭公约,并写下来。家长们一定带头执行,身教重于言教。这样以身示范的家长,更能让孩子尊敬与佩服。当每个家庭成员在安全、愉悦的气氛中开启对问题的分析和讨论,每个人的思维都会更加活跃,一定能想出贴近家庭和自身实际的好点子。我们还需要把这些好点子转化成家庭会议的决议,甚至变成家庭的公约,切实指导家庭中每个成员的行动。而这些自然形成的规则,一直坚持下去,就自然形成了我们家庭的家规了。

当我们尝试用《正面管教》中提到的方法去开家庭会议,可以解决自己家庭中遇到的问题以及孩子的教育问题的,还有助于我们家庭、家教、家风的建设。在这个过程中,彼此都得到尊重和信任,彼此都心平气和地面对问题,并一起来商量解决问题的办法,父母和孩子的心贴得更近了,家庭也变得温馨而美好了!开好家庭会议可以建设美好家庭及家风。我们还发现,当所谓的"开会"变成"合作研究"时,我们一起想办法解决问题,一起获得了成长。

《鲁滨孙漂流记》整本书阅读分享课教学设计

成都市武侯实验小学　郑　璐

一、学情分析

《义务教育语文课程标准（2022版）》在教学建议部分做了这样的表述："培养学生广泛的阅读兴趣，扩大阅读面，增加阅读量，提倡少做题，多读书，好读书，读好书，读整本的书。"学生在进入六年级后已经具备了阅读整本书的能力，但学生们的阅读水平存在差异，浏览、略读、精读等阅读方法也不能完全掌握，这又是学生们第一次正式接触外国文学名著，所以在整本书阅读的整个过程中必须有老师的指导，本节课作为阅读完整本书后的交流课，旨在展示学生在整个阅读过程中的收获与成长，通过自学、交流和老师的指导进一步加深对整本书的理解，促进学生的思维发展，形成正确的世界观、人生观、价值观。

二、教学目标

（1）通过闯关游戏，检查学生对小说中场景、情节、细节的关注与记忆，了解整本书阅读情况。

（2）通过核心问题"鲁滨孙为什么能一个人在荒岛生活28年"的思考交流，进一步感受人物形象。

（3）通过"鲁滨孙该不该再次去冒险？"的辩论，引发学生对人生价值的思考，促进思维发展。

三、教学环节

（一）闯关比赛，调动热情，检查读书情况

（1）师：老师首先要给大家点个赞，因为你们都坚持读完了整本《鲁滨孙漂流记》。今天这节课是我们阅读完整本书以后的一节成果分享交流课，希望这节课通过大家不同观点的交流碰撞，带来更多的收获。

（2）进入闯关比赛

第一关，个人挑战赛（考察反应速度和信息记忆的准确性）。

第二关，小组合作赛（考察小组配合和信息记忆的准确性、牢固性）。

第三关,男女生对抗赛(考察信息提取、判断)。

师:游戏好不好玩?游戏中出现的信息重要吗?为什么重要?让我们在接下来的学习中寻找答案。

(二)思考讨论核心问题:"鲁滨孙为何可以一个人在荒岛生活28年?"

(1)教师:请快速浏览目录或回忆小说的梗概,说说这部小说写了鲁滨孙流落荒岛的哪些事?请用串联小标题的方法说一说这部小说的主要内容。

(2)教师:如果再简洁一点,这本书讲了一个人(谁),在哪里?(一座岛)干什么?(生活了28年的故事)这是怎样的一座荒岛啊?(PPT出示同学的课前摘录,齐读)如果你流落到这个岛上,你有何感受?鲁滨孙呢?(PPT出示相关文字)但就是在这样的情况下,鲁滨孙竟然一个人在荒岛上生活28年。你认为他是凭借什么做到的呢?(PPT出示问题"鲁滨孙为什么能一个人在荒岛生活28年?")

(3)小组交流(5分钟)。

(4)小组汇报,全班补充。

(5)教师补充关于理智的名言。

PPT出示:①理智的人面临危险,会急中生智,可以说比平时更聪明。②没有理智的支配,任何事物都不会持久。

(6)教师:大家表达观点的时候都有理有据,我非常赞同!这些因素让鲁滨孙在岛上生活了28年。一个人要生存,首先要解决什么问题?这叫人的生理需求。美国心理学家马斯洛把人类需求做了一个分层,叫"人类需求层次论",认为人有五个层次的需要,满足了一个就追求下一个。你认为鲁滨孙实现到了哪个层次的需要?

(7)教师总结。

(三)辩论:"鲁滨孙该不该开启新的冒险事业?"

(1)教师:痴迷于冒险的鲁滨孙回到英国后,在回顾他的一生时这样说道:"我这一生有如造物的彩色版,变化多端,世间罕有;虽然开始的时候有些愚昧无知,但结局却比我所敢希望的幸福得多。"回到英国就是他冒险故事的结局吗?我们来看看又发生了什么?

(2)PPT出示:"回到英国后,鲁滨孙把他哥哥(哥哥已去世)的两个孩子领来抚养,把其中一个侄儿交给一位船长去当学徒。过了五年,他见侄儿已经成了一个通情理、有胆量、争取上进的青年,就花钱替他领了一条好船,叫他航海去了。后来,这个青年竟想把鲁滨孙拖进新的冒险事业。"

教师:你认为鲁滨孙还该不该开启新的冒险事业呢?

(3)正反方辩论(时间9分钟)。

(4)教师总结。

(四)课后作业布置

(1)教师:同学们,相信在过去的共读《鲁滨孙漂流记》的一个多月中,你一定有所收获,也希望今天这节分享交流课带给了你思考、启发。《鲁滨孙漂流记》这本经典的世界名著值得反复阅读,也值得更多人阅读,你想把这本书推荐给谁?请为本书制作一张推荐卡。希望能写上你对这本书的评论。

(2)教师:《鲁滨孙漂流记》这本冒险小说的阅读即将结束,再给大家推荐一些冒险类的名著,如《格列佛游记》《海底两万里》《金银岛》《汤姆索亚历险记》《哈克贝利费恩历险记》,希望你们可以开启另一段冒险旅程。

(3)教师:刚才辩论得如此激烈,到底鲁滨孙后来又去冒险了吗?

PPT出示:"后来,这个青年竟把我这么大年纪的人拖进了新的冒险事业。"

教师:鲁滨孙真是"生命不息,冒险不止啊"!小说写到这里就结束了,笛福后来有没有续写?鲁滨孙新的冒险又会遇到什么?经历什么呢?同学们,期待你用手中的笔写出你的《鲁滨孙漂流记》,或者创编回到英国后的七年里发生的故事。

师教:三项作业,大家自愿选择一项完成。

(4)教师:希望同学们带上这段时间的成长与收获,继续跟随外国文学名著的脚步,去发现更广阔的世界。

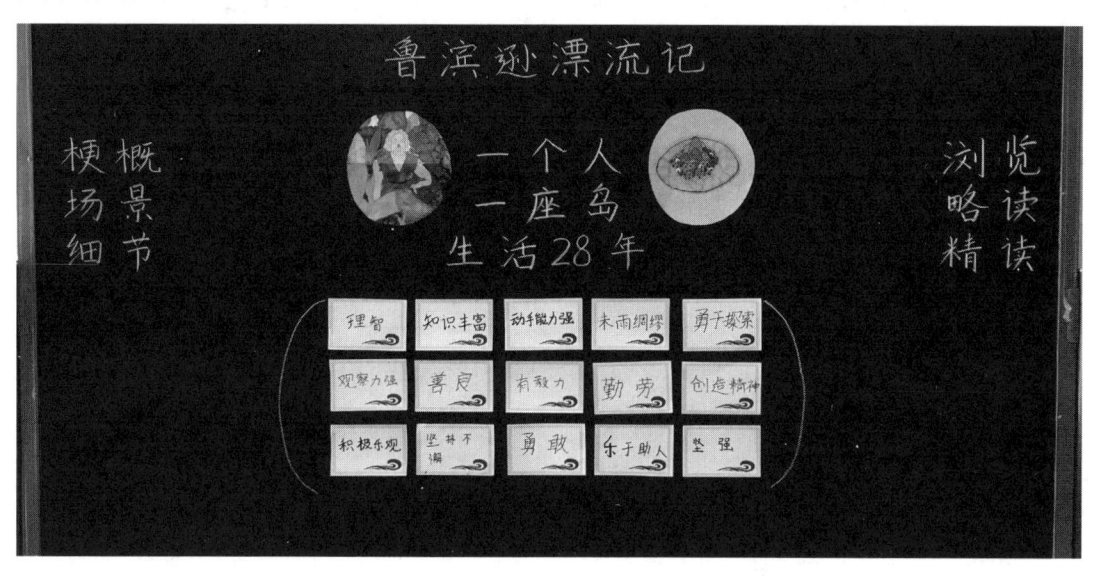

(指导教师:张 华 罗建璞)

建"技术赋能·四环进阶"教学模式，促整本书阅读教学品质提升

——以《鲁滨孙漂流记》整本书阅读分享交流课为例

成都市武侯实验小学　张　华　郑　璐

新课程改革背景下，多读书、好读书、读好书、读整本书已经成为阅读教学的主线。积极进行整本书阅读教学模型或策略的研究，已经成为非常有价值的教学行动。武侯实验小学郑璐老师立足学校"信息技术背景下的小学高段整本书阅读教学的实践研究"的课题研究，以六年级整本书《鲁滨孙漂流记》阅读教学为载体，积极进行了分享交流课教学模型的探索。

一、课前：基于问卷调查，精准分析数据，制定适切的教学目标

课前，郑璐老师利用"问卷星"开展调查，了解到80%以上的学生通过前期导读课、推进课的开展，已经知晓故事内容，并对主人翁鲁滨孙有一定了解，但是对故事部分情节和细节记忆不准确，对主人翁的精神内核理解浮于表面，缺乏深度的思考，对书籍与自身的联系缺乏基于生活、超越生活且有意义的建构。

基于数据对学情的精准分析，郑璐老师和语文磨课团队在解读教材和课标的基础上，聚焦学情和单元语文要素等，制定了课时教学目标：①通过闯关游戏，检查学生对小说中场景、情节、细节的关注与记忆，了解整本书阅读情况；②通过对核心问题"鲁滨孙为什么能一个人在荒岛生活28年"的思考交流，进一步感受人物形象；③通过"鲁滨孙该不该再次去冒险"的辩论，引发学生对人生价值的思考，促进思维发展。

二、课中：聚焦语文核心素养，巧设四大教学环节，促进学生思维进阶

依据教学目标，我们聚焦语文的核心素养，进一步运用信息技术赋能在课堂上设计了四个大的教学环节。

（一）环节一：抓关键内容，巧创游戏

充分运用希沃白板软件"教学活动"功能中的"选词填空""分组竞争"等选项功能，设置了个人挑战赛、小组合作赛、男女生对抗赛三类难度层层递进的闯关游戏活动，检测学生对这本小说的人物、故事情节、细节的记忆准确性、牢固性等，以促进学生辨识与提取信息能力的提升。

（二）环节二：抓整书核心，设计问题

这一环节的学习活动主要立足于引领学生统全书内容，品人物魅力。郑璐老师精心设计了统整全书内容的核心问题："鲁滨孙为何可以一个人在荒岛生活28年？"组织学生进行小组合作探究和全班交流汇报。学生通过对鲁滨孙荒岛生活的场景、细节的回忆、描述、统整，完成对核心人物鲁滨孙人格特点的整体认知和评价，实现整合与分析能力的提升。

在此环节，除灵活运用演示文稿随机提供资料，补充或辅助学生的汇报外，还充分运用"希沃授课助手"展示学生的任务探究单，实现对学生小组合作环节探究学习成果的完整呈现。

（三）环节三：抓关键情节，组织辩论

在第二环节的学习，学生通过基于核心问题的合作探究与交流分享，对鲁滨孙这一人物形象形成较为全面的认识，但是对人物与自身的关系挖掘不够。因此，这第三个学习环节，主要基于书中鲁滨孙的侄儿将他拖进新的冒险事业这一情节，郑璐老师设计了现场辩论："你认为鲁滨孙回到英国后该不该再开启新的冒险事业？"这一活动设计承上启下，让学生在"辩他人"实则"诉自己"中思考人生的价值与理想、责任与使命。辩论中，我们欣喜地看到学生自由选择立场后，即展开针锋相对、唇枪舌剑的辩论，智慧的火花随频出的金句不断绽放，学生的比较与评价等能力得到进一步提升。最后，郑璐老师在肯定正反方观点的同时及时小结，希望孩子们在珍爱生命的同时，能像鲁滨孙一样，凭借意志品质、知识技能去经历自己人生的"冒险"，引导学生形成正确的世界观、人生观、价值观。

这一环节，郑璐老师主要运用班级优化大师组织辩论活动，及时为正反双方加分评价，确保了辩论活动的高效组织，为学生观点碰撞、思维进阶、智慧生成起到了保驾护航的作用。

（四）环节四：抓读写结合，分类作业

这是课堂教学的最后一个环节，郑璐老师设计了制作好书推荐卡、阅读其他冒险名著、创编或续写该故事这三项分层作业。这三项作业有读有写、读写结合，学生按需选择其中一项。这一环节体现对学生差异的尊重，延伸了课堂的广度，帮助学生沉淀前三个学习活动的成果，实现了课堂学习的知识与能力的迁移运用。

整堂课四个学习活动环环相扣、层层递进，信息技术适切融入，力避了一些课以酷炫和繁复的信息技术手段吸引眼球而遮蔽语文学科特质导致喧宾夺主的弊端，在简约而不简单的学习活动中水到渠成地实现了学生思维的进阶，促进了学生语文核心素养的发展。

三、课后：依托"三顾云"平台，师生家长交流碰撞，形成线上阅读大联盟

课后，郑璐老师还组织学生继续在"三顾云"平台开展关于这本书的话题讨论，如：鲁滨孙来到岛上给这座岛取名叫"绝望岛"，那离开时你认为他会给这座岛取什么名字？40多名学生及其背后的家长积极参与讨论，让课堂向广阔的天地延伸，形成了师生及家长线上阅读大联盟。

基于此课例，我们提炼形成"技术赋能·四环进阶"整本书阅读分享交流课模型，并推广运用，

取得实效。

课前、课中、课后分享交流课如图1所示。

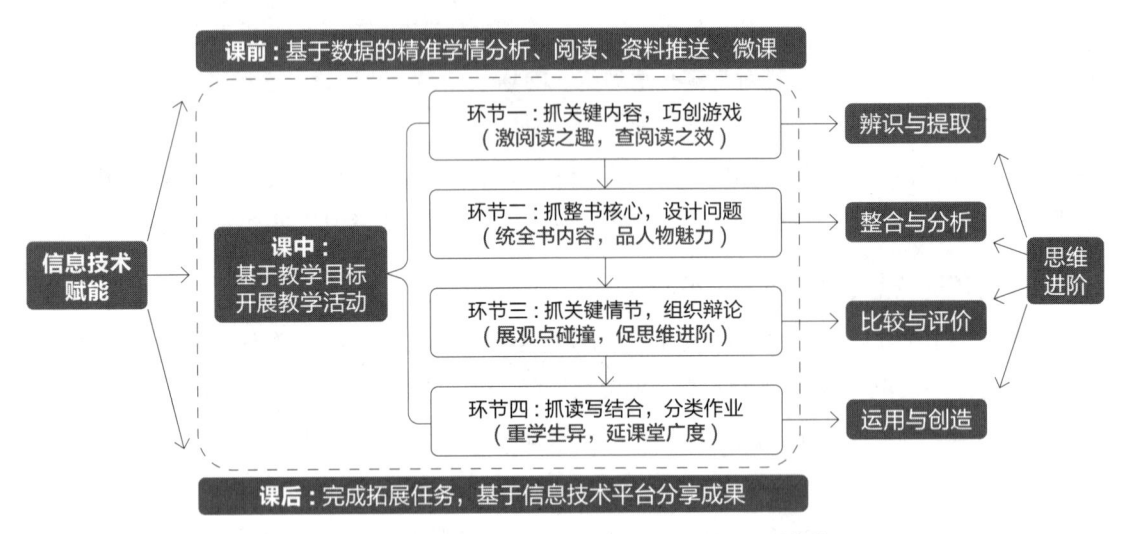

图1 整本书阅读分享交流课"技术赋能·四环进阶"模型

小故事　大道理
——《中国古代寓言》整本书阅读导读课教学设计

成都市武侯实验小学　杨　芹

一、教材分析

《中国古代寓言》是教育部编义务教育教科书三年级下册第二单元的"快乐读书吧"中的推荐书目。

阅读这本书与本单元的语文要素有着密切关系：这一单元的语文要素是"读寓言故事，明白其中的道理"。教材编排了中国古代寓言《守株待兔》、现代寓言《陶罐和铁罐》、出自《伊索寓言》的《鹿角和鹿腿》三篇精读课文，还有一篇略读课文是出自克雷洛夫寓言的《池子与河流》。

三篇精读课文均在课后题中提示了"读懂寓言，明白道理"的阅读方法：《守株待兔》课后第2题提示学生关注主人公可笑的行为及背后的思维，从而明白道理。《陶罐和铁罐》课后第2、3题引导学生比较两个角色的不同性格与不同结局，从而明白道理。《鹿角和鹿腿》课后第3题引导学生思辨，学习从不同角度看待问题从而明白道理。

这一单元的"快乐读书吧"共推荐了三本中外经典寓言，意在延伸课内阅读，让学生把课内学到的读懂寓言的方法运用到整本书阅读之中，使学生在阅读整本书中体验到寓言故事里的智慧，促进学生语文素养的提升。

《中国古代寓言》精选了80多篇中国古代的寓言故事，编为六组，这些故事都兼具趣味性和教育意义。《伊索寓言》包含很多古希腊的民间故事，就像一个奇妙的动物王国。《克雷洛夫寓言》中很多故事都似曾相识，却被赋予了新的意义。《伊索寓言》《克雷洛夫寓言》的寓意大多直接在开篇或末尾直接点明，而《中国古代寓言》的寓意却隐藏在一个个故事之中。从汲取智慧及提升阅读寓言故事的能力两方面看，《中国古代寓言》更加值得导读、细读，读懂这一本就基本可以读懂其他寓言故事书。

二、学情分析

学生在三年级下期已经具备初步把握故事内容的能力，对寓言故事的特点有了一定了解，有了读懂寓言故事的基础：在一年级上册第八单元读过出自《伊索寓言》的《乌鸦喝水》，明白了遇到问题要开动脑筋；在一年级下册第五单元"语文园地五"读到了《伊索寓言》中的《狐狸和乌鸦》，明白了不要轻信别人的花言巧语；在二年级下册第五单元学习了文言文改写的《亡羊补牢》《揠苗助长》，积累了出自寓言的成语及意思，思考了生活中有类似道理的事例。

三年级下册的第二单元集中学了四篇寓言，学生知道读寓言不仅要理解寓言故事的内容，还要关注寓言中蕴含的道理。"交流平台"总结梳理了寓言的基本特点是小故事大道理，读寓言的价值是能让人联系生活有所启示。

课前发放了调查问卷，从调查结果得知：

（1）学生都会关注故事内容，但是有 31.8% 的学生不思考寓意。所以要引导所有学生主动思考寓言故事中所含的道理。

（2）读寓言故事总是联想到生活中的人或事的学生只占 45.45%。这是因为学生缺乏生活经验，读故事时虽然能主动思考其中的道理，但是还不能联系生活。可以预设一些学生能理解的事例帮助学生明白道理。

三、教学目标

（1）通过浏览封面、目录、正文插图，产生阅读《中国古代寓言》的兴趣。

（2）通过复习与整理单元所学的课文，了解读懂寓言故事有多种方法。

（3）通过运用已知的阅读寓言故事的方法自主读懂故事，交流寓言故事中有意思的地方、明白的道理，体验阅读寓言故事的乐趣。

（4）通过欣赏优秀的阅读计划，学习拟定整本书阅读计划。

四、教学重点

自主阅读，小组和全班交流，体验阅读寓言故事的乐趣。

五、教学难点

运用已知方法读懂寓言故事，明白其中的道理。

六、教学准备

教学 PPT。

人民教育出版社出版的《中国古代寓言》。

二单元知识梳理单。

七、教学过程

第一板块：初步了解整本书，激发阅读兴趣（共 6 分钟）

（一）看图猜题目，揭示书名（1 分钟）

茫茫书海，有一类书的故事读起来，既有趣又发人深省，是什么故事呢？（出示图片：亡羊补牢、揠苗助长、刻舟求剑、画蛇添足）你们知道这些寓言故事的题目吗？看图片猜一猜故事名。你们知道这几个故事都出自哪一本书吗？（贴板书《中国古代寓言》）

（二）检视阅读整本书（共5分钟）

（过渡）让我们先了解这是一本怎样的书，好吗？

1. 浏览封面（2分钟）

拿出书，首先浏览书的封面，浏览就是快速地看。（贴板书：浏览）你发现了哪些重要的信息？

预设：

（1）从题目可以知道这些故事是我国古代人民流传下来的，它们蕴含着先人的智慧。（板书：智慧）

（2）从封面的插图，我可以猜到书中有这一个故事，这本书中的故事也都配有这样的彩色图画。（追问：你们知道这些插图的作用吗？）

是的，这些插图画的是故事的主人公和关键情节，可以帮助我们读懂故事。

2. 浏览目录（2分钟）

过渡：你能从目录中迅速找到封面插图的故事吗？

请迅速看看目录，你又有什么发现？

预设：

（1）故事分成了6组，每组都有十多个小故事，这本书内容真丰富。

（2）题目真有意思，你能找到跟"画蛇添足"一样是以成语为题的故事吗？很多成语就来源于中国古代的寓言故事。

3. 翻看正文，发现编排特点（1分钟）

（过渡）请大家翻看一下书的正文，从编排角度来看，这本书有什么特别之处吗？

预设：每组故事前都有阅读指导，能帮助我们更好地读懂这本书。

第二板块：交流单元知识梳理单，明确读懂寓言故事的方法（5分钟）

（过渡）我们读这本书的时候，除了看插图、看阅读指导，还有什么方法帮助我们读懂这本书？

过渡：回忆一下我们二单元是怎么学习的？请拿出二单元知识梳理单，我们一起来梳理二单元学过的课文。（投影知识梳理单）

（1）有一（两）个主人公的故事叫什么？这个寓言故事有意思的地方是哪里？

（2）指名说，老师适当点拨。

预设：故事是一个主人公的，有意思的地方一般是主人公可笑（或愚蠢）的行为（贴板书：可笑或愚蠢的行为）；故事有两个主人公的，往往两个角色的性格不同，结局也不同，让人不得不去比较（贴板书：不同性格，不同结局）；有的故事用反转（或矛盾）产生出人意料的效果，发人深省（贴板书：反转或矛盾）。

小结：（指投影的表格）通过这个表格我们可以发现，所有的寓言故事都善于通过有意思的地方告诉我们一个道理,都能让我们联系生活想到相似的人或事,给我们以启发。你们说,寓言故事是不是很有价值和意义?

那么,我们读这本书的时候,(指板书,边说边画箭头)只要抓住故事中有意思的地方思考,我们都可以明白故事所蕴含的道理,如果还能联系生活想一想,我们对这些道理就会理解得更加深刻。这就是读懂寓言故事的方法。

第三版块:选读故事,体验阅读和交流的乐趣(共22分钟)

(过渡)从课文中学到的方法可不可以用到今天要读的这本书上呢?我们来试一试。

(一)独立阅读(共4分钟)

翻到目录,看到第一组的故事,你想读哪个故事?选出一个故事来,四人小组选同一个故事,便于后面的交流。时间1分钟。

翻到正文,独立安静阅读。(出示"自读提示":默读、勾画有意思的地方,想想故事讲了什么道理。时间3分钟)(贴板书:默读)

(二)小组协作完成学习任务(6分钟)

选好的小组,请举手。请在组长主持下共读故事(出示"小组共读提示",指名读"提示")。

小组共读目标:能够与全班同学交流故事。

小组活动流程:

(1)朗读:组员轮流朗读自己勾画的最有意思的句子,评出读得最好的同学。

(2)讨论:这个故事讲了什么道理,可以想到生活中的什么人或事吗?

(3)分工:谁能简要地讲故事?谁朗读有意思的地方?谁讲启示?

小组交流,时间5分钟。

全班交流。(12分钟)

过渡:读的故事中,只有一个主人公的小组请举手,你们先来分享(出示"分享提示"),讲三个方面内容:故事概括、有意思的地方、获得的启示。

请读了相同故事的同学补充或质疑。(指名补充)

预设老师点评:你们能够抓住主人公可笑的行为读懂寓言,读书有方。

请读到两个主人公的举手分享。("提示"同上)

预设老师点评:你们能够抓住两人不同性格或结局去读懂寓言故事,会读。

有没有发现故事有反转或矛盾的?与大家交流好吗?预设老师点评:你们能够发现故事情节有矛盾或反转的地方,这非常不容易,从中读懂寓意更不简单。

小结与过渡:通过今天的阅读实践,我们发现读寓言并不难。只要运用方法去揣摩寓意,再联系生活中的人或事想一想,就可以明白故事要讲的道理,甚至能领悟寓言里的智慧。

第四版块:推荐阅读同类书,指导制订阅读计划(共4分钟)

（一）推荐同类书籍（2分钟）

过渡：如果你们能读完《中国古代寓言》，就一定可以非常轻松地读完其他的寓言，你还知道哪些写寓言的书？（指名回答：《伊索寓言》《克雷洛夫寓言》。）

微课，学生推荐读物。

三本书出自不同的国家。《伊索寓言》《克雷洛夫寓言》这两本书有直接点明寓意的句子，读起来更容易。

（二）指导制订阅读计划（2分钟）

过渡：作为中国人，我们得好好领会古人的智慧，那我们先集中火力读好这本充满智慧的《中国古代寓言》，好吗？阅读时我们得有一个可行的阅读计划。过去我们都没有自己制订过阅读计划。

想看看别人的计划吗？（出示优秀计划范例）

我们可以：写出阅读的书名、在校安排什么时间阅读，校外有什么时间阅读，可以用思维导图制作计划，可以按照主人公的不同进行分类阅读……

布置作业：请大家课后制订一个可行的阅读计划，我们下节课再交流。

让我们从今天开始有计划地快乐阅读，领悟寓言里的智慧吧！

附：

二单元知识梳理单

故事题目	主人公是谁	简写故事有意思的地方	明白的道理	简写想到的人或事
《守株待兔》	农夫			
《陶罐和铁罐》	陶罐、铁罐			
《鹿腿和鹿角》	鹿			

板书：

读《中国古代寓言》

可笑（或愚蠢）的行为 ┐　　智慧　　　　　　浏览
不同性格，不同结局 ├→道理 ⇄ 联系生活　　默读
反转或矛盾　　　　 ┘　　　　　　　　　　朗读

（指导教师：罗建璞　张　华）

课题引领　兴趣导航　方法指路

——对《小故事　大道理》整本书导读课的设计与实施的回顾反思

成都市武侯实验小学　张　华

一、简介研究背景

2021年7月学校参加教育部教育装备研究与发展中心的"中小学生阅读素养、人文素养的研究课题项目"，成功立项了国家级子课题"信息技术背景下的小学高段整本书阅读教学的实践研究"。

我们希望依托该课题的引领，扎实推进学校整个学段整本书阅读教学导读课、推进课、分享交流课三类课型的探索，形成信息技术与整本书阅读教学融合的有效教学范式，从而促进教师教学能力和学生阅读能力的提升等。2021年，我们已经进行如下探索。

（一）进行整本书阅读分享交流课的研究，提炼形成"技术赋能·四环进阶"教学模型

学校郑璐老师在区教研员甘雪梅老师的指导和学校语文团队的支持下，作区研课《鲁滨孙漂流记》整本书阅读分享交流课展示，提炼形成了"技术赋能·四环进阶"教学模型。这节课还在付华名校长工作室平台、成都市语文骨干教师培训平台做展示，辐射人次达2000多人，产生一定社会影响。

（二）开展语文赛课活动，积极进行整本书阅读分享交流课的成果运用与创新

2021年9—11月，学校在"聚焦语文学科核心素养，构建慧美灵动课堂"的语文赛课中专门设置了五六年级"信息技术背景下的整本书阅读教学"赛课项目，引导老师们对前期郑璐老师的课例模型进行学习运用和发展创新，从而呈现了8节高质量的信息技术赋能的整本书阅读教学分享交流课融合课例，让我们看到了课题研究在成果运用于创新方面取得的良好效果。

本学期，我们希望继续进行整本书阅读导读课、推进课的专题研究，从而探索形成信息技术背景下的整本书阅读教学三类课型的完整的教学范式。因此，就有了"小故事　大道理"《中国古代寓言故事》整本书阅读导读课的研究与呈现。

二、本课设计缘由

（一）立足单元教学和"快乐读书吧"

《中国古代寓言》是教育部编义务教育教科书三年级下册第二单元"快乐读书吧"中的推荐书目。这一单元共推荐了三本中外经典寓言，意在延伸课内阅读，让学生把课内学到的读懂寓言的方法运用到整本书阅读之中，使学生在阅读整本书中体验到寓言故事里的智慧，促进学生提升语文素养。

（二）立足三年级学生的学情

学生在三年级下期已经具备初步的把握故事内容的能力，对寓言故事的特点有了一定的了解，也有了读懂寓言故事的基础。

课前发放了调查问卷，从反馈的调查结果中我们发现：一是学生都会关注故事内容，但是有三分之一的学生不思考寓意；二是读寓言故事总是会想到生活中的人或事的学生不到总人数的一半。

三、教学设计

（一）教学目标

（1）通过浏览封面、目录、正文插图，产生阅读《中国古代寓言》的兴趣。

（2）通过复习与整理单元所学的课文，了解读懂寓言故事有多种方法。

（3）通过运用已知的阅读寓言故事的方法自主读懂故事，交流寓言故事中有意思的地方及明白的道理，体验阅读寓言故事的乐趣，产生做有智慧的中华儿女的向往。

（4）通过欣赏优秀的阅读计划，学习拟定整本书阅读计划。

教学重点：自主阅读，小组和全班交流，体验阅读寓言故事的乐趣。

教学难点：运用已知方法读懂寓言故事，明白其中的道理。

（二）过程设计及意图

板块一：初步了解整本书（猜一猜、看一看）。

意图：通过看图猜题目，检视整本书，激发学生对该书的阅读兴趣（激趣）。

板块二：交流单元知识梳理单（求同比异）。

意图：通过同桌交流知识梳理单上的"启示"，全班求同比异，发现单元课文的不同，总结读懂寓言故事的方法，为下一板块运用方法选读寓言故事作铺垫。

板块三：选读故事完成学习任务（自读、小组合作、全班交流）。

意图：通过在选读第一组感兴趣的寓言故事中，以自读、小组合作、全班交流的形式实践运用第二板块梳理的阅读方法，体验阅读和交流寓言故事的乐趣，引发学生对做有智慧的中华儿女的向往之情。

板块四：推荐阅读同类书，指导制订阅读计划。

意图：由本到类，向学生推荐快乐读书吧中的另外两本国外寓言故事，进一步激发学生阅读兴趣，扩大学生阅读视野，同时通过引导学生欣赏优秀阅读计划和指导学生制订阅读计划，进一步规范学生的阅读行为，为后续学生的整本书阅读真实、持续、有效发生而奠定基础。

四、研究感悟和反思

为了做这节课，学校语文大组尤其是三年级做课团队在付华校长的带领下，在区教研员甘雪梅老师的精心指导下，在分管行政张华副校长和语文大组长罗建璞老师的帮助下，经过多次试讲磨课，我们在教学板块的大改动中逐渐明晰了教学的思路，在教学环节调整和细节打磨中不断完善教学的方式与方法。杨芹老师可以说较好地实现了我们之前的教学设计与意图。基于这堂课，我们形成如下感悟与反思。

（一）导读课要注重"导读价值判断"，做好由"本"到"类"的拓展

语文书三年级下册的快乐书吧推荐了三本寓言故事。这三本书阅读难度是不同的。团队是在一节课中三本一起导读，还是分本逐一导读，有点拿不定主意。在磨课中，团队发现三本一起导读，平均用力，教学显得浮光掠影；如果逐一导读每本书，国外的两本寓言故事又太过简单，鉴于课时限制等诸多因素，不太具有逐一重点导读的价值。区域群文课题的研究给了团队启发。借鉴群文研究由单篇到多篇的"群"的思想，团队发现以孩子们最亲近的、较有阅读理解难度的《中国古代寓言故事》作为重点，精心导读，再由这一本拓展到这一类寓言故事书籍的导读推荐，则更能让导读课发挥最大导读教学功能，提高导读课的教学效率。

（二）导读课要注重"导读功能定位"，激发学生阅读整书的兴趣

导读课不同于推进课，也不同于分享交流课。它的一项非常重要的功能就是激发学生的阅读兴趣，这一功能对于才开始阅读整本书不久的三年级孩子来说显得尤为重要。团队试讲时的导读课设计忽略了这一激趣功能，侧重在说教式的阅读方法指导上，导致课堂沉闷无趣。后来在甘老师的指导下，团队找准了导读课的功能定位——激趣。于是在后来的四个教学板块的设计中，我们都紧紧围绕"有趣味"来设计。

教学板块一：猜一猜，看一看，于游戏和浏览封面、目录、正文中引发阅读兴趣。

教学板块二：于交流单元知识梳理单，发现最有意思的地方中，链接学生阅读的兴奋点，激发学生阅读兴趣。

教学板块三：选读喜欢的故事，更是契合了学生阅读的兴趣点，让学生充分体验到了阅读、交流的乐趣。

教学板块四：推荐阅读同类书，指导制订阅读计划，让学生在更丰富的阅读书籍中，在优秀的阅读计划欣赏中产生对自我阅读的积极期待。

这样的教学设计，正如我们今天看到的课堂呈现一样，课堂有趣了，学生自然也就学"活"了。

（三）导读课要注重"紧扣教材课文"，做好由"课内"到"课外"的方法引导

这节课，最开始我们的教学设计仅仅落脚在单元"快乐读书吧"三本书的简单推荐上，让这堂课完全独立于单元教材之外，既无"根"更无"魂"。后来，在进一步的教材研读中，在甘雪梅老师的指导和大组长罗建璞老师的帮助下，团队发现了单元多篇寓言故事与《中国古代寓言》之间的教学联系。单元寓言故事中每一课的课后题都直指了一种阅读寓言故事的方法，而这些方法对于阅读《中国古代寓言》，无疑是非常好的方法抓手。因此，团队有了由课内的"篇"到课外的"本"进行设计教学的思路。基于此，有了我们后来教案中第二板块的单元知识梳理单的设计，由它作为支架，作为桥梁，引导孩子们由课内复习走向后续的课外阅读拓展运用。

（四）导读课要注重引入"智慧学本"理念，必将让课堂呈现更加"慧美灵动"的样态

学校作为区域智慧教学新生态的项目实验校，同时作为智慧学本的试点校，一直致力于智慧学本课堂的实验与研究。智慧学本理念中的"先学后导""问题导学""小组合作""对话展示""多元评价"学本元素与信息技术的有效融合，对本堂课有很多启发。团队在课前通过信息技术赋能，运用问卷星对学生的阅读学习情况做了较为充分的调查，这为团队设计更加契合学生需求的学习方案奠定了基础。课堂上学生的自主探究、小组合作交流以及全班交流展讲的学习组织形式，不仅让学生人人卷入学习，更是让课堂学习在生生互动、全班展示、师生交流中碰撞出智慧的火花。特别值得一提的是单元知识梳理单、小组合作学习单以及阅读指导计划单的等工具单的运用更是为学生学习思考提供了有效支架，降低了学习难度，让学生的思维更加活跃，使得整个课堂逐渐呈现出"慧美灵动"的特征。

当然，对于信息技术背景下的整本书阅读教学的探索，团队还有很多做得不够好的地方，关于导读课、关于整本书阅读教学的许多困惑还需要在实践中去摸索解决。后续我们还将继续行走在整本书阅读教学研究的道路上，一边探索，一边成长；一边实践，一边总结；一边传承，一边创新，永不停歇！

《原来可以这样看》教学设计

——"1+x"单元教学模式下的寓言群文阅读教学

成都市沙堰小学　朱玉琴

一、教学对象

三年级下学期学生。

二、议题解析

（1）我们可以怎样看待遇到的问题,以及我们可以有哪些看待事情的思考方式?

（2）在面对具体情况下的问题或事情时,该选择什么方式去看更好?

三、文本选择

（1）《塞翁失马》选自人民教育出版社出版的《伊索寓言》。

（2）自选《卖伞和卖鞋》。

（3）自选《三只蚂蚁》。

（4）《该不该实行班干部轮流制》选自统编版教材三年级下册第二单元。

四、教学目标

（1）通过阅读几则寓言故事,启发学生打破原来的固有或惯性思维方式,形成多角度、灵活思维的意识及习惯。

（2）在比较分析中发现我们看待问题的不同角度和思维方式,初步尝试在自己的生活中根据具体情况,恰当选择思考角度,激发学生的批判意识,初步培养学生辩证思维能力。

五、教学重点

在比较分析中发现所读寓言故事中看待问题的不同角度和思维方式,得到多角度看待问题的启示,从而激发学生的批判意识,培养学生辩证思维能力。

六、教学难点

引导学生初步尝试在自己的生活中根据具体情况,看待问题时恰当选择思考角度,加深对问题的理解,培养学生实际迁移运用能力。

七、教学准备

教学课件。

八、教学过程

(一)导入已知提取信息

(1)我们在语文书第二单元学习了一个有趣的寓言故事《鹿角和鹿腿》,在故事中鹿是怎么看自己的鹿角和鹿腿的呢?这个故事启发我们要怎么看事物呢?(板书:看"简单勾画眼睛的形")

这里有很多关于鹿的看法,你赞同什么,不赞同什么?请你把这些观点纷纷"送回家"吧!(PPT出示各种观点,通过学生玩游戏,检测课内学习情况。)

鹿只看到自己鹿角的美丽、鹿腿的丑陋。

这个故事启发我们不要去看事物的外表美,要看到事物的有用之处。

鹿先只看到鹿角的美、鹿腿的丑,后来看到了鹿角的坏、鹿腿的好。

这个故事在启发我们既要看到别人的长处,也要看到别人的短处。

(2)学生读观点,分辨每个观点的正确与否,并送到指定位置。(随机追问:为什么要这样看啊?随机板书:长处短处,全面)

(3)教师小结点评:看来,同学们读懂了《鹿角和鹿腿》这个故事,而且从中还收获了看待事物的角度和方式。除了这样看,还可以怎样看呢?今天就让我们一起再来读三个寓言故事,看看故事中还藏着哪些看待问题或事情的方式。

(二)群读比对多元感受

1. 自读故事,勾画关键

(1)学生读要求(出示自读要求)。

自读:快速读读《塞翁失马》《卖伞和卖鞋》,一边读故事,一边想想故事中的主要人物是怎么看待问题或事情的,用波浪线勾出表现人物看法的关键语句。

(2)巡视点拨:有的同学用上了教师前面教的方法,通过勾画写人物言行的语句来体会人物的看法。

2. 小组共读,相互启发

(1)提示要求(出示"阅读单"和要求)。

在小组内共读,结合刚刚勾画的语句,对照"阅读单",在小组内轮流说说:"谁怎么看?从中得到的看法。"并推选代表在全班发言交流。

（2）小组同学按要求读寓言，说发现，悟看法。教师巡视了解情况。

3. 集体交流，提炼看法

（1）《塞翁失马》中的塞翁是怎么看的？

①引导学生结合勾画的语句谈塞翁是怎么看待失马、得马、儿子摔断腿的事情的。教师相机出示相关语句，通过多形式朗读，引导学生紧扣关键语句体会人物看法。

②引导学生把塞翁三次看事情的方法联系起来，分析、体会塞翁是怎么看问题的。

③教师小结：塞翁看时，当这件事带来福气的事情，他想到的是可能还会带来祸事；当这件事是祸事的时候，他想到的是可能还会带来福气。在塞翁的眼里，祸和福总是伴随着发生的，就如中国一句话说的那样——祸福相依。他看事情总是会联系到这件事相反的方面来想，这叫"联系看"。（随机板书：祸福相依 联系）

（2）《卖伞和卖鞋》中的老太太是怎么看的？

①学生结合相关语句交流老太太先怎么看女儿们生意；后来又怎么看女儿们的生意。

②指导点拨：男生、女生对读有关老太太看法的两处语句，引导学生把前后老太太看问题的角度进行对比，组织学生交流发现的看问题方式。

③提炼小结：不管是晴天还是阴天，老太太两位女儿的生意总是有一个好，有一个不好，对老太太来说，这事情总是好坏并存的，为了让自己的心情好，就得从坏的角度转换到从好的角度来看。（随机板书：好坏并存 转换）

4. 比对发现，寻找相同

（1）刚才我们学习了两个故事，竖着看表格里的内容，对比一下，你能发现他们在看待事物或问题时有什么相同点吗？

（2）学生可能会发现：都在讲怎么看事情；看法都在发生变化；都看到事情好的一面和坏的一面，都是比较全面看问题的方法。

（3）小结：同学们，你发现了吗？我们通过把故事比对着读，会有很多特别的发现呢！

（三）统整认识启发思考

①让我们来看看《三只蚂蚁》又给我们什么启发呢？谁来说说《三只蚂蚁》中有几种看待问题的角度或方法，又带给我们看待问题什么启示呢？

②学生交流：三种看待问题的角度，中国文化中"三"代指多的意思。（板书：多个角度）

③你从故事中发现了吗？因为有了多个角度看问题，解决问题的办法怎样呢？

④如果你是小蚂蚁，你会选择哪个角度看？根据学生的分享交流，引导学生明白：有多个角度看问题时，我们可以按照自己的需要选择一个或多个角度看。（板书：多个角度 按需）

⑤和前面的故事对比对比，你发现这个故事告诉我们的看法与前面的有什么不一样？学生交流。

⑥我们把多个故事放在一起来读，发现了多种多样的看问题的角度和方式，引读板书！——"原来可以这样看"。

⑦指板书,学到这里,对于看问题的角度和方式,你想说点什么吗?学生交流自己的收获和感悟。

(四)迁移运用 启迪智慧

①创设情境导入:哎,在老师班上,同学们这段时间还在因为"该不该实行班干部轮流制"争论不休!老师也不知道该不该实行班干部轮流制,也不知道听谁的意见,一时拿不定主意。今天趁此机会,我想问问咱们班的同学们,你们怎么看这个问题?(出示PPT)

大家先和同桌说说自己的看法。注意说的时候这样说,听的同学这样听。(出示学习要求)

②引导学生先表明观点,然后说清楚理由。每个学生发言后,请其他同学评价说得是否有道理,理由是什么,从中发现发言的同学是怎么看的,或者引导学生说说反对观点及其理由。随机点拨学生运用了哪种看问题的方法。

③小结:在刚刚的辩论中,大家有很多表现都值得称赞。好多学生都用上了刚刚学到的看问题的角度和方法。用的时候,要根据日常生活的具体情况灵活选择一种或几种方法结合起来看。根据班的具体情况,具体分析,灵活采取相应的办法。(板书:灵活)

④总结:这段时间,学校通过读寓言故事明白了许许多多的道理。今天这节课学校还学到了多种看待问题的角度和方式,还需把这些道理灵活运用到实际生活中。在这个方面,老师和学校都需要不断地尝试、体会、反思、改进,只有这样我们才能变得更有智慧哦!

九、板书设计

板书可以参考图1进行设计。

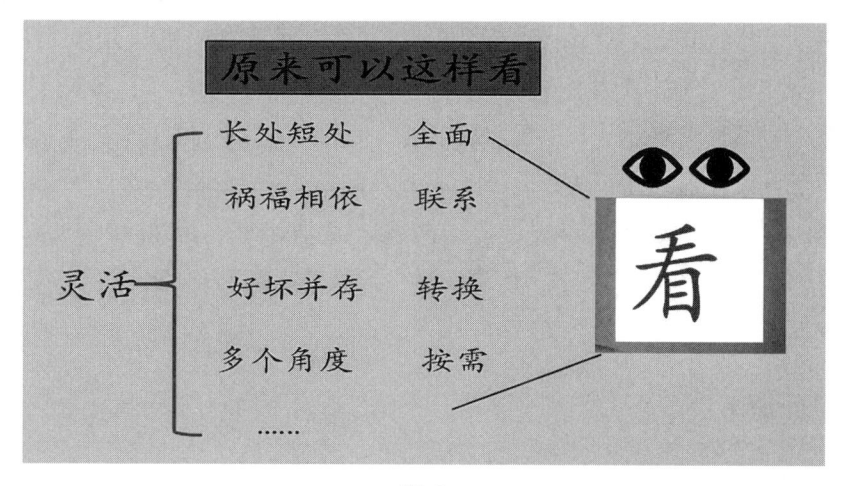

图1

单元整合教学下的群文阅读教学实践
——对《原来可以这样看》寓言群文阅读课设计与实施的回顾反思

成都市沙堰小学 朱玉琴

一、本课研究背景

在温儒敏教授的认知引领下，在课题研究实践中逐渐建构起了"以单篇群文整合为核心的'1+×'单元教学模式"，并对"1+×"的内涵进行了梳理、丰富和创新性解读，提出了我们的主张："1"指某一人文主题、语文要素或基础知识和基本技能或一般课内教学；"×"指关联"1"的多篇结构化阅读材料，源于课内深化、拓展的群文及整本书阅读教学等。"+"指的是融入整合、增加延伸、补充替换之意。我们希望通过运用"关联思维"，系统建构单元教学模式，并始终站在儿童立场去实施教学。

"1+×"单元教学模式指的是基于语文教材单元式组合的基本样态，紧扣单元教学目标，整体规划本单元的单篇阅读、群文阅读、整本书阅读、课外阅读等，组成相勾连、整合的、成体系的语文单元阅读课程。这样的单元教学模式，弥补了单篇的局限，凸显群文的功用，增强对课外阅读的指导，既强化了基础知识和基本能力，又提高了学生的高阶思维能力；既做好了"1"，又做好"×"，实现了学生低级和高阶思维能力同步协调发展，促进学生语文核心素养的提升！本次教学，我们通过群读本单元教学内容，整体解析单元学习目标，注重挖掘文本内在联系，构建训练系统和与之契合的单元整体教学规划。我们尝试通过群文教学理念的渗透、课内外群课的设计促使群文阅读走向课程化、常态化。本课放在本单元教学的第三大步，也就是单篇阅读教学《鹿角和鹿腿》之后，"口语交际"之前。

二、本课设计慎思

（一）议题由来

（1）对接单元教学目标。在1+×单元教学模式中，我们特别制定了本单元的提升目标暨高阶思维能力培养目标。在解读教材时，我们发现精读课文《鹿角和鹿腿》课后题中让学生谈论观点说清楚理由；在口语交际中，同样让学生针对"该不该实行班干部轮流制"谈论观点说清楚理由。于是，设计了课内外学习内容组合的群文阅读教学。

（2）结合学生情况：三年级下期的学生已经初步懂得遇到一些问题或事情,要动脑筋,想办法解决。在生活和学习中,学会了一些观察、看待身边的人和事的方式。但在日常生活中,由于受已有的一些思维意识和习惯的影响,会不自觉用单一思维方式审视和甄别遇到的问题或事情。所以,现阶段的学生需要建立从多角度看问题的意识,摒弃单一的、绝对化的惯性思维方式。

（二）议题解析

本课的课题是《原来可以这样看》,其隐藏的议题是：我们可以怎么看？在面对具体情况时,又该选择什么样的角度和方式看？结合议题,我们选择承接勾连课内的《鹿角和鹿腿》,三篇课外寓言故事进行群读,学生从中获得了多种看待事物和问题的方法,并且在实际运用中要辩证、灵活地看待问题。基于议题和文本的解读,确定了本课教学目标——通过读几个寓言故事,启发学生打破原来的固有或单一思维方式,形成多角度思维的意识及习惯。在比较分析中发现我们看待问题或事情的不同角度和思维方式,初步尝试在自己的生活中根据具体情况,灵活选择思考角度看待问题,激发学生的批判意识,培养学生辩证思维能力。

三、过程设计意图

（一）导入已知 提取信息

开课重在回顾与梳理鹿看待自己的鹿角和鹿腿的方法,并提炼出一种看法——长处短处结合看。这是在承接课内的学习,调动学生的已知,自然过渡到新课的学习。

（二）群读比对 多元感受

将课内习得的阅读方法和策略运用到群文文本的自读中。学生通过文中的关键语句,提取文中主要人物看法。当每个孩子有了自己的思考之后,再在小组内交流故事主角是"怎么看"的,讨论"得到的看法",口头完成"阅读单"。在本单元,孩子们还学习了通过对比人物言行、心情、看法等来体会寓意。在学生理解寓意的时候,老师有意识地引导学生运用"对比阅读策略",对比三次塞翁的话,联系起来探索塞翁看问题的规律性做法；对比老太太前后的言行、看法和心情,体会老太太看问题的角度转换。在学习了这两个故事后,让学生结合表格的提示进行比对,发现他们在看待事情时有什么相同点。让学生静下心来思考,继续探索故事间的联系,并从中发现规律性的地方：人物的看法都在发生变化,都看到了事情好的一面和坏的一面,都是比较全面地看问题。

（三）统整认识 启发思考

利用第三个寓言故事,教给孩子全新的看问题方式。学生通过尝试选择不同角度来看问题,阐述选择的理由,从中明白,当要从多角度看问题的时候,需要按自己的意愿和目标选择一个或多个角度。最后把本课的几篇文本的学习体会统一起来,帮助学生形成多元的认知、多角度看待问题的意识,提升学生的辩证思维能力。

（四）迁移运用 启迪智慧

从课内来,再回到课内去。本课承接勾连"课内单篇阅读"及口语交际活动。在真实的辩论情境中,让学生尝试运用学习到的看待问题的方式,来看待这个话题或者同学的发言,有观点及充分的理由。

四、研究感悟反思

（一）紧扣语文学习本质进行群文阅读

群文阅读是多种阅读形态中的一种,始终需要紧扣文本的语言文字去理解学习。因此,群文阅读中的提取信息和理性认知,必须从语言文字中来。

（二）群文阅读注重培养学生探究意识

让学生在文本内容的比对中,寻找文本之间的关联,探寻文本中规律性的策略和方法,从而帮助学生建立系统性认知和多元辩证思维方式。

（三）群文阅读走进常态化课程教学

群文阅读起于教材,回到教材,丰富了教材！"1+×"单元教学模式下的群文阅读教学,需承接某一单元教学目标或内容,进行组文和具体教学设计。强调的是与课内教学内容的勾连、承接、整合。课堂教学时,注重围绕议题进行已知的回顾与梳理,自然过渡到群文的学习。在群文学习中有意识地运用单篇阅读中习得的方法与策略,切实将单篇阅读与群文阅读,课内与课外学习无缝对接,形成一个严密的阅读教学体系,给予学生系统化的阅读影响和指导。从而为课内阅读到课外阅读、整本书阅读搭建起一座坚实的桥梁,也更有利于构造成体系的阅读课程,打造高效阅读教学课堂。

（四）结合儿童特点把握好教学的"度"

在本课中,三年级学生重在形成多角度看问题的意识,初步尝试运用该方式去看待身边的人和事。在此基础上,让学生逐渐形成客观、全面、辩证的思维方式。而这样的议题如果放在高段,则需要更深入地学习运用多角度看问题的方法。在实际教学中,教师根据三年级学生已有阅读经验,引导学生说说从故事中得到的启示,而并没有要求学生填写表格。我们力求贴近儿童、站在儿童立场设计和实施教学,但面对灵动、活泼的孩子时,教师却难以提供与之匹配的高品质的指导。因此,在课前,还应多在研究学情上下工夫,在教课中,还需放下身段和其他杂念,用心倾听学生发言,从容作出判断,及时对学生的学习予以恰当、巧妙的指导和点拨。

《跳单双圈与游戏》教学设计及反思

德阳市旌阳区北街小学　陈少黄

一、指导思想

以习近平新时代中国特色社会主义思想为指导,全面贯彻党的教育方针,落实立德树人根本任务,树立"健康第一"教育理念,深化体育教学改革,强化"教会、勤练、常赛",构建科学、有效的体育与健康课程教学新模式,帮助学生掌握运动技能,促进学生运动能力、健康行为、体育品德等核心素养的形成,为实现"健康中国""体育强国"作出体育学科的贡献。

二、教材分析

本课选自人教版体育与健康水平一"跳跃与游戏"单元。跳跃是人体的基本活动能力之一,是具有实用意义的体育项目,是水平一的重点内容。它对发展学生下肢力量,提高全身协调性、灵活性及身体控制能力具有积极的作用。根据低年级学生的身心特点和认知能力让学生学会单、双脚跳和单跳双落技术动作,能增强身体控制能力和下肢力量及全身协调性。

三、学情分析

水平一学生的身体条件和体能差异不大,对新鲜事物兴趣浓厚、好动、兴趣广泛、模仿能力强,喜欢游戏。单双脚跳是发展低年级学生跳跃能力的主要内容,对发展学生跳跃能力具有重要作用。通过教学,可以促进学生身体机能的发展,提高学生灵敏、速度、力量和协调能力,培养学生勇敢、果断以及不怕困难的意志品质。

四、教学目标

（1）积极参与体育学习与锻炼,体验运动成功的乐趣。

（2）85%以上的学生基本掌握单、双脚跳和单跳双落的技术动作,60%的学生熟练掌握单跳双落技术动作。

（3）发展下肢力量,增强学生的身体素质,全面发展体能。

（4）在运动中培养勇敢、克服困难和积极向上的好品质,在合作中提升团队意识。

五、教学重难点

教学重点：用力蹬地起跳，双脚轻巧落地。

教学难点：屈膝缓冲，全身协调用力。

六、教学准备

篮球场一个、标志垫40个、沙包40个、敏捷圈8个、拼图4个、网兜4个、篮子4个。

七、教学过程

（一）开始准备部分（8分钟）

1. 课堂常规，介绍课的要求和内容

教师：同学们，今天我们要去动物园当志愿者，你们想去挑战一下吗？

2. 情景导入

去动物园当志愿者，低碳出行，跟随老师遵守交通规则走、跑结合去动物园。

教师：动物园的小兔子正在门口跳着舞迎接我们，赶快加入他们吧！

动物模仿操"小兔跳跳跳"愉悦热身。

两两同学完成专门性练习"石头剪刀布游戏"，调动学生的课堂积极性。

（二）基本部分（28分钟）

教师：当志愿者之前，需要我们练习好本领，大家有信心练好吗？

1. 学本领（大屏幕示范，老师配合视频讲解）

（1）双脚跳：双脚自然站立，与肩同宽，双腿微屈，前脚掌用力蹬地起跳，双手向前上方摆动，落地轻巧，屈膝缓冲。

（2）单脚跳：单脚站立，膝关节微屈，前脚掌用力蹬地起跳，双手自然向前上方摆动，单脚轻巧落地，屈膝缓冲。（左脚一次、右脚一次）

（3）单跳双落：单脚起跳，膝关节微屈，前脚掌用力蹬地起跳，双手自然摆动，双脚同时落地，屈膝缓冲，落地轻巧。

2. 志愿者任务

师：看到大家都在认真练习，园长现在给我们发布任务啦！

（1）搬运物资：双脚夹沙包跳，至最后一个圈后跳回，并将沙包放回篮子处。

（2）拼地图：每人拿一块拼图，左脚单脚跳至最后一个圈换右脚单脚跳回并拼好地图。

（3）投喂食物：手持沙包，单跳双落跳至最后一个圈后，站在指定位置将沙包投掷进筐，投掷完成后站在指定位置。

按照排名给小组积分。

（三）结束部分（4分钟）

（1）放松活动。师：完成了任务，大家都很累了，现在我们跟随音乐进行放松活动。

（2）总结本节课，布置体育家庭作业。和家人一起练习单、双脚跳和单跳双落；练习跳绳增强腿部力量。

（3）回收器材，师生再见。

八、教学反思

（一）优点

本堂课充分利用一、二年级学生对新鲜事物感兴趣，喜欢游戏的特点，采用情景导入的教学方法，吸引学生快速地投入课堂当中。游戏是体育课堂的润滑剂，在本次课中，同学们对游戏环节情绪高涨，在游戏中加强巩固课堂知识，培养学生的规则意识，学生相互团结协作完成任务，从而达到我们的教学目标，完成教学任务。

（二）不足

在课堂上，幽默风趣的老师受到学生的欢迎，但在幽默风趣的同时又不能少了严格要求。因此，老师要不断学习掌握语言艺术，做到语言精简又富有情感和激励。课后总结时，仍需要再进行修改，要让孩子知道规则、团结等的重要意义，懂得不理解、不遵守规则就无法完成任务，不团结、不合作就不能获得好的成绩，突出体育精神的内涵。

（三）改进措施

今后，要根据学生的身心特点，注重在课堂上进一步实现"教与玩"的结合，进一步做到游戏的设计和运用要紧扣课堂的主要内容，为学生后续的学习打下基础，做好铺垫。在体育课堂上，不仅要教给学生体育知识与技能，更要传递体育健康的理念，提升学生体育运动技能的同时培养学生良好的精神品质，真正做到以体促智、学科融合、全面育人。

（指导教师：余飞翔）

《运动中常见轻度损伤的自我处理及预防》教学设计

成都市温江区庆丰街小学　刘　文

一、指导思想

本课以《义务教育体育与健康课程标准2022版》为依据，以"健康第一"为指导思想，聚焦学生核心素养，结合温江区"三主四段"的教学主张设计本课。本课以学生为主体，以学习目标为主导，以培养学生核心素养为主旨，借助信息技术，以学练赛评的方式实施课堂组织教学活动。

二、教材分析

"运动中常见轻度损伤的自我处理及预防"是人民教育出版社出版的《体育与健康5~6年级（全一册）》第二部分体育与健康基础知识章节的教学内容。共3课时。本课是第2课时，重点是运动中轻度擦伤、扭伤的正确自我处理的方法；难点是运动中如何预防伤害事件的发生。通过本课的学习帮助学生树立安全意识，提高防范能力，促进身心健康和谐的发展。

三、学情分析

五年级的学生活泼、好动，有较强的合作能力和语言表达能力，能在学习中发挥自主性与创造性，并能在小组合作练习中相互帮助、相互交流。该年段学生体育活动兴趣浓厚，但安全意识较为淡薄，对发生轻度损伤缺少正确的处理方法。而错误的处理方式会导致二次损伤，所以需学会正确的运动受伤自我处理方法，并提高安全防范意识，减少运动中的受伤。

四、教学目标

（1）在图片分析中归纳出运动中轻度擦伤、扭伤的症状。

（2）在小组合作与操作实践中，描述擦伤、扭伤步骤并演示处理流程，增强团结合作意识。

（3）在小组讨论中，分析出预防运动伤害的方法，树立安全防范意识，形成安全锻炼的体育行为。

五、教学重难点

重点：运动中轻度擦伤、扭伤的正确自我处理的方法。

难点：运动中如何预防伤害事件的发生。

六、教学准备

PPT、医药急救包6个、投票器43个。

七、教学流程

（一）情景导入

观看视频回答问题：

（1）通过观看冬奥会视频，引导学生说一说有什么样的感受？

（2）观看谷爱凌训练的视频，教师引导学生说一说平时在运动中遇到过哪些损伤？

教师总结：很多孩子在运动中都受到过一定程度的损伤，有的是轻度损伤，有的则比较严重，而严重的需及时到医院就医，今天我们就来学习运动中常见的轻度损伤的自我处理及预防（出示板书）。

（二）学习提高

1. 学习轻度损伤中的擦伤、扭伤，了解擦伤、扭伤的症状

（1）播放PPT，教师出示一些常见的轻度损伤，语言引导提问：选择你认为在体育运动中最容易发生的轻度损伤？学生用投票器进行选择。根据选择结果进行分析。

教师归纳擦伤和扭伤是运动中较为容易发生的运动损伤。明确学习内容是擦伤和扭伤。

分别出示擦伤、扭伤图片，语言引导学生通过观察分析，说一说擦伤和扭伤的症状表现。

教师进行归纳轻度擦伤、扭伤的症状（出示板书）。

（2）完成学习单上的检测练习。

根据以下描述的症状，判断是轻度损伤的选"1"，不是轻度损伤的选"2"。

A. 运动中摔倒造成腿部受伤，有皮肤脱落、少量渗血和炎症反应是轻度擦伤。（　　）

B. 在户外运动中脚踝关节受伤，疼痛非常剧烈，完全不能负重行走，有脚踝关节突出但看不出外伤是轻度扭伤。（　　）

2. 学习擦伤、扭伤的自我处理方法

读一读案例，进行案例分析。

（1）案例一：刚下体育课，小张同学在回教室的时候边跑步边说话，还时不时地转头看向后面的同学，不小心踩在小李同学的脚上，造成小李同学摔倒，小李应激地用手撑了一下，手掌擦破皮了。

①阅读案例,分析这是哪种轻度运动损伤?怎样帮小李同学进行及时处理?

学生通过案例,分析如何进行分步骤处理,并演示处理方法。

②出示PPT播放视频,归纳总结正确的轻度擦伤的处理方法及步骤。

擦伤的处理步骤:①检查伤口;②清洗;③消毒;④包扎(创可贴)(板书)。

(2)案例二:下午的篮球比赛中小张有些走神,在一次进攻中由于不专注踩到了防守队员的脚上,小张就捂着脚踝倒地不起了。

①学生小组内讨论,这是哪种损伤?说说可以怎样帮小张同学进行处理?进行小组汇报。

②我们组选择的处理步骤是(　　　　)

A. 加压包扎　　B. 消毒　　C. 冷敷　　D. 停止运动(制动)

E. 检查伤口　　F. 抬高脚

(3)出示PPT播放视频,总结归纳轻度扭伤的处理方法及步骤。

扭伤的处理步骤:A. 制动;B. 冷敷;C. 加压包扎;D. 抬高患肢(板书)。

(三)实践运用

1. 处理轻伤

(1)观看PPT,动手实践操。教师讲解实践要求及注意事项。

(2)小组合作,练习擦伤和扭伤的正确处理步骤及方法。

(3)教师巡回指导、察看、拍照上传操作过程。

(3)小组展示,小组讲解并演示正确的擦伤和扭伤处理步骤和方法。

(4)教师归纳总结。

2. 深化预防

语言:我们学会了运动中常见轻度损伤的自我处理,但更重要的是学会如何预防。引导学生小组内说一说,运动时我们做好哪些措施可以预防意外伤害?

学生归纳(教师板书)。

教师总结和补充、评价。

运动前:做好准备活动,着运动装。

运动中:有规则意识,科学运动。

运动后:学会放松,科学补水。

(四)归纳总结

教师总结:通过本节课的学习,同学们能够独立判断轻度损伤中的擦伤、扭伤的症状,掌握了自我处理方法及步骤,但更重要的是要学会如何预防运动伤害。希望孩子们都能将今天所学的健康基础知识用于今后的体育学习和锻炼中,增强安全防范意识,提高防范能力,养成良好运动习惯,争做学习好身体棒阳光慧美的好少年!

八、板书设计

（1）运动中常见轻度损伤的自我处理及预防。

（2）擦伤、扭伤的症状。

（3）擦伤、扭伤处理步骤。

（4）预防运动中受伤的方法。

九、课后作业

学生根据所学知识与方法，回家后与家人交流，购买"家庭急救包"，给他们介绍这些物品可以用在哪些轻度损伤的处理上。

（指导教师：袁　丽）

第三章

实践共同体：沟通校际"零距离"

德阳市旌阳区北街小学校 　　马边彝族自治县民建小学

成都市温江区庆丰街小学 　　成都市武侯区簇桥中心幼儿园

实践出真知，教育智慧从实践中来。工作室构建了实践共同体，实现线上线下、区内区外、市内市外、中小幼"零距离"沟通。成员在研讨中碰撞革新、收获成长，成为一个个脚踏实地的教育实干家。

突出专业诊断，实现精准帮扶。三年来，领衔人带领工作室成员走进学校，在成都市第二十二幼儿园、第二十三幼儿园，发现优势，诊断短板，把脉发展；在德阳北街小学、温江庆丰街小学传经送宝，聚焦育人，共谋发展；关心安岳、北川、马边等相对落后及民族地区学校，帮扶指导，雪中送炭，携手发展。

依托项目赋能，促进辐射成长。以项目制形式，开展每月集中活动，如"如何成为一名优秀的校长""在案例分享与剖析中增长管理育人的智慧""盛夏之约、共话课程""聚焦数学核心素养养成，助力学生自主灵动发展"以及"五育"融合中的体育、音乐、美术等课堂教学研讨，每次研讨，深入人心又别具一格，令人感动。

立己、成事、超越——做一名"一讲六有"的好校长
——记武侯区付华名校长工作室启动仪式

成都市武侯实验小学　张　华

开启新篇，踏上新途

2020年5月20日下午，武侯区付华名校长工作室启动仪式在武侯实验小学举行，工作室全体成员参加了此次活动。由于疫情影响，此次活动采取线上线下融合的方式开展。武侯区8所小学和幼儿园、温江区庆丰街小学共12名校长、园长参加了活动。安岳实验小学、德阳市旌阳区北街小学、北川羌族自治县幸福小学、北川羌族自治县永安小学、北川羌族自治县坝底中心小学及马边彝族自治县民建小学的6位校长通过互联网参与了活动。

5月20日正值农历小满，小满时节收获在望，工作室的启动仪式选择这个特殊的日子，饱含着领衔人对此项工作的高度重视和殷殷厚望。

启动仪式从领衔人付华的讲话开始，在题为《立己、成事、超越——做一名'一讲六有'的好校长》的报告中，领衔人为大家介绍了名校长工作室的建设构想，并以"立己达人、成事育人、超越卓越"作为愿景，"惜缘、好学、自律、合作"作为室训。此外，领衔人也向大家展示了工作室的室徽和室歌，期许在这样一个学习型组织和共学、共研、共成长的平台中，能让学员们感受到温暖与动力。

赠送新书，共探成长

付华校长向每位学员赠送了《断舍离》《第五项修炼——学习型组织的艺术与实践》和《有效教学》这三本书，并寄语各位学员保持阅读，坚持学习，做一名人格高尚有质量的人，做一名善于经营团队的好校长，做一个发展有根的专家型校长。

付华校长以《名校长工作室的价值追问与思考构想》为题，从"追问名校长工作室的价值定位""思考名校长工作室的研修理念和运行""实践名校长工作室运转构想"这三个方面进行了有关工作室的分享和交流，并选取武侯区教育局的《名师名校长工作室管理办法》进行深入细读，归纳总结出了工作室的六大研修理念。此外，付华校长向各位成员展示了工作室启动前期进行的问卷调查结果，并指出工作室的运行模式、成果形式和重点项目等都是根据每位成员的现实诉求所制定。

领衔人扎实的工作能力、求真务实的研究作风、锐意进取的创新精神获得了全体成员的一致

认可,全体成员对工作室的发展充满了期待。大家表示,将在领衔人的带领下努力让工作室成为立己、成事、超越的共同体,成为校长成长的孵化器。

交流思想,展望未来

学员们就启动仪式进行交流分享。

成都市机投小学校长张屹表示:"今天的启动仪式就是一场收获满满的培训。付华校长身体力行为大家示范了一位卓越校长应该具有的两个重要素养:一是踏实认真努力做好人,二是系统规划做好事。付华校长的三本赠书是教会我们用《断舍离》思想培育一个有温度、有思考、接地气的校长,用《第五项修炼》培育卓越的领导力,用《有效教学》培育课程和课堂教学管理的能力。"

北川羌族自治县幸福小学校长唐荣生表示:"见贤思齐,付华校长的自律、好学是我学习的榜样,在领衔人的激励下,我会努力做一名更优秀的教育工作者。"

安岳实验小学校长代洪毅说:"在2020年5月20日这个特殊日子,我们相聚付华校长名校长工作室。有了这个平台,有了付校长的带领,有了同伴的互助,有了自我的努力,我们这个大家庭一定能够砥砺前行!"

北川羌族自治县坝底中心小学校长李桂兰认为:"名校长工作室立志长远,追求超越。付校长专业而智慧的引领,团队温暖而诚挚的交流,让我感受到团队文化的感召与凝聚,让我明确专业成长的目标与使命。虽身在大山,但我相信:只要心中有大海,仰望星空、脚踏实地,农村教育也会有别样风景。"

马边彝族自治县民建小学副校长邹兴意说:"草长莺飞处,寻梦燕归来。去年在武侯实验小学学习的岁月还历历在目,如今又跟随付华师父寻梦名师工作室,心中万般欣喜,心怀感谢,几多激荡,几许期盼,相信名师工作室定能在我们的共同努力下,成就梦想!"

夜莺啼绿柳,皓月醒长空。最爱垄头麦,迎风笑落红。在这样一个美好的日子里,名校长工作室里一群志同道合的朋友在领衔人的带领下快乐学习、幸福成长,脚踏实地去追寻教育的远方,成就教育的理想!

盛夏之约　共话课程
——付华名校长工作室 2020 年暑期主题研讨活动

成都市第二十二幼儿园　王　瑶

为拓宽校长对于课程建设的视野，优化学校课程构建，促进学校的可持续发展，2020 年 7 月 24 日，武侯区付华名校长工作室全体成员相约在成都市第二十二幼儿园，开展了"盛夏之约共话课程"的线上线下专题交流活动，本次活动有幸邀请到了周小山教授做指导。

一、用眼观察，感课程之美

"一花一世界，一步一景观"

在园长王瑶的带领下，名校长工作室全体成员参观考察了成都市第二十二幼儿园的环创课程。在瓜果飘香的"田间"，在层次迭出的"千木林"，在《绿野仙踪》《鸭子和鹅》《猜猜我有多爱你》的绘本故事中，感受"像小树苗一样健康生长"的办园理念，领略适合幼儿发展的"小树苗"环创课程，在直观感受与对话交流中寻找优化学校课程建设的灵感与智慧。

二、用耳聆听，享课程特色

大饱眼福后，是耳朵的盛宴。在王瑶园长的主持下开启了校长、园长关于校本特色课程的专题交流分享。

（一）"三情"共育构课程

温江区庆丰街小学副校长袁丽结合本校的少先队活动课程，做《新时期少先队活动课程化的实践与探索》主题交流发言。袁校长分享了以少先队活动为切入点，就如何找到少先队活动课程化的契合点，及创新少先队实践活动为方向，构建"3+"的少先队活动课程，实现了学校"情感共育""情谊共育""情怀共育"的"三情"共育的经验。

（二）"五制一体"建课程

北川羌族自治县幸福小学校长唐荣生以《幸福成长有模样——北川幸福小学开展留守儿童心理健康课程重构》为主题，分享了"因学定教，因生建课"校本特色课程的开发原则；通过重构"五制一体"的留守儿童心理健康课程体系，帮助留守儿童逐步构建起自我安全空间，定格成知行合一的良好成长样态,从而完成健康心理重构的经验。

(三)"以人为本"美课程

成都市第二十二幼园长王瑶围绕幼儿园环创课程,做了《幼儿园环创课程的思考与实践》主题交流。王园长认为园所环境应遵循"童趣性、互动性、艺术性、安全性"的原则,创设满足师幼需要、自然真实、以人为本的幼儿园环境,以美的环境陶冶人的情操、促进人的发展、培养好的品格,为师幼提供润物无声的成长场所。

三、用心领会,悟课程精华

特邀嘉宾周小山教授就本次活动及三位校长、园长的分享作了线上指导和点评,他非常赞同领衔人付华校长对于本次活动的策划、组织,认为这是一次具有干部培训范式转型的标杆价值的活动,并指出本次活动围绕小学、幼儿园课程建设进行选题的行为是"非常前沿的"。同时,周教授也支持本次活动的开展方式,认为这种由学科中心转向问题中心,培训方法由专家讲座转向参与人员为中心,由书本为中心转向能力为中心,室内培训转向直观体验的方式是科学高效的,并就课程建构中应有"理论支撑、总体框架、课程评价"等给出了指导性意见。此外,周教授也肯定了校长、园长有关大课堂、深思考的课程观,以及他们作为学校管理者的责任与担当,并希望名校长工作室成为校园长成长的阶梯,经验推广的平台,学员们不断提升领导管理水平,迅速成长为像领衔人付华校长一样的卓越校长。

四、用情引领,话课程"生长"

活动在名校长工作室领衔人付华校长的总结中结束。她对周教授的指导表示了感谢,并坚信成员们会在课程建构方面受益良多。同时,付华校长也再次明确工作室是一个"学习共同体、实践共同体、研究共同体、发展共同体",希望学员能够从问题入手,视"问题为发展契机",以专题阅读转变思维模式和工作方式,努力对资源进行重构和组合,搭建各种学习平台,促进学校学习型组织的建设与成长。

此次活动聚焦课程话题,从不同地区不同学段不同视角的成果分享中品味课程;专家指导,名家引领,共话课程之美;工作室成员对课程构建有了新的视角和思考,对成长为有教育理想、教育情怀的教育管理者注入了新的能量。

每一次活动都是成长,都是进步的不竭源泉;每一位成员都有不一样的感悟、收获与思考。

如何成为一名优秀的校长

——记付华名校长工作室 2021 年第七次集中活动

北京第二外国语学院成都附属小学　付　强

实证与经验并举，解读"名校长"内涵

2021 年 9 月 28 日，付华名校长工作室成员又迎来线上线下一起相聚的日子，领衔人付华校长基于个人丰厚的成长经历和对自己职业生涯的回望与叩问，更作为一名工作室领衔人的使命和责任担当，为工作室成员精心准备了一场精神大餐，一场基于理论学习、政策解读、实践感悟的专题讲座——如何成为一名优秀的校长，以身示范、带头引领工作室成员在扎根实践中走向优秀和卓越。

付华校长向工作室成员分享了她基于实证，对 50 余名不同岗位不同角色的受访者就"你认为优秀校长有哪些行为特征"等三个问题做问卷访谈的结果。通过分析不同人群的表述，付华校长梳理了一名优秀校长应具备的个性特征，并在此基础上解读了教育部《义务教育学校校长的专业标准》与调查结果的契合度，引领成员通往专业"优秀"的努力方向。

同时，领衔人结合自己对管理理论的学习借鉴，阐释和解读了校长岗位作为领导者和管理者兼具的本质特征，对照标准，列举出自己工作经历中 12 个典型案例及思考。以自身的经验告诉工作室成员，一名校长"只有在游泳中才能学会游泳"，只有在不断的实践、学习与反思中才能走向优秀。

畅所欲言，汇聚思想光芒

武侯区教育局王小刚副局长肯定了付华名校长工作室的活动策划精心、卓有成效，肯定了领衔人付华校长的率先垂范。他还结合《义务教育学校校长的专业标准》，以苹果手机迭代升级为例，旁征博引，启发和鼓励工作室成员做好自己的专业规划，为武侯教育的发展做出自己的努力。

武侯实验小学的三位分管副校长就自己管理工作的案例与感悟进行了分享。谢琳副校长以《工作室指导我们用严格的管理出优秀品质》为题，分享学校"厕所革命"的改造历程，从前后设计图纸的多次敦促修改、施工中的过程把控站位，到经费超出预计时的果断决策都时刻不忘在工作室学到的理念——优化内部管理和调适外部环境。张霞副校长分享的是"在工作室'搀扶'下的成长之旅"，她以疫情期间领衔人帮助她制定劳动教育课程实施方案为例，从课程的顶层设计到全

员参与的实施路径，展示了一位优秀管理者所具备的引领学校课程教学的专业能力，她个人也获得了工作中的小幸福、小成就。张华副校长以《工作室教我做课题》为题，分享了她参与学校市级课题的研究的经历，张华副校长说自己看到工作室成员能在打磨管理水平的提升中兼具科研能力的发展，带领团队学习研究实践，感受到了名校长工作室从宏观到微观的专业指导，见证了教师团队在教育科研引领下的专业锤炼和茁壮成长。

感恩获益匪浅，坚定立志高远

讲座之后，工作室其他成员谈起了自己学习的感悟。

成都石室双楠实验学校副校长付强说，领衔人付华校长用鲜活实例分析引发的12个思考，给大家带来了启示与示范，自己在以后的工作中，还需努力提升系统思考和系统管理的能力，并培养宏观调控和把握全局的意识和策略。此外，在管理过程中学习，在向名师名校长名家的学习中提升，将人生变成一个可设计的目标、可制定的步骤、可追求的过程，把优秀当成一种习惯。

成都市簇桥中心幼儿园园长戴璐感慨，每次工作室的活动都能受益匪浅，既能收获理论，还能学习到基于实践的案例分享，更有领衔人付华校长的宝贵的经验分享；作为一名刚走上园长岗位的"新人"，还有太多需要学习和提升的地方，有了工作室这样的平台，相信自己在未来的工作中，会更有激情、有能力和创新思维。

德阳北街小学校长余飞翔在分享中说道，领衔人付华校长结合实际工作，诠释了一名优秀校长应当具备的素质，从鲜活的事例中可以看到付校长的办学思想与领导理念，可以感受到武侯实验小学的气质和精神张力。自己在以后要将领导力、管理手段和管理能力有机结合起来，加强学习，让反思成为习惯。践行工作室"遇到的人善待，经历的事尽心"的信念。

成都市马家河小学副校长赵洪琴说自己在听到领衔人付华校长坚持阅读写作、6年写了20万字的随笔时，明白了成长的道路从来不是一蹴而就，需要不断学习，提高生命质量，丰富生命内涵。以后会结合学校实际，将学习成果运用到实践中去，以提升自我，促进学校的快速发展。

这次的活动意义深刻，有计划地推进了工作室工作进程，完美激发了工作室成员的积极性。

成为一名优秀的校长，为基础教育事业做出贡献，"立己达人，成事育人，协作共享，超越卓越"，这既是工作室的美好愿景，也是每一位成员的追求与目标。

在案例分享与剖析中增长管理育人的智慧
——付华名校长工作室 2021 年第九次集中活动

成都市温江区庆丰街小学　袁　丽

春至花如锦,夏近叶成帷。2021 年 11 月 26 日是一个幸福的日子,付华名校长工作室第九次集中活动在大家的期盼中如期举行,本次活动主题为"在案例分享与剖析中增长管理育人的智慧"。此次活动线上线下联动开展,特邀《四川教育》副主编李益众先生参会指导。参会人员包括全体工作室成员,以及成员学校的行政、骨干教师代表。此次活动由工作室成员武侯科技园小学张利副校长主持。

案例分享增智慧

付华名校长工作室的六位成员分享了学校管理方面的案例,他们对案例的分享和理性剖析带给工作室其他成员很多思考与收获。

儿童视角,启迪智慧

成都市第二十三幼儿园副园长宋晓艳以《"飞"来的空气净化器》为主题,分享了幼儿园家长要求在班级安装空气净化器的案例。幼儿园坚持以"换位思考、儿童视角、共同治理"的工作态度,收获了家长的真心:积极支持幼儿园,做幼儿园的"管理者、参与者和支持者"。宋园长分享的案例故事生动有趣,带给大家启发与思考。

理论科学,管理高效

马家河小学赵洪琴副校长分享的主题是《学校管理中如何提高决策效果——以学校大课间活动整改为例》。她通过分析前后两次整改大课间活动的巨大反差效果,得出决策者在做决策时最应该关注的是决策效果的结论。此外,她还特别为大家分享了高效管理公式(决策效果 = 决策质量 × 决策认可程度),并提出了学校提高决策效果的策略。干货满满的分享,让大家收获颇丰。

北川羌族自治县幸福小学唐荣生校长以《从独臂孤独到幸福成长有模样》为主题进行了线上分享。他通过对一位地震致残留守儿童成功实施关爱帮助的案例,分享了学校在个案成功处理背后的管理策略:积极有效的讨论可以让管理目标越辨越明,用课程建设理念来对特殊孩子的成长设置特别的学习要求与活动是促进孩子走出自卑、走向成功与卓越的有效方法。

武侯实验小学谢琳副校长分享的主题是《建慧美艺术组,激发每个生命的美丽》。她建立了智慧、创美艺术教研组的管理之道：用人所长重贡献，培植土壤；引领示范促成长，静待花开；创新超越共前进，聆听花开的声音。她的分享精彩而闪亮，让大家看到了一个优秀的教研组在学校管理者引领下的成长与发展。

抓住契机，优化管理

温江区庆丰街小学副校长袁丽以《从学校应急事件应对看学校管理中的危机意识和民心意识》为题，分享了学校在面对一次大的应急事件的初期、中期、后期的具体策略和深刻反思。她认为学校管理不仅需要时时有危机意识，更需要在关键时刻树立民心意识。庆丰街小学的管理者的"做有温度的管理，建有温度的校园，育有温度的学生"的管理目标，引起了大家的共鸣。

乐山市马边彝族自治县民建小学副校长邹兴意在线上以《送教送出新"风采"》为主题，分享了学校向农村薄弱学校送教的案例。学校在送教中发现问题，不断反思，及时改变策略，调整送教思路，送教送出新风采。他还分享了送教的收获，总结了送教新思路。

六位成员的案例分享赢得了大家的阵阵掌声，更让工作室成员通过此次交流分享互相学习，取长补短。

专题讲座促成长

《四川教育》副主编李益众以《教育管理：思考与写作》为题做专题讲座，他认为新时代教育要从三个方面思考和着手：一是要明确教育写作的价值与意义，二是要树立问题意识，三要讲好教育故事。李副主编从两张图片讲起，以平实易懂的分析引发大家的思考。通过一一剖析鲜活的写作案例讲解了怎样树立问题意识，抓住问题来写作以及抓问题时的注意点：把握好度、抓住本质、淡化问题、突出问题、现实问题、专业问题，让大家把握了写作的方向。继而又分享了写作中的细节与技巧问题，例如，写故事要细节丰满，紧扣主题，避免跑偏；结构脉络也要清晰，语言精练多用短句，多用句号，等等。

导师激励达愿景

名校长工作室领衔人付华校长对此次活动进行了指导。她首先感谢专家的指导和学员的分享，并再次强调了工作室愿景：立己达人、成事育人、协作共享、超越卓越。她向每位工作室成员提出了几个希望：希望大家用好校长标准严格要求自己，有追求卓越的信念；希望大家奋发图强、精进专业，成为引领学校发展、引导教师成长、善于优化内部管理和调适外部环境的优秀校园长！

专家和导师的引领与指导，是给我们最特别的一份礼物。从心而行，向心而发，我们定当不断超越、追求卓越，向着美好的未来奋进！

聚焦"群文与整本书阅读教学研究"，促进学生语文核心素养提升

——2022年付华名校长工作室主题研讨活动

成都市武侯实验小学　张　华

2022年3月30日上午，付华名校长工作室开展了主题为"聚焦'群文与整本书阅读教学研究'，促进学生语文核心素养提升"的研修活动。来自武侯区内外的20多所成员学校，包括温江庆丰街小学、安岳实验小学、德阳市旌阳区北街小学、北川羌族自治县幸福小学、马边彝族自治县民建小学，以及结对帮扶的白玉等学校的400多名行政、老师通过线上线下融合的方式参与了此次活动。武侯区语文教研员甘雪梅老师、沙堰小学李国惊校长受邀参与活动。本次活动由工作室成员、武侯实验小学分管教学副校长张华主持。

一、课例展示精彩生动

活动一开始，付华名校长工作室成员、沙堰小学朱玉琴副校长带领武侯实验小学3（6）班的孩子，呈现了一堂群文阅读教学课——"原来可以这样看"。这堂课基于学生课内习得的读寓言方法，围绕"可以怎么看"的议题，引导学生通过抓关键词句提取看法，在比对分析中发现多样看法来"群"读三个寓言故事；最后又回到课内，进行多角度思维"灵活看"的迁移运用。该课设计精巧，逻辑缜密，有效促进了学生高阶思维水平的发展。

第二节课是由武侯实验小学杨芹老师带领3（1）班的孩子，呈现了一堂整本书阅读导读课——"读《中国古代寓言故事》"。整堂课设计灵动有趣，"猜一猜，看一看""交流单元知识梳理单""选读喜欢的故事"等四个教学板块，环环相扣、层层递进，巧妙地引导学生从课内的"篇"得法，走向课外的"本"用法，再到同一类寓言故事书的学习拓展，让孩子们学得兴趣盎然，表现自信大方，赢得了听课老师的赞赏。

二、说课评课科学严谨

朱玉琴副校长围绕沙堰小学省级子课题《构建语文统编版1+X单元教学模式的实践研究》，从学校语文课程整体建构的角度，为我们深度解读了群文寓言阅读课《原来可以这样看》议题的由来、文本选择、设计意图等，并总结出阅读教学的三大思路——紧扣语文学习本质进行群文阅

读、群文阅读注重培养学生探究意识、让群文阅读走进常态化课程教学。

武侯实验小学教师代表郑璐老师代表三年级语文教研组,结合学校国家级子课题"信息技术背景下的小学中高段整本书阅读教学的实践研究",以"课题引领,兴趣导航,方法指路"为题,解析课程"读《中国古代寓言故事》"。三年级团队对整本书导读课"导读价值"的判断,对导读课"功能定位"的思考,对"课内教材与课外导读书籍的链接关系"的研究,以及将"智慧学本"理念融入导读课的实践探索引发了与会人员的共鸣与思考。

三、观课议课巧思涌现

（一）教师维度：彰显教师课堂教学的主导作用

武侯实验小学杨莉老师非常认可朱玉琴老师授之以渔的启发式教学方法,并用"三好"来形容朱老师的课。一是设计好:题目新,议题新;二是"群"得好:三篇寓意故事看问题角度各不相同,但又环环相扣,步步相连;三是"移"得好:从课内寓言走向课外寓言,再回到课内口语交际的辩论,方法迁移运用的设计令人叫绝。而杨芹老师的"三好"在于,一是兴趣导得好。游戏导入、选读喜欢的故事等都较好激发了学生阅读的兴趣。二是方法导得好。教师对学生阅读寓言故事方法的指导和对教师进行整本书导读课教学的示范都给人以启发。三是步步推进好。从课内的"篇"到课外的"本",再拓展到最后"类",教学层次清晰。

武侯实验小学赵梅老师对杨芹老师整本书阅读导读课印象深刻,她认为这节课的教学活动紧紧围绕"掌握寓言的阅读方法,感悟寓意并联系生活实际,调动阅读兴趣"这一主线展开。其中"了解故事情节,读懂寓言所蕴含的道理"既是阅读寓言的主要目标,也是阅读寓言的方法,杨老师通过精心设计自主阅读、小组合作探究、全班展示交流等学习活动无痕地落实了教学目标,教给了孩子阅读方法,值得称赞。

北川羌族自治县幸福小学唐荣生校长在线分享了观课感受,他认为两节课例的展示与研讨,聚焦群文和整本书导读这两个非常有语文教学研究价值的点展开,这正是我们老师教学中的疑难处和困惑处,而今天的两堂课可以说为我们提供了此类课型教学的范本,真是及时雨啊！感谢付华校长！感恩武侯实验小学的教学团队！感谢今天的两位献课老师和指导老师！感谢工作室的伙伴们！

（二）学生维度：发挥学生课堂学习的主体地位

成都市武侯实验小学张霞副校长认为,朱玉琴副校长的群文阅读课,提供了群文阅读教学的范本:一是主线明晰。整堂课以"看"为主线,所有的选材、教学设计都紧密围绕"看"字。二是本堂课从课内到课外,再从课外回到课内,由浅入深、层层递进,旨在培养学生高阶思维能力。三是紧扣学生学习的本质和目的——学以致用。杨芹老师为整本书导读课型提供了范式:一是充分体现了2.0赋能的课堂教学,二是在导读课上很好落实了"浏览、精读、朗读"等阅读方法的教学。

成都市武侯实验小学董福荣老师表示,今天的观课让自己收获颇多,朱玉琴副校长严谨认真的教学态度和对教学积极反思的精神值得学习；杨芹老师的课通过自读、共读、交流读等多种形式的读,让学生在读中学,读中思,同时课堂上有机融入问题导学、小组合作、展讲交流等智慧学本元素,让课堂活而不乱,很精彩!

马边民建小学邹兴意副校长认为,朱玉琴副校长的群文寓言阅读课《原来可以这样看》可圈可点之处特别多。其中课外三篇群文阅读材料选得妙,都紧紧围绕"看"的不同角度来选择,而且用得妙,通过三篇材料的"对比读,悟方法",到口语交际的拓展运用实现了"让学生学会从不同角度看问题"的教学目标,发展了学生的高阶思维。杨芹老师的《中国古代寓言》导读课,设计思路清晰,紧紧围绕课内习得的读寓言故事的方法读课外自己喜欢的寓言故事明道理的核心问题,直击导读课教学的重点和难点,教学主次分明、点面结合,促进了学生语文核心素养发展。

四、专家点评指导引领

成都市沙堰小学李国惊校长表示,语文学科教学非常有代表性,是值得去认真思考与研究的。李校长结合朱玉琴副校长的课,介绍了沙堰小学的"情境教学"。"情境教学"中的"情"指向的是个人的真实的情感,"情境"不是指向的其他外部的情境,而是指向学生通过阅读在头脑中产生的情境。"时间""空间"和"形象"构成了"情境"组成的"铁三角"。因此,提出的情境逻辑就是深度阅读、情动辞发。深度阅读无疑是指向阅读,情动辞发其实则是指向写作。今天呈现的群文寓言阅读课,就是学校依托省级子课题"构建语文统编版 1+X 单元教学模式的实践研究"开展深度阅读的一次重要的探索。学校持续开展这样的课题研究,通过专项阅读能力测试,取得一定成效。此后沙堰小学继续开展相关研究。

成都市武侯区语文教研员甘雪梅老师认为,今天的两节课分别聚焦群文和整书阅读这两个语文教学难点,依托课题在开展规范的研究。朱玉琴副校长的课教材处理可以用公示"1+3+1"来概括,由课内寓言引入,拓展到课外三篇寓言的学习,然后回到课内口语交际。做课团队基于文本的特性来确定它在教学中的功能定位非常有智慧。建议课堂教学设计注重主次分明,朗读不缺位,就更好了。

杨芹老师的课重视学情调查,使得整堂课教学设计非常清晰、严谨,体现了导兴趣、导学法、导做人三个层次。开课游戏激趣,课中导读寓言、读整本书的方法,最后对一类书的推荐等和前面版块一起暗含着对学生做事做人的引导。尤其中间导法部分特别注重引导学生进行充分的学习活动,体现了"以学为中心"的教学理念。建议学生学习活动过程设计还可以更精细一些。感谢付华校长,感谢两个团队,为我们呈现两节高水平的重视学生思辨能力、审美意识培养,有文化追求的课。

五、工作室领衔人殷切寄语

付华校长以《"双减"背景下校长角色转型的再思考》为题做总结指导。她认为"双减"的目标是"减负提质",作为校长要从五个方面做好对学校"减负提质"的引领和推进工作:一是要做课堂研究的行家里手。无论学校发展处于什么阶段,也无论每个人在学校分管什么工作,都不能忽视学校工作的基础和中心——教学工作。要善于在日常教学工作中聚集热点、难点和关键点展开研究。二是要优化工作目标。要把学生核心素养的培养和教师持续的专业成长作为重要的工作目标。三是要优化工作内容。工作重心要转移到对课堂的深度研究上，对重要的教学研究成果要常态化推进。四是要优化工作方法。要善于借力助力、系统思考、多策并举、任务驱动、支持保障，达成工作的一举多得和效果的多赢共赢。五是要注重工作反思。以求真务实的态度、以严谨治学的精神，真学习、真研讨、真成长，在每一次活动中收获快乐和幸福。

此次付华名校长工作室主题研修活动聚焦群文与整本书阅读教学研究，不仅促进了学生语文核心素养的提升，更为工作室成员及其学校后续开展群文与整本书阅读教学研究提供了可供参考的范例。这样有价值和意义的工作室主题研修活动我们还将持续开展。

五育融合，构建智慧体育教育新生态
——记武侯区小学体育教研暨2022年付华名校长工作室主题研讨活动

成都市马家河小学　赵洪琴

为了有效发挥名师名校长工作室的专业引领示范及辐射作用，构建区域智慧体育教育新生态，提高五育融合背景下体育室内室外课教学效益，促进体育教师专业成长，促进学生体育核心素养的持续提升，为学生全面发展奠基。2022年5月10日上午，主题为"五育融合，构建智慧体育教育新生态——2022年武侯区小学体育教研暨名师名校长工作室联合研讨活动"在武侯实验小学阶梯教室举行。

本次活动采取"线上+线下"方式同步开展。参加本次现场活动的有：成都市范翔名师工作室领衔人、武侯区教育科学研究院艺体所所长范翔，武侯区付华名校长工作室领衔人、武侯实验小学校长付华，两个工作室及武侯区体育中心组部分成员代表，名校长工作室成员学校体育老师、全区体育教师以及与武侯实验小学结对的甘孜州白玉县、资阳市安岳县等学校师生，共1289人。活动由付华名校长工作室成员、武侯实验小学副校长赵洪琴主持。

技术赋能体育，精彩课堂展示

本次活动中，由来自武侯实验小学及付华名校长工作室成员学校德阳市旌阳区北街小学、温江区庆丰街小学展示4节体育课，其中两节室内课、两节室外课。

室内课新颖、有趣

武侯实验小学吴林珍老师执教的室内体育课"桌面冰壶——前四球战术"，借助精彩的视频、简易的动图和关键性文字等多媒体资源，以学生发展为教学主线，寓教于乐，循循善诱，努力探索开发桌面冰壶课程资源，丰富了室内体育教学内容，培养了学生自主学习、积极探索、勇于尝试的精神。

庆丰街小学刘文老师室内体育录像课"运动中常见轻度损伤的自我处理及预防"，通过微课、微视频分析轻度损伤的重难点，学会判断擦伤与扭伤，并通过小组合作练习正确的处理方法，提高学生间沟通交往能力与相互学习能力。

室外课落实、高效

北街小学陈少黄老师的室外体育课"跳单双圈与游戏"，根据小学二年级学生的身心特点，巧妙设置情境,通过音乐游戏、微视频等方式破解双脚跳、单脚跳、单跳双落等运动技能难点,体现了"智慧"赋能体育教育的理念,提升了学生单双脚跳等体育技能。

武侯实验小学岳万里老师执教的室外体育课"篮球——折返运球",将光电球、运动手环、微课等与篮球折返运球技巧学习和训练巧妙结合,让学生不仅学会运球技术动作,提高了学生的篮球技能水平,更体验到篮球运动的价值所在。

专题交流分享,构建智慧体育新生态

观课结束后,由付华名校长工作室成员、武侯实验小学副校长张霞进行了题为《"智慧"赋能,以体促智,育健康灵动好少年》的专题交流。她立足校情,结合学校建设,分享武侯实验小学体育工作的特色;从技术升级、数据精准、丰富资源、五育融合、五育并举五个方面,分享了武侯实验小学在"智慧"赋能,以体促智,探索"慧美"特色教育体系下的"智慧"体育教育的经验。

范翔名师工作室领衔人——武侯区教育科学发展研究院体育与艺术研究所所长范翔以《技术赋能教与学的改变》为题,对活动中呈现的四节体育课做出点评。她对这四节课给予了高度肯定,同时结合这四节课的教学设计、教学实施、教学效果指出,现代教育技术赋能体育课;教师要根据教学思路变化让课堂有变化,让统一教学改变为个性化、差异化教学,让每一个孩子在自己的起点上有成长和发展,真正践行五育并举、五育融合、以体促智,进一步为区域体育发展、技术赋能体育教学指明方向。

付华名校长工作室领衔人付华校长以《从"三个根本转变"入手,构建学校智慧体育教育新生态》为题,对本次活动进行了专题指导。付华校长对范翔所长的指导、四位体育老师的专业奉献表示了感谢,并结合新课程标准,对后续学校构建智慧体育教育新生态给出了新的建议,希望学能校从"教师课程观、课程结构化、学校人才观"三个根本改变入手优化学校管理;并指出每一位体育老师都应该努力成为学习型、反思型、研究型教师,让体育教育在学生的全面发展中真正发挥其课程独特的育人价值。

双减背景下，基于新课标的音乐课堂教学研讨纪实

成都市武侯实验小学　张　霞

2022年5月17日上午，为全面贯彻"五育并举""双减"政策的落实，推进"十四五"期间成资同城化进一步合作交流，有效发挥四川省艺术教育特色学校的示范带动作用，促进武侯、安岳等地音乐教师对《义务教育艺术课程标准（2022版）》的学习和研讨，推动艺术教育课程改革研究的不断深入，在武侯实验小学阶梯教室开展了主题为"'双减'之下，基于新课标的音乐课堂教学研讨——成渝地区双城经济圈研训机构'10+20'共同体、武侯区教科院、安岳教师进修学校联合研训（小学音乐云端研讨会）"的活动。

本次活动采用"线上＋线下"同步开展的形式。参加本次现场活动的有武侯区教科院音乐教研员颜克，武侯区教科院教师发展中心负责人叶兵，成都市武顺街小学校长叶晓燕，武侯区付华名校长工作室领衔人、武侯实验小学校长付华及工作室教师代表，武顺街小学音乐教师代表，武侯实验小学全体音乐教师。安岳县全体音乐教师，与武侯实验小学结对的甘孜州白玉县、羌族自治县北川等学校教师线上参与了活动，共计500人左右。活动由付华名校长工作室成员、成都市第二十三幼儿园园长宋晓艳主持。

课例展示，碰撞音乐教学新活力

武侯实验小学音乐老师魏佳、武顺街小学音乐老师白德秀以中低段民歌教学为主题，分别展示了一节音乐课。《数蛤蟆》是一首脍炙人口的四川民歌。魏佳老师以猜谜导本课内容，从开始就紧紧抓住学生的心，使其注意力高度集中。她还利用对比法，将四川方言的学习融入其中，让学生感受地方传统音乐文化的独特人文魅力，学习和领会中华民族艺术精髓，强化学生对家乡的认识和热爱，进而增强中华民族的自信心与自豪感。《我的家在日喀则》是一首藏族民歌。白德秀老师在孩子们聆听的基础上，巧妙地设计了接龙填旋律的环节，既锻炼了学生对音高的听辨，又让学生在这个过程中掌握了歌曲的旋律；挖掘教材中的民族特色，加入"啊索啊索"等特色衬词的多声部演唱和锅庄舞蹈的体验，让学生在活动中感受了民族文化。

武侯区教科院音乐教研员颜克老师在充分肯定两节课的课堂效果基础上，进一步作了点评指导。颜克说："魏老师的教学，在情境导入环节充满趣味性，从普通话教学再到四川话教学，环节层层递进，其中也加入了二声部轮唱，让学生体验到多种形式的演唱。……白老师的课堂以唱为主，

关注了歌唱的方法，利用音乐的弥漫性创设了美育情境，让学生从聆听到完整表演，环环相扣呈现了孩子从不会唱到会唱的全过程。"

专家助力，探索课程育人新方向

颜克以《新课标、新征程、新思考》为主题，分享了《义务教育艺术课程标准（2022版）》学习的感悟。她从"新课标修订的背景、最大的转变、对新课标的体会、音乐老师该如何适应"四个方面进行了解读，为一线老师的教学提供了方法论，她还特别强调音乐老师要树立为党育人，为国育才的意识，重视核心素养、审美能力和人文素养的培养，强调了音乐课程育人的新方向。在交流过程中，颜克还对音乐教学提出了两点建议：一是音乐老师要思考和研究在小学六年的音乐课堂中怎样持续系统、有进阶地培养学生的歌唱能力，二是在教学中要进一步关注学科的育人价值。

武侯区教科院教师发展中心负责人叶兵以《研学课程标准，助力素养落地》为主题进行了分享，从"加强《课程方案》解读，强化五育融合；落地素养培养；基于方案、标准指引，让学习真正发生；多方主体躬身入局，为强师提质而努力"四个方面进行了交流。勉励大家"跳出教育看教育，立足全局看教育，放眼长远看教育"，努力成为一名优秀的教师。

领航引路，践行以美育人新课标

武侯区付华名校长工作室领衔人、武侯实验小学校长付华作了主题为《基于新课标，优化"以美育人"的学校实践》的专题分享。付华校长从"关注课程方案的主要变化、音乐课程性质的再认识、音乐课程理念的再认识"交流了对新课标的"三点"新认识。

付华校长重点从"因地制宜，开展课堂教学的变革实践；长期坚持，定期开展校园文化艺术节；久久为功，每周一国旗下展示常态化；落地双减，艺术类拓展课程蓬勃开展"四个方面阐述了武侯实验小学回应新课标新要求的校本探索与实践。同时，还提出了对照新课标的"三点"思考："进一步优化学业评价方案、进一步丰富艺术课程资源、进一步提高师生艺术的创造力和作品的传播力。"系统梳理了作为四川省艺术教育特色学校在美育工作中的努力方向。

本次研讨活动通过优秀的音乐课例展示、课题融入式交流，深入推进了音乐学科在新课标背景下的课堂变革，助力音乐教师更好的专业成长，进一步提高"以美育美"五育融合的教育成效。

探索核心素养导向的劳动教育，
在实践与研讨中引领教师专业成长
——武侯区劳动教育教研活动暨付华名校长工作室2022年主题研讨活动

成都市武侯实验小学　谢　琳　吴林珍

金秋十月收获忙，劳动教育正当时

　　2022年是国家《义务教育课程方案和课程标准（2022年版）》颁布实施的第一年，义务教育学段劳动课程有了新的课程标准，劳动课程进课表成为国家意志和学校的必须作为。但劳动课程的实施面临各校资源不同、起点不一、缺乏配套的教材和专业的师资储备等困难。为了深入探索新课标下的劳动课教学，引领课程落地落实，2022年10月20日，在武侯实验小学举行了"新课标下劳动课教学的实践与研讨"——武侯区劳动教育教研活动暨付华名校长工作室集中活动。

　　本次活动在线上、线下同时开展。武侯区教科院劳动教育教研员王艺蓉老师，付华名校长工作室领衔人、武侯实验小学付华校长、工作室部分成员，以及武侯实验小学劳动教育中心组、全体班主任参与了现场活动。武侯区全体小学劳动课教师、付华名校长工作室成员及学校教师、与武侯实验小学结对的白玉县盖玉片区完全寄宿制学校、安岳实验小学老师近800人在线上参与了此次活动。

在实践中感受课程内涵

　　武侯实验小学胡睿老师带领武侯实验小学五年级一班同学上了"'慧'叠衣'巧'动手'美'生活"劳动课。胡老师带领同学们在动手实践中寻找和掌握叠上衣的方法和步骤，巧制叠衣板提升叠衣效率等，让学生在丰富的日常生活劳动中体会劳动的乐趣，在叠衣技能的提升中学会自己的事情自己做，并做到自己的事情坚持做。

　　马家河小学李丹老师执教马小五年级四班"二十四节气劳动种植课程——我与白菜共成长"。李老师通过微课示范，指导学生学习白菜浇水、松土、除草等养护技能，在对白菜的精心照顾中，养成坚持劳动的习惯，让学生感受自己与白菜共同成长的快乐。

充分交流促进课程探索

付华名校长工作室成员以及武侯实验小学和马家河小学两校的分管行政,以说课和评课的方式对这两节劳动教育课进行了评价。武侯实验小学谢琳副校长以《叠衣点亮成长,劳动丰盈童年》为题,从课前调查问卷,直击主题;探索叠衣规律,提升技能;巧做叠衣神器,增强感受;培育核心素养,树立精神等四方面分享了"叠衣"一课设计亮点,分享了此次做课过程中老师、团队、学校课程及学生的成长。马家河小学赵洪琴副校长以《劳动创美好,小马齐奔腾》为题,聚焦"三问"(从上什么、怎么上、如何评),介绍了"与白菜共成长"一课的做课体会:结合校本课程,培养劳动习惯;因地制宜,室内+室外;多元评价,促小马齐奔腾。

指导引领课程落地发展

武侯区劳动教研员王艺蓉老师认为,这次活动的价值和意义是显而易见的,不仅顺应了学校构建劳动体系的需要,也迎合了劳动课程新课标落地研究的需要,结合了武侯区劳动说课比赛活动的开展,将说课中的课程进一步外显和优化,产生了很好的引领和辐射作用。她对这两节课的评价是:体现出非常有益的教学尝试,展现了新时代劳动课的样态,体现了课程的核心素养导向;她还从如何让劳动课的学科特质体现更为充分、设计有深度、育人目标设立全面方面给予了指导。

整体架构促进课程优化

付华名校长工作室领衔人、武侯实验小学付华校长以《核心素养导向的劳动课程建构与实施的反思与展望——以武侯实验小学为例》为题进行了专题分享。她主要从五个方面进行了阐释:素养立意,把握《义务教育课程方案和课程标准(2022年版)》新要求;放眼武侯,领会劳动教育建设与发展的区域背景;立足校情,摸清所在学校劳动课程建设与实施的现状;结合新课标,反思学校劳动课程建设与实施存在的问题;对照新课标,基于校情改进学校劳动课程的思考,重点突出了对学校下一步劳动课程的系统构建和全面部署。

她带领大家再次学习、厘清了新课程的要求,同时紧密结合区域要求和武侯实验小学的实际,希望对各校的劳动教育优化改进提供一定的启发和参考。

互动对话丰富教育内涵

研讨活动还设置了互动答疑环节。王艺蓉老师对现场老师的提问进行了回复和指导,她鼓励大家积极开展聚焦核心素养的劳动课程探索、学科融合的研究,希望老师们都积极成为劳动教育的启发者、引导者和呵护者,为培育德智体美劳全面发展的时代新人奉献自己的智慧和努力。

此次研讨活动聚焦劳动教育的核心素养,以课堂实践、说课评课、专题分享、专家指导、互动答疑等丰富形式,让所有参与教师对劳动教育有了更加深入的学习和思考,吹响了新时代劳动教育学校行动的集结号,为深度研讨新课标的落地落实,因地制宜、加速淬炼劳动课教师的专业技能提供了参考。

塑造成长型思维，助推持续性发展
——记付华名校长工作室 2022 年暑期调研

成都市第二十三幼儿园　宋晓艳　汤　雯

总结归纳，提出新问题

为进一步加强名校长工作室建设，充分发挥工作室领衔人的示范、引领、辐射作用，促进优质资源共享，推动教育品质，2022 年 6 月 29 日下午，武侯区名校长工作室领衔人、成都市特级校长、武侯区人大代表、武侯实验小学校长付华到成都市第二十三幼儿园进行交流指导。

本次活动在名校长工作室成员、成都市第二十三幼儿园（以下简称二十三幼）园长宋晓艳的分享中开始，宋园长向工作室领衔人介绍了两年来幼儿园的课程建设、园所管理等工作，并总结了经验与不足。二十三幼科研副主任就课程建设进行了分享交流，她以《以幼儿为本的户外足球自主游戏的实践与思考》为主题，分享了二十三幼足球课程建设的探索与思考。保教主任杨静以《儿童视角下大型活动的组织与实施》为题，分享了幼儿园大型活动的实施；副园长吴建霞以《立足儿童，做专业的后勤管理》为主题，分享了问题导向的后勤管理思路。

对话交流，迸发新思想

分享结束后，付华校长对幼儿园短短两年的发展表示"惊讶、感动"，对老师们的专业、实干和巧干精神表示称赞，认为园所活动是充分尊重儿童意愿、以儿童为本的；同时也对幼儿园后勤管理、教师专业发展提出了建设性的指导意见。

在《做一名具有成长型思维的管理干部》的主题分享中，付华校长与大家解读了成长型思维和固定思维的 7 个惊人差异，结合学校实际的管理案例，生动形象地讲述了教师在面对努力和认可、待遇和发展、个人和团队等选择时，应该如何管理自己的情绪，做一名成长型思维的人；并寄语所有参会成员，希望大家加强阅读，拓宽视野，不断丰富内涵。

这次分享会在参观指导中结束。宋园长团队带领付华校长参观园所，并做出一一讲解，付校长十分支持园所以儿童为本的环境建设。面对领衔人的悉心指导分享，工作室成员宋晓艳表示，会带领团队扎实落实名校长工作室的指导意见，进一步调整与优化，建设一支更具成长型思维的专业队伍，向更高品质的幼儿园迈进。

让我们的歌声更加动听
——马家河小学支教札记

成都市武侯实验小学 谢 琳

合唱是一种充满魅力的艺术活动。它让更多的人能自信地站上舞台，在舞台上大胆表达自己，共同唱出一首好歌。而对于小学生，合唱更是一种非常好的表现和学习形式。它对于孩子们道德的培养、性格情操的熏陶、形象思维的丰富、艺术修养的形成、音乐视野的扩大、聪明才智的发展都起着巨大的影响。

成都市武侯实验小学（以下简称武侯实验小学）一直开展"班级合唱"活动课程的探索。2021年六一儿童节，学校开展了班级合唱展演活动，学校精心策划了此次课程，全校各班每个孩子参与其中，展现了良好的艺术素养和班级风貌，一时间让悠美的童声时时在校园里回荡，让时代的旋律激励着孩子们、老师们甚至家长们前进。

马家河小学（以下简称马小）也有开展合唱节的传统，我刚到马小，第四届合唱节就已经拉开了帷幕。合唱节是马小每学年上半年的全校性大活动，在我参加的第一次行政会上，德育主任汇报了合唱节的安排：分为三个半天的初赛，最后的决赛准备和建队节结合，在2021年10月13号开展。

一、比赛终于开始了：师生的热情和比赛效果形成了反差

27日下午第一场初赛——低段的比赛开始了。学生发展中心提前对比赛的各班座位、家长代表参加活动的要求、评委等一一做出了安排，对整个活动中配合协调的行政也做出了要求，整个比赛中秩序井然。同时，很多班级班主任和副班主任都一起登台表演，即便没有上台的正副班主任，也一起在台下组织学生或者为孩子拍照留影，老师们的积极性非常高。孩子们参与热情也很高，每个班几乎人人参与，看得出每个孩子唱得非常用力，声音响亮，非常让我感动。其中有几个节目，我印象非常深刻。

6（1）班，据说这是一个很调皮的班级，平时班级纪律不好，科任老师都不愿到班上上课，可是张老师从选歌曲到班级日常的背景PPT制作却是下了功夫，他们班唱的是《骄傲的少年》，虽然孩子们整首歌演唱都没有编排动作，但是学生却唱出了自信和阳光，这在马小还是非常难得的。

5（5）班，音乐老师担任副班，演唱《我和我的祖国》，他们的表演从舞蹈编排到歌曲演唱，这时我才恍然大悟，其实从我刚到马小的第一天中午午饭后的时段，我的窗外总飘过这首歌的旋律，

原来是5（5）班在为合唱节做准备啊。可以看出音乐老师还是很用心、很有才干的，只是她只管好了自己的班级，真的太局限了。

5（1）班副班主任肖丽老师担任导演，整个节目由朗诵和歌咏两部分组成，她的朗诵催人泪下，学生歌咏时队形的排列和演唱都不错。

但是，也有不足之处：一是老师们对合唱的定位把握不准，很多班级合唱没有分声部，选择的歌曲也有好几首都是成年人的歌曲，不太适合儿童歌唱。二是表演中很多班级的歌唱音准不准，孩子们并没有掌握正确的发声方式，吼着唱的居多；有的老师担任指挥，亟需指挥技巧的指导。三是孩子们的自信心不足，舞台经验也比较欠缺，脸上缺乏笑容。四是比赛的仪式感不足，有的班级觉得是初赛，服装道具准备都不充分，孩子的上下台也训练不到位；有时都开始比赛了老师还在台上指导学生的站位，显得比较随意。

我想，既然是初赛，既然大家准备还不太充分，那不如就把握机会，多交流，为之后的比赛打下基础，争取越来越好。所以，每个节目完后我都跟主创老师进行了交流，及时点评，肯定他们的亮点，指出我能看到的不足，同时也督促担任评委的音乐老师给予指导各班节目。

二、思考：究竟该如何组织这样的活动

看完合唱比赛的初赛，我感受颇多，老师们和孩子们的积极、主动参与，甚至家长们的给力，让我非常感动。正副班主任敢于登台，敢于表演和展示自己值得肯定。孩子们认真歌唱，甚至是大声歌唱，打动了我。只是，他们大多用力没用对地方，没呈现出更好的效果，真是非常遗憾。对于这次活动我有了一些自己的想法。

（一）要让合唱节成为美育课程

我想，学校开展艺术活动展示，其实就是一次综合性的美育课程，绝不仅仅就是最后的比赛和展示，如果大家都有一定的课程意识，效果一定会更加凸显。

首先，课程的统整安排要做到。老师们要用课程的意识，对整次活动进行提前思考，根据学校的安排做好选歌、排练、请教指导、彩排、展示等的时间安排。同时，确定要邀请参加的人员名单等。

其次，歌曲的选择和学习非常重要。要选择适合孩子年龄阶段的歌曲，这里既指孩子认识层面上，也指歌唱技巧层面上。根据歌曲一定要组织孩子们对歌曲中的故事、歌词中的意境进行学习、了解。这个过程中大家可以带领孩子开展多个学科融合式的学习，比如，可以讲讲歌曲的故事、画画歌曲表现的美景，等等，让孩子们对歌曲有比较深入的认识。

再次，学习掌握歌咏的技巧。在班级练习、音乐老师指导、外援帮助下，不断学习呼吸、学习合作、学习情感的表达、学习动作的表现等。

再其次，充分地体验比赛和表演的过程。比赛、表演前一定要有充分的时间走台彩排，让孩子们熟悉了解比赛的场地，在熟悉中不断积累经验。

最后，活动过程中的评价不可缺少。整个活动中要注重评价，为孩子们树立学习的标杆，特别是多一些鼓励，让每个孩子在活动中更加自信大方地展示自己。

（二）老师们究竟该站在哪里？

1. 让孩子成为主角

这样的活动中，老师们的参与热情是可贵的，但是究竟老师和学生谁才是主角？毋庸置疑，一定是学生。因此，我觉得老师们应该把舞台更多地让给学生，比如，如果孩子们能朗诵到位，老师就不要全盘代替；如果学生能够指挥得好，那就该让学生来指挥。老师应该更多起引领的作用，要让每个孩子成为舞台上最闪亮的星星。

2. 提前思考和谋划

德育主任告诉我，不管多早布置，老师们只会提前两天来准备。其实，这就充分地说明，老师们课程和活动育人的意识还是不够，可能只是单纯地认为比赛就是比赛，简单地以为只是将歌曲唱好就行，而没有将比赛转变为一次重要的成长进步的契机，当然就谈不上心灵的洗礼，效果也不尽如人意。我推想，5（1）班肖丽老师在排练歌曲时，一定是带领孩子们了解了《歌向远方》这首歌中描写的解放军战士的感人故事，让孩子们受到感染和鼓励，最后才有了如此真情流露的演绎。

同时，要让活动达到良好的效果，没有提前的思考和谋划是不行的。这次活动中，一年级有位老师在比赛前一天下午才通知家长为孩子们准备白腿袜，激起了家长们的不满，这就是老师们没有提前做好安排和谋划造成的。

3. 激发家长参与

老师要引领家长参与活动。那么，这样的活动也是一次很好的家校合作的机会。记得武侯实验小学歌咏比赛中，家长们就有非常多的参与方式，除了按老师要求提供好后勤服务以外，有的家长成为指挥，有的家长参与孩子们的表演，有的家长参与创编，等等。这些家长的参与与老师的鼓励和引导分不开，因此，老师们不妨将眼光放得更长远些，更好地激发家长以更多元的方式参与到活动中，甚至在这样的活动中成为孩子们的榜样。

（三）管理者该发挥什么作用？

1. 为老师们搭建舞台，提供专业的指导

老师在活动中的作用非常重要，他们跟学生一样也是学习者，所以学校应该给予老师们更多专业的指导，从课程建设上，从歌唱技巧上，从排练方法上，等等，不断提升老师们的审美水平。武侯实验小学在上学期刚刚结束的歌咏比赛上，付校长请一直专注于合唱训练、有丰富经验的学科带头人唐蔚老师开展了一次班级合唱训练的主题培训。这次培训对象有全体班主任，还每班邀请了一名参与活动的家长志愿者。付校长指导唐老师用沉浸式、体验式的方式展开培训，效果非常好，让老师们对合唱的发声到合唱的选曲、训练、指挥、排练等都有了一定的了解。之后，老师们再去排练学生时就显得不那么业余了，这次培训既让唐蔚老师发挥了学科带头人的作用，让班主任、家长提升艺术修养、合唱技巧，从而去影响孩子们，同时也增强了歌咏比赛的效果。

马小的老师们都非常希望自己的班级在活动中取得好成绩，但是大家关着门训练，还保留"绝活儿"，其实造成了封闭的状态，因此，如果在初赛时每个班级演唱后能让评委给予点评，一来鼓励大家，让学生更加阳光、大方；二来进行专业的指导，会给予老师和学生更多前进的力量，对之后的

活动效果有比较大的帮助。

2. 增强协作沟通，为活动提供坚实的保障

我觉得作为分管艺术的副校长，我在这次活动中的作用发挥得不够，当然也许是因为我刚刚到马小，所以对活动的分工不太清晰。作为一次全校性的大型活动，所有的组织策划基本上都压在德育主任一人身上，虽然我们的德育主任非常能干，也有一定的组织经验，但是我觉得从重视程度上和安排上还是不太恰当的。

因此，在接下来的全校表演之前，我还会带领德育主任一起，将整个活动的方案再进行细化。同时，学习付华校长带领我们组织活动的经验，进行细致的人员分工，不仅是德育处的人在动，而且整体行政都在联动，给予活动充分的保障。

3. 加强整体策划，让活动更有艺术的味道

学校开展美育，我想管理者不仅要有较强的课程意识，还需要具有较高的艺术修养，这样才能更有艺术的味道，随着活动的开展，不断提升艺术的品位。

首先，马小开展了四届合唱节，其实很少有班级做到了分声部合唱，所以合唱节的提法应该是欠妥的，应该调整为歌唱节或者歌咏比赛等。

其次，活动调整为与建队节结合，因为延续"童心向党，快乐成长"，从主题上挖掘是不够的，我将主题调整为：童心向党颂华诞，规则花儿朵朵开！既结合红领巾建队日主题，又延续童心向党的主题，还结合学校规则培养的德育主题，达到一主题多重意义的效果。

再次，提前思考策划定调很重要。记得武侯实验小学每年5月的艺术节，付华校长总是带领大家早早策划，有时甚至提前在一学期前就要策划。凡事预则立，不预则废，如果我们也能提前策划，提前安排，那么相信活动的质量会提升不少。

虽然思考那么多，但是时间不能倒流，合唱节已经开始了。为了让合唱节质量有所提升，我征求了付华校长的意见，得到她的大力支持，邀请了唐蔚老师到马小为班主任们作班级歌咏比赛的排练和组织的专题培训。詹校长也觉得这样的培训非常好，不仅为班主任做了专业的培训，还能给音乐老师起到榜样示范作用，促使他们思考他们作用的发挥。

后来，我们的合唱节展演在质量上有了比较大的提高，取得了比较好的效果。

三、活动反思

首先，从活动组织上一一把关。舞台的搭建、活动的议程、校长致辞稿、篇章的确定、节目单的制作、彩排、展演到最后微信的制作等每个细节我都参与和把关，尽量让这个活动能够提升质量，能够少留遗憾。

其次，从内容组织上避免无序。因为节目众多，时长很长，所以我把合唱确定为四个篇章：第一篇章是"童心向党·铭记党史"；第二篇章是"祖国祖国·我们爱你"；第三篇章是"规则少年·憧憬未来"；尾声是"歌唱祖国·走向辉煌"。根据这四个主题把歌曲进行归类，让歌曲有了主题和归属。

再次，从专业人员调动上赋权和激励。周四的彩排，我让音乐组三位老师一起参加，把话筒交给他们,每个节目后他们给予指导。我发现,上次检查结束后,对于我们交流的一些问题,他们已经先对老师和学生给予了指导,同时,唐蔚老师的讲座对他们也是很有启发的,因此,这次彩排的效果比上次有了很大的提升,很少有班级再扯着嗓子吼,音准、节奏、指挥都好了许多。整个彩排三个多小时,三位音乐老师全程参与,每个节目从站位开始给予指导,令我非常感动。看来,并不是老师们不优秀,真是要想法设法激励、鞭策、鼓励、搭建平台,才能让他们闪光。为了感谢他们,我买了奶茶给每位老师。

最后,从人员分工上周密配合。周五的展演,我在嘉宾席看节目,德育主任在上台口把控、大队辅导员在下台口把控、宣传干事负责两个主持人、卫生干事对接音响,两名体育老师负责催场,大家分工合作,遇到事情马上电话沟通,整个流程非常顺畅,上下台紧凑有序。因为节目很多,后半截整个氛围有点散,我让德育主任调动现场氛围,我们配合度很高,老师、学生也很听指挥,让节目进入了高潮的尾声。音乐老师带领合唱团表演的节目《天耀中华》、初赛颁奖、全体齐唱《没有共产党就没有新中国》、谢幕合影也一气呵成。

孩子们的歌声本就是天籁,学校理应用心用情为他们搭建好舞台,让每个孩子享受舞台,成为台上最亮的星星!

导学施教重过程　先学后教有方法
——以安岳实验小学五年级导学案使用为例

安岳实验小学　张富强

课堂是全面贯彻党的教育方针,落实立德树人根本任务的主阵地。课堂教学是联系教育理想和教育现实的桥梁,是落实教育目标的核心环节。课堂教学改革是课程改革的核心,对于改变育人方式,全面实施素质教育,提高教育质量,落实"五育并举",培养全面发展的社会主义建设者和接班人具有重要的意义。在此背景下,安岳实验小学(以下简称我校)在全校推广使用了导学案,如今已初见成效,现以五年级导学案使用情况为例,逐一解读。

一、导学案的含义

(一)导学案的内涵

导学案是由教师根据课程标准、教材、学情、学时等设计的,引导学生开展自主、合作、探究学习的"路线图",着力点在于让学生明确学什么和怎么学。

(二)导学案的基本要素

(1)学习目标:学习目标的设定要聚焦学科核心素养,体现学科课程立德树人、全面育人的宗旨和学科育人功能,致力于培养学生适应社会发展和终身发展需求的正确价值观、必备品格和关键能力。

(2)学习任务:聚焦学习目标,依据学习内容设计学习任务,创设真实的学习情境,形成"问题串""任务群",引发学生探究关键问题的兴趣和行为。

(3)学习反思:引导学生对学习过程及结果进行自我反思。

二、导学案的使用方法

(一)五年级语文导学案的使用情况

1. 使用的基本概况

语文导学案是分课时编写的。第一课时是字词和课文整体感知的学习,这一课时完成情况很好,学生完成率达到100%。第二课时着重于语文要素的学习,这一课时学生需要在老师的指导下完成,完成率达到98%。这是实现教学目标和重难点的法宝,因此教师使用率较高,并将这一部分内容与作业"实践园地"结合使用,有助于提高课堂效率。

2. 使用的具体方法

语文课堂教学之前,学生利用导学案独立学习,学习时,能够自主解决和完成的内容,可以标记"√"或写出答案,不能自主解决的内容标记"○",教师对这些"○"进行统计,作为课堂教学的资源和起点。课堂教学中,教师根据课文学习进程和课前独学情况设计独学、对学、群学、班学和固学,学习进程呈现螺旋上升态势,解决的问题和学习的内容由浅入深,这样设计和推进符合个人学、同伴学向群学和班学推进的要求。教师在课堂教学过程中,有选择性地解决当堂课需要解决的问题,使用导学案,如果导学案与《实践园地》中的内容相同或相近,需要互补使用,提高使用效率。《实践园地》中的解答需要详细书写,而导学案中书写既可以是关键词,也可以是自己的思考过程记录,乃至一些推导符号。学习反思可以放在课堂中,也可以放在学习和练习结束后,还可以放在导学案中书写,或是学生口头上的阐述。总之,导学案在课堂教学前、中、后都有使用,它是语文教与学的进程和方法指导,是教学的支架,是我校课改的载体。

(二)五年级数学导学案的使用情况

1. 使用的基本概况

数学导学案的使用情况比语文好一些,数学导学案是分章节编写的,每课时安排一到两个章节。据反馈,学习任务板块比学习反思完成情况好,学习任务中的任务一比任务二、任务三完成情况好,学习笔记完成情况稍差。

2. 使用的具体方法

课堂教学之前,教师安排学生独学,独立完成"知识链接",尝试完成"探究发现",阅读"总结运用"。教师或学生对导学案的完成情况进行统计,主要统计不能完成的题目,作为课堂教学提供资源。课堂教学中,教师按照新知识传授的进程,对学生反映出的困难问题有组织地开展对学、群学和班学。让学生行动起来,通过推导、论证、演绎、归纳等方法,对新知识进行有效的思考,学习的范围由小到大,内容由易到难,在学习过程中培养学生自主、合作和探究的能力,既培养学生自学的习惯和能力,又有对新知识的深度学习,培养了学生对思考的自我修养。"总结运用"环节可以是在课堂教学中,也可以是课后,还可以是在学习反思环节一起使用,做到一课一得。同语文一样,数学导学案也可以与《实践园地》结合使用,舍弃重复练习,选取价值高的题目进行训练,这样有利于有效落实双减要求和五项管理。

三、导学案的使用效果

(一)导学案成为教师备课和教学的重要参考

导学案是为学生独学而设计的,它也是课堂教学的支架。

学习目标也是课堂教学目标。数学导学案的学习目标清楚,新知识点单一明了,教师对教学目标容易确定和理解。语文课堂教学中对每一篇课文的教学目标的确定就要根据单元语文要素和人文主题以及学段目标来确定,语文导学案的学习目标是分课时设计的,而且很准确,有梯度,教师可以根据课时直接拿来用。

学习任务既是学生独学的内容和进程,也是教师教学的资源,在教学设计过程中,可以参考借鉴,导学案重学习的过程和交会学习方法,它相当于细化了的操作性很强的教学参考书。

(二)学生的自学能力和合作学习有极大的提升

导学案旨在培养学生的自学能力和独立思考的能力,它是学生自学的依据,为学生提供自学的内容,把握自学的进程。导学案很重视学习方法的运用,这个过程培养学生自学的习惯。

在导学案的学习中,学生不能解决的问题,需要学生在对学和群学以及班学过程进行合作学习,这个过程培养学生的诸多能力,比如口语交际、协调、探究、比较筛选、创新等能力。

(三)学生的学习成绩有大幅度的提高

在五年级语文、数学两个学科课堂教学中,均积极开展小组合作学习,合理、科学地使用导学案,学生的学习成绩有大幅度的提高。

语文学科中,学生的基础知识、阅读、写作都有不同程度的进步。这些成绩的取得得益于自学能力的培养,独立思考,独立完成任务,合作学习中语言的组织和规范,学习反思的运用等,让学生学有所得,适时查缺补漏。

数学学科中,学生的计算能力、基础知识、思维训练都得到了发展。导学案中的训练题少而精,训练的针对性极强,与当前的双减政策相向而行,学生也特别喜欢这样的训练。有些题目,学生可以画草图,可以用简单的符号表示答案,更方便、快捷。

四、导学案的使用建议

(一)学校要提供使用空间

学校要为学生订购导学案,为学生使用导学案提供时间,并鼓励和奖励教师使用导学案,出台使用导学案的规章制度。

(二)教师要正确认识和合理使用

教师是正确使用导学案的关键,因为教师正确地认识了导学案特点和用处以后,才会在正确的时间使用。导学案不是作业,不是习题,是教学的支架,是为学生独学而设计的。它是学生在教学前的基础性学习。导学案的答案可以简略,也可以不评阅。教师在课堂教学前,要吃透教材,熟悉学情,适时地使用它,不能滥用,要选择性地使用。

"删繁就简三秋树,领异标新二月花。"引导自学是手段,培养能力是目的。导学案的使用还处于探索阶段,在实际运用中还有待探讨,我们将继续推行课堂教学改革,提升课堂教学质量,不断探索,不断总结,不断创新,使导学案在教学中的使用进一步优化,为培养知行合一人才服务。

拥抱慧美实小 一起向未来
——武侯实验小学支教工作阶段汇报

成都市马家河小学 赵洪琴

2021年9月13日,在庄严的国歌声中,作为升旗手的我正式加入武侯实验小学(以下简称实小)这个集体,开启岗位交流的学习之路。在短暂的一年里,收获了很多温暖、感动、成长,实小交流是我人生的一笔宝贵财富。

在我眼中,实小是一所名副其实的好学校,这里是书香弥漫的地方,是智慧教师梦想的生命场,是慧美少年求知的乐园,这里有一群好老师成就灵动好学生,有一群好家长助力阳光少年成长,还有一位好校长成就好学校。

一、好教师成就慧美好少年

实小的操场上、教室里、舞台上处处是阳光、自信、多才多艺、充满智慧的实小学生。集体朝会展示上,全班每个学生登台自信演出,在体育的赛场上屡获佳绩,在书香校园的评比中获佳绩,在语文课堂教学大赛里思维敏捷妙语连珠,课间休息下棋、跳绳动静相宜,处处彰显实小学生的自信、阳光、智慧、灵动。

都说好老师成就好学生,看看实小的教师团队,成熟教师有辐射带动力,年轻教师好学有干劲,整个教师队伍具有凝聚力、战斗力和工作积极性,他们积极向上追求卓越的精神成就了实小慧美少年。

(一)一次文化展示汇聚集体智慧

在班级文化建设评比活动中,教师们力求打造最温馨、最有情、最整洁、最有序的教室。一是师生家长智慧,集思广益,共同动手打造有情有洁有序最美教室,正副班主任负责班级文化整体设计建构,学生、家委会齐动手,将班级布置成了温馨整洁、展示学生特长、传递文化信息的文化阵地。二是以学校"五育并举"顶层设计为引领,以"聆听花开的声音"为主题,按照学校"1+5+9"的文化建设模式,即以"立德树人,育人为本"为一个中心,遵循"主体性原则、系统性原则、教育性原则、互动性原则、个性化原则"五个原则,分"班花、班名、班徽、班训、班规、红领巾角、卫生角、作品展示区、图书阅览区、交流讨论区、公告发布区"九个板块,各班利用有限的空间,进行合理规划、整体布局,充分彰显每一间教室的和谐、温馨、互动。三是每间教室凸显优势、特色,班徽的设计有创意,班花解读有深意,教室整洁充满绿意,处处洋溢书香,舒缓区抱抱熊释放压力,手札信箱拉进距离、绘画、写作、比赛成果展示鼓舞人心,班级优化大师与评比栏结合激励每个学生,可谓心思巧妙。四是百花齐放却又整体规划,各板块绝不割裂却自成体系,班花寓意处处渗透,班级元素符号皆有,处处凸显班级的特色。一次文化评比,展示着集体的智慧,更是正副班主任对学生的期待,班级的愿景,他们汇聚力量用心将教室打造成学生的学习场、生活场、精神场。

(二)一场体育赛事一种精神传承

看,训练场上他们挥洒汗水、活力四射,赛场上他们团结拼搏、努力奋进,课堂上他们神采飞扬、妙语连珠,他们就是实小体育组教师们!

他们团结协作、共同出谋划策,只为体育文化节开幕式的圆满,从撰写活动方案,到准备比赛器材,组织比赛队伍都井然有序。开幕式上更是充分展现每一位体育人的专业水平和育人情怀,每位体育老师纷纷登台展示不同比赛项目,有的动感音乐里做示范,有的激情飞扬播视频做解说,有的组织学生精彩展示,奥运之光视频的播放,体育组长充满激情的解说,更将开幕式推向高潮,点燃了全场学生的运动热情,让学生感悟到奥运健儿所承载的家国使命,家国情怀就在那一刻得以升华,体育组的老师用智慧让体育文化节实现体育与文化的融合,体育精神与中华大美在开幕式中充分体现,这种精神就是实小文化精神所在,就是教师团队的精气神所在。

(三)一次校级赛课促进队伍成长

实小老师"不忘初心、深耕课堂",他们对教育至高的自我要求,在用行动践行着教育初心和使命,他们热爱学习不断丰富自我,立足课堂钻研教学成就学生,在桃李园中上体现自己的人生价值。一次校级赛课足以见证实小教师队伍快速成长足迹。

一是精心策划,搭建平台。付华校长亲自多次修改赛课活动方案,不断挖掘学校研究课题确定赛课主题,结合教师队伍结构和教学整体安排确定赛课教师和师父人选以及比赛时间,对师徒结对的提出要求,明确师傅的引领职责,开展赛专家讲座活动让教师习得学习方法。

二是共同学习,集体成长。实小的校级赛课从来都不是单枪匹马一个人的战场,而是所有教师的成长阵地。教研组对赛课主题进行解读后针对性开展专题阅读学习和研讨;年级组的教师结合本年级教师授课内容进行集体备课磨课,校内公开课可以反复磨课精益求精试讲达到10余次;结队师傅在共同解读课标、研读教材、分析学生,坚守"儿童立场"以学为中心,在引导学生深度学习,精准设计核心问题和学习活动,每一位教师都卷入学习探究的浪潮里,让每堂课充满趣味,成为学生学习语言和传统文化、发展思维和培养情操的乐园,更是教师群体成长的路径。

三是专家引领,成长提速。特邀专家专题讲座,聚焦课例深度拓展学习,实现学习内容结构化有效提升教师教学能力,进一步指明慧美课堂方向;推广整本书阅读教学成果提供可借鉴的方法。实小因为有这样优秀的老师团队,才成就了学生的美好童年,才培养了慧美少年。实小老师们牢牢记住付华校长的期待:不忘初心、深耕课堂,坚持行走在追求幸福成长的路上,成为"上好课、讲好课、写好课"的专业好教师,所以实小能够源源不断地涌现出优秀的教师。

二、好家长助力孩子成长

优秀的孩子背后有一个优秀的家庭,优秀的班级少不了家长的助力,学校的发展更离不开家校合力。

(一)积极参与活动助力孩子成长

学校活动总离不开家长的支持,孩子的成长更离不开家长的关心。在班级活动中总有家长们忙碌的身影,例如,学校元旦跳蚤市场活动,师生家长共同参与此次活动,协助老师共同策划方案,设计邀请函,营造教室氛围,设计布置商铺等。活动中手绘创意的邀请函、精美的铺面、琳琅满目的商品、热闹喜庆的氛围,都一一感染着每个孩子,他们积极参与乐于参与,在活动中创新思维得以锻炼,自主管理能力、艺术素养、语言表达能力都得到提高,还形成正确的价值观和消费观,好家长助力学生的幸福成长。

(二)家长好好学习孩子天天向上

家庭教育促进法的实施,家长也要是要有专业学习,和孩子一起成长。在实小校级家委会总结会上,每位家长代表做了精彩的发言,无论是写作能力、语言表达能力还是综合素质与教育专业人士媲美。现场一位妈妈分享《阅读习惯的培养》,她从发掘孩子的兴趣点入手,将孩子引进书的世界,并且尊重孩子的兴趣,不断延展孩子的兴趣,孩子从喜欢蔬菜到喜欢生物解剖,她不失时机地推荐各种生物学书籍,接着不断从热爱生物衍生到植物、岩石直至科学探究,一步一步引导孩子增加阅读量和阅读类别,最后学以致用,去博物馆做讲解员志愿者,制作很多植物标本动物,收集石头做观察记录,同时扩大学习圈组建阅读小组,参加各种阅读推广活动,孩子阅读的书籍家长先读,孩子参加的活动家长也在一起参加,正因为有一位爱学习的妈妈,成就了新时代好少年的不断成长。

三、好校长促成好学校

一个好校长就是一所好学校。实小良好的校风、班风和学风,离不开付华校长的付出,她在一言一行中诠释的是教育情怀,是对学生的尊重。

(一)实事求是 引领发展

期末督导评估时,需要在各种平台上传数据,付华校长提醒我们要坚守教育人的底线,绝不能弄虚作假,因此,在上传学校的艺术测评、体质监测、视力筛查等所有数据时,我们都是基于学生的真实情况,如实上报。督导平台打分结果出来后,学校因体质监测和视力检查被扣分,我内心很不安,面对我的忐忑,付华校长让我无须自责,她说:"督导评估的结果此时已经不重要,我们绝不能为了得一等奖而作假,做教育不是为了名和利,而是真正为孩子一生发展着想,找准问题解决问题,去争取更好的成绩。"接着,便发动体育组的全体教师以及卫生教师金杨,对全校学生的体质监测和视力筛查数据进行全面的分析。在付华校长的带领下,大家本着"通过数据找问题,通过问题找原因、通过原因找举措、通过措施找目标"的原则,对全校、全年级、全班、男女生四个层面的数据进行纵向、横向的准确分析,并根据问题制定学校、班主任、学科教师、家长各级具体措施;经过精确分析后召开了全校教师会和全校家委会专题分析会,集所有力量共同促进孩子的健康成长。

校长坚守实小谦虚务实,实事求是的原则,立足学生发展观,以高站位和大格局促成和延续了一所好学校的优良传统。

(二)言传身教 以人为本

全校学生心理筛查结果出来了,有些学生心理可能存在问题,付华校长非常重视。在分析完筛查结果后,立即召开相关学生班主任会,要求班主任全面了解特殊学生的情况,对学生成长的家庭背景、学习压力做进一步的了解,和家长沟通的内容做详细的记录,并建立学生个人关爱专档。同时,付华校长与心理指导教师和分管的行政干部开始着手策划心理健康月活动,为了保证建议活动内容的丰富有效,校长也参与到活动方案的修改中。在校长的指导下,心理活动月包括心理班会课资源、各班心理班会课、心理德育午会、心理班会课展示、心理资源投放系列活动有效开展。同时,对于有严重心理问题的5位学生,付华校长亲自关注,并请心理指导教师写告家长书,还邀请专业机构的教师以及律师核实措辞是否妥当。这样严谨、细致的态度感染着每一位教师,付华校长用言传身教向我们表明——学生是教育的核心,要始终以学生为本;其中,健康是第一位,绝不容半点疏忽。付华校长用实际行动践行着实小的教育理念,也用行动带领着教师干部成长,因为有这样的队伍建设能力,才成就了实小优秀的教师团队。

(三)俯身倾听 以生为本

作为校长,她总是坚持每天第一个到校,在巡查完学校后,和一个学生谈心。有一天早上,付华校长观察到某位学生精神状态不好,交流后发现该学生因家长天天逼着上课外辅导,每天做辅导班留的作业到深夜,并被家长剥夺了打乒乓球的爱好,导致该学生严重失眠甚至出现心理问题。了解情况后,校长立即和家长进行沟通,家长采纳了她的建议,给孩子减负并尊重孩子的爱好,这名学生也逐渐恢复了阳光自信。

作为校长,她对学生的关爱体现在一言一行中,心系学生成长,能俯下身去倾听学生。她能在暴雨中护送没带伞的学生进校,不顾自己的衣服鞋子已经湿透。她能在一件件小事中让学生感受到关爱与呵护,让家长放心地把孩子交给学校,让学生在心里种下爱的种子。

付华校长始终践行这样的管理理念:遇到的人善待,经历的事尽心。任何异常现象都不能放过,防微杜渐,防患于未然。越是在"没事"的时候,越是在风平浪静的时候,越是要提高警惕,越是要居安思危,越是要无中生有,越是要主动谋事,越是要"以有事之心处无事,以无事之心处有事"的境界,才能营造平等和谐之校园。

付华校长曾说:"工作给人最大的乐趣是,在实践中经历,在经历中思考,在思考中超越,在超越中创新,在创新中收获别样的快乐成长!"这句话既是付华校长的工作箴言,也是实小全体教师的共识,我们会一起用自己的行动来守护实小的传统,呵护学生的成长,在不断进取中拥抱慧美实小,一起携手向未来!

线下优教 线上乐学

成都市第四十三中学　陈园园

新学期伊始，我们开启了全民网课的时代。初次接触线上教学，老师忐忑，家长担心，能否让学生尽快适应线上学习方式，能否有效达成每节课的学习目标，经过四周的英语线上教学实践，我有了一些体会和感悟。

一、课前

（一）设备调试

我是通过"钉钉"平台进行网络授课的，为了不影响学生在学习期间和教师在授课期间的情绪和体验，网络的通畅是上好网课的最大前提，老师和学生都应该尽可能让自己的网络处于最佳的状态。

（二）技术支持

教学从线下到了线上，对于学校来说，培训老师进行网上平台上课是上好网课的前提，首先要调试平台，并要求教师进行试播。对课堂流畅度的影响除了完全的网络因素外，对于上课平台的要求也是很大，比如多人联播、多群联播是否会引起网络卡顿？这就要求教师在备课的时候应有多套方案和计划，避免网络卡顿后教师和学生不知道做什么的尴尬。

（三）"三美"准备

网课备课，跟我们以往的线下备课有很大的不同，对老师的备课要求会更高，我有三点小体会。

1. 声音要美

课堂要有艺术性，而网络课堂对艺术性的要求会更高，网络授课最大的吸引力就在于声音，音的吸引应有教师声音、画面声音。就英语课来说，每节课准备课件的时候，教师可采用"一课一歌曲"的模式，在候课准备时播放引起学生注意。在网课的第1课，我用了一首英文歌曲——*We are the world*，它表达了人与人之间相互帮助的重要性，只要人们团结起来，世界就会变得更加美好。这首歌在此刻播放更能够唤起同学们的共鸣。

PPT 的画面要力求更完美,尽可能符合授课群体的审美偏好,通过这些画面给同学们一些意外和小惊喜,比如在 *We are the world* 这首歌中,配上与歌词相符的一些图片,并且将歌词呈现在 PPT 上,抓学生的眼球。

2. 提示要美

孩子们居家期间情绪、身体健康都需要老师的关心和关爱,每节课都可以在课前、课中、课后贯穿一些温馨提示的语言语句,如在《保护大象》一课中,有特别精彩的视频插入,有大自然生存的震撼、有杀戮的震惊,我就在播放前插播一句——"视频虽精彩,但不要忘了将你的眼睛和电脑屏幕至少保持 40cm 的距离哦",当然,在视频播放结束后,我预测了学生们会意犹未尽,在 PPT 上,给孩子们一句提示:"再不舍的课堂也只有 40 分钟,请孩子们在课后放松眼部 10 分钟哦!"

温馨提示我还分为了环境篇、家长篇、学生篇、教师篇,从环境、家长、教师、学生四个方面管理好线上课堂。

3. 课件要美

课件美化本身就是课件制作中最重要的一步,而网课对 PPT 美化的要求更高,教师可以根据自己的教学风格,选择适合自己和学生的版本,并且插入相应的教学内容在课堂上进行运用,善用课件动画优化课堂教学的结构,提高课堂教学效率。

内容和形式新颖别致且富有特色,所以教师不应该在 PPT 上只呈现课本知识,还要扩展新的内容,有新意是引起学生兴趣的第一步,未知的知识更能激发学生的求知欲。在谈论问题和建议一课中,我选取了一些常见问题在 PPT 上呈现,让学生选取符合自己的现状问题进行谈论解决,随后,我播放了 *superhero* 一歌,让学生在歌曲中领悟生活的勇气。

二、课中

(一)寓教于乐

线上授课怎样通过电脑屏幕和教师露脸,以及声音进行交流呢?教师要尽可能在这二者上进行完善润色。建议教师在个人声音特质的基础上,让自己声音更加活泼向上,声音有抑扬顿挫,通过网络,传递出教师更大的气场。课中的直播连线很重要,线上授课学生的注意力比线下课要短,要让屏幕前的学生不断地参与课堂,回答问题,相互交流。不露脸的直播课是没有仪式感的,教师的"颜值"能抓住学生注意力,所以在 40 分钟的课堂中,我都是全程露脸,有时候还带一个颇有创意的面具,让学生在开心的英语课堂氛围中学有所长。

(二)课堂有序

线上授课学生可能会通过互动面板说一些与课堂无关的语言,这时要求教师对课堂纪律做一些要求,为了保证上课的效果,也为了对每个学生负责,即使是线上授课,也不能少掉纪律环节,在英语课上我将学生分为 6 个组,每个组任命一个组长,在课前 5 分钟请组长点名查人;在授课环节中,教师可多用一个"钉钉号"监督学生上课记录。及时做好课堂管控。

（三）板书强化

就英语学科而言，做好课堂板书是相当必要的，教师和学生可以下载"讯飞语音"APP，通过这个输入软件，就英文的一些知识点的讲授，进行特别的提示或者补充，这种现场书写的模式可以提高学生的注意力，便于学生将课堂笔记做得更加规范。同时，在问题解答环节，由于学生的打字速度有限，选用语音功能可节约课堂时间，语言学科用语音功能也能更好地训练学生听说读的能力。

（四）互动展讲

线上教学有两大优势：第一，学生互动的方式可以是文字；第二，学生互动的方式也可以是语音。为了充分发挥出学生与教师互动的优势，老师的课堂设计和课前准备起着决定性的作用，尽可能多地在课堂上留给学生参与的机会，这种参与不仅仅是发言，而且学生进行文字的回应也有相当显著的效果，所以在课堂设计的时候，教师应该较以往设计更多的参与模式，就 Unit3 写作课为例。

在这堂课前，教师挑选一些 Section B 长课文的美词佳句进行示范展示，同时请学生用语音输入的形式，推荐在长课文中的一些美词佳句进行互动和回顾；在思考两分钟之后，教师呈现可能出现的答案，并且请学生在互动面板上敲出自己的答案，进行全班分享。教师呈现几个问题：

What kind of chores should children do around the house? What shouldn't?

What do you think of children who don't do chores?

What chores did you do when you have free time?

此处请学生思考，在屏幕面板上呈现自己的答案，提升学生的英语兴趣，写作前的良好互动为写作奠定基础。

（五）评价小结

下课前的课堂小结可以分为纪律小结和学习情况小结，教师及时总结本堂课的相关知识点，进行课堂有效回顾；同时表扬一些在课堂互动上积极的学生，为其他同学树立良好的榜样，为下节课更加良好的互动进行铺垫，促进学生之间的良性竞争。

三、课后

（一）打卡作业

教师可通过一些 APP 平台发布家庭作业，可以要求学生进行听读的打卡以及相关练习题的练习，同时也可以借助"钉钉平台"发布当堂课的家庭作业，教师进行及时的圈化批改，选出优秀作业展示。

（二）培优辅差

教师也可以自己建立相关的答疑互动社群或者线上自习室等，将学生分层分类进行个别化的培优辅差。

（三）反思研讨

教师及时总结当堂线上课的情况，与同组的老师进行交流探讨，调整接下来的教学目标和内容，制定适合的教学环节。

（四）回访复习

教师可要求部分不能掌握当堂课内容的学生通过直播回放，再次学习。也可要求学生每隔几日对课程内容做一个温故。并且通过一些平台，督促学生及时交作业。

我认为，只要我们做到课前、课中、课后一体化思考和行动，线上教学一样可以让学生学得快乐，老师教得开心。

提升体质健康水平，让小马更加欢腾
——马家河小学支教札记二

成都市武侯实验小学　谢　琳

少年强则国强,但没有强健的体魄何谈少年强?因此,提高青少年的体质,开展好学校体育工作是一项非常重要的工作。马家河小学(以下简称马小)的体育工作由于受到体育教师结构欠佳、家长不够重视等影响,在提升学生身体素质方面还需不断努力。如今,学校非常重视此项工作,从我到马小分管学校体育工作开始,围绕学生身体素质提升,我们动了很多脑筋,做了很多工作。

一、调整模式，激活团队

（一）合理分工，人人参与

上学期,我带领体育组开展了很多工作,如理顺组员的关系、建立组内的制度、开展全员体质健康运动会,建立人人参与、分工合作、发挥特长、及时评价等模式,但是由于体育工作头绪比较多,因此组长身上的担子还是非常重。

如何能让体育组每位教师都参与到组内建设中来？我在组内集思广益,特别是让组长开动脑筋,调动大家的积极性。我们把体育组分成三个小组,从活动牵头、教学牵头、后勤支持三个方面,每个组都由一位年轻教师和一位老教师组成,既分担任务又开展结对帮扶。

（二）会议引领，及时总结

在武侯实验小学,付校长的工作总是提前策划提前安排。我向付校长学习,在上期期末就提前召开了马小体育组总结会。

在这次会上我提前布置安排了四个环节。一是组长总结体育组工作；二是每位老师总结自己本期的得失,我对每个人的亮点给予点评；三是对后续工作进行安排；四是请詹校长给予指导。

为了确保会议有效性,让每位老师提前思考,做好会议的充分准备。我提前做好流程安排、时间要求,同时将分组的合作方案抛给大家。凡事预则立不预则废,不预则废。经过这样的准备,总结会开得很好。不仅让大家再次树立了信心,也明确了下一步还要继续努力的方向和具体的工作。

（三）转变观念，统一思想

新学期了,开学第一天我就召开了体育组工作会,再次强调三个组的分工,并在本期的每次体育工作会上安排三个小组工作交流的环节,继续固化分组成效。

二、开展活动,增强吸引力

提升学生的体质健康,离不开运动习惯的培养、体育活动的开展、体育文化的形成。本期我们筹划开展全员趣味运动会,为了确保运动会的效果,我开展了以下工作。

(一)彰显运动的魅力,趣味运动会必须要有趣

在趣味运动会的策划中,教师们争执不已,有的教师觉得项目设计不要太过于负责,简单就好!有的教师却主张可以尝试一些没有开展过的项目,这样才能吸引学生。究竟谁对谁错呢?

我跟大家一起讨论,主张坚持三个原则:一是项目的设计要体现安全性、趣味性和适切性,二是要充分搭建平台让孩子们全员参与,三是每个孩子都必须参加项目。

这样一来,大家的讨论更加聚焦了,我们根据马小学生的特点,设计了低段滚轮胎、中段背夹球、高段旋风跑的项目。

(二)体现团队的合力,运动会分工一定要细

在人员组成上,上学期在体质健康全员运动会中形成的分工负责项目的模式,大家非常赞同,因此本届运动会继续沿用。

首先,每个项目教师两两组合,两人负责一个项目,让体育教师、大队辅导员、德育副主任调度裁判,把控运动场,避免比赛中出现人员漏洞;继续提前在全校群里公布运动会方案、负责人员名单、裁判人员名单,分工到位,并让全校每位教师知晓。

其次,提前商议好各项规则,一经确定不再轻易更改,比赛过程中教师们模范遵守规则。

(三)突出学校的主张,开幕式必须主题鲜明

本次运动会我们继续秉承"规则润五育"的活动主张,围绕"爱成都、迎大运"主题。

为了突出主题和减少老师压力,本次运动会我们沿用马小年级组队运动员出场的方式。但是为了规范、确保效果、增强仪式感,我们对年级方阵展示做了明确的规定:一是方阵五列六行,30名学生,2~5名年级教师参与,引导员一名;二是展示内容必须围绕主题,或是突出运动项目,或是突出成都特色,不能偏离。

(四)突出学生的参与,让每个孩子都成为明星

一是撤掉主席台。在活动彩排时,我发现按照惯例,方阵是面对主席台展示,主席台上是领导和嘉宾,因此所有学生在运动场里,看到的都是大人们的后脑勺和后背。我们马上对此进行了调整,撤掉主席台,方阵展示调转方向为面向全体学生,让所有学生成为活动的主角。

二是增加火炬传递。孩子们自制火炬,传给每个班的火炬手,班级起立呼喊班级特色口号。这样一来既突出了主题,又全员参与,口号声还是精神的引导,班级方阵有序起立坐下也很壮观。我提前对这个活动进行了布置,进行了一次排练,严格控制排练遍数,既让孩子们保持新鲜感,又激励他们把最好的状态留到正式开幕式中。

三是每人都有舞台。如何让每个孩子都能参与到运动会中来？我们有这样一些安排：一是要求每个孩子至少要报一个项目；二是广播稿投稿、优秀稿件奖励规则币；三是广播点歌；四是积极争取校长支持，盘活学校存量学具为每个孩子准备奖品。五是根据活动情况，临时增加了采访的环节。

三、及时鼓励，提升士气

不管是教师团队的建设还是学生团队的成长，及时鼓励都非常重要，它能给人以力量和勇气，不断改变和战胜困难。

（一）看到教师团队中每个人的优点

我们的教师团队，每个人特点非常突出，其中有优点也有不足。我细心发现他们的优点，及时鼓励。大江老师热心田径训练，我常常在田径训练方面表扬他，给予全力支持。对谢老师的细心、何老师的服从分配、一直用四川话上课的胡老师大课间主持突然使用了普通话，我都表扬。对于傅老师，我尊重他是体育前辈，组内活动安排常常先跟他沟通听他意见，同时也尽全力给予他需要的帮助，比如在区级教研中帮他把关讲话稿，帮他做 PPT 等。傅老师说，他记得我对体育组每位教师说过的每一句表扬。确实，在这样及时肯定与鼓励中，每个人的工作状态都是积极向上的。

（二）利用契机让孩子们更有信心

运动会前，大江老师为了让田径队的孩子在即将要开展的区运动会上取得好成绩，想让田径队在全校面前展示一次，锻炼孩子们的耐受力，避免因观众多而发挥失常。他本来准备随便用一天大课间来开展这个活动。但我听说后，立刻觉得这是个激励师生的大好机会，于是我先表扬了他，然后统筹协调活动安排，将此项活动与运动会整合，在运动会下午开场后即让田径队集体亮相，队员做自我介绍和展示项目介绍，再进行全校展示，展示后给每个孩子一个规则币的奖励。

这批孩子中有一大半都挺调皮的，平时鲜有上台机会，更别说获得规则币了。不过他们确实也训练有素，跑得飞快。特别是 800 米跑，要绕学校操场跑 4 圈，孩子们的韧劲很让人感动，我顺势让负责广播的女教师进行现场采访。她也首先采访了我，我郑重地表扬了田径队的孩子。这次采访感染和启发了主持人，她随即又采访了其他教师，接着还采访了同学。在广播声势的不断躁动之下，在观众的加油声中，在大家钦佩的评价中，田径队的孩子得到了莫大的鼓励。

这个鲜活的事例也证明，活动中整合的意识不可少：能整合就整合，会出现 1+1>2 的惊喜。

四、水到渠成，惊喜不断

有了给力的团队，有了精巧的设计，有了周密的安排，活动的效果自然非常突出，而且还带来了很多意想不到的惊喜。

（一）火炬传递仪式凸显创意

为了让更多孩子参与体验，我们开展自制火炬，我也跟孩子们一起动手制作。一开始教师们都觉得自己做的火炬难登大雅之堂,想购买成品代替。但是我们经过努力,自制了火炬,并受到大家的欢迎。这件事激励了大家,德育处的教师自己动手改装了熊猫服变成了蓉宝服。教师们说,谢校长可以做火炬,我们也可以自己做蓉宝!

(二)各类人员配合默契增强效果

活动中,学生发展中心的教师们的充分配合让活动效果不断增强。我提醒主持人采访大家对运动队的看法,主持人立即会进行行政干部、教师、学生多个层面的采访。氛围营造时,我先拿着话筒呼应主持人,下一次德育主任就会主动抢过话筒来呼应。

体育组的教师也越来越配合,以前他们不肯统一服装,就算有统一的运动服也鲜有集体亮相。这次运动会我们统一购买了T恤衫作为队服,为了鼓励教师们,我也跟风买了一件,运动会当天我主动穿上队服,几位体育教师先没穿队服,后来看我穿了在活动前主动换上,第一次实现了统一着装精彩亮相。

年级展示开始了,没有一个教师叫苦叫累,规定2~5位教师参与,三年级全体正副班主任上阵。当让大家重新排队让展示转向观众时,大家重新排练学生,为这样的调整叫好。

另外,学校微信以前很少有转发,这次运动会的宣传微信,近小半的教师在自己的朋友圈进行了转发。

这就是引领、示范和影响,学生发展中心的老师说:谢谢你带了我们很多,体育组的教师说:谢谢你帮我们一起把运动会搞得那么好。而我每次都会告诉他们,我是借鉴了付校长方法,借鉴了武侯实验小学的方法。而这些方法于我是付校长和武侯实验小学十余年的影响。这样的过程就是一棵树摇动另一棵树,一朵云推动另一朵云啊!有了这样的触动,学生的体质健康水平逐渐提升,"小马驹们"更加健康、自信、欢腾。

聚焦学科核心素养　共建慧美灵动课堂
——2022年武侯实验小学第七届教学节科任教师赛课活动总结

成都市武侯实验小学　张　华

本期科任学科赛课活动于4月12—14日举行。此次赛课活动是在"双减政策"实施的背景下，在付华校长的高度重视、用心指导和全程参与下，在教师发展中心全体同志的精心准备和其他部门行政支持帮助以及所有科任教师的积极参与下，才得以顺利开展并圆满落下帷幕。

赛课活动虽然结束了，但是我们对赛课活动的思考、总结、反思却远远没有结束。作为科任学科的分管行政，"聚焦学科核心素养，共建慧美灵动课堂"，有效促进教师教学能力的提升是我们的责任。

此次赛课，我们觉得还是有许多亮点与经验值得与大家分享、辐射并推广。

一、赛课策划组织迭代升级，为教师教学能力提升搭建了有效平台

赛课是教师专业成长的关键事件和有效阶梯。为保证赛课活动的顺利进行，学校成立了以付华校长为组长的领导小组。付华校长多次耐心指导教师发展中心充分汲取前期语数赛课的成功经验，全面考虑、精心组织，尤其要聚焦"双减政策"的落地，在"聚焦学科核心素养落实""凸显课题研究引领""注重单元整体教学设计""利用信息技术赋能"等方面着力，实现赛课活动的创新与超越。

在校长的精心指导下，我们数易其稿，制定好了全面而详尽的科任学科赛课方案。按照方案的要求，教师发展中心在大家的鼎力支持配合下，有序推进整个科任学科组的赛课活动，为大家奉献体育、科学、美术、英语、心理、音乐六个学科的14堂优质课。

二、"导师"全方位深度引领，为教师教学能力提升提供团队支持

此次赛课，不仅为每位赛课教师设置了教学指导教师、科研指导团队，还特邀区体育和科学教研员担任评委或指导教师为老师们赛课及研究保驾护航，提供深度专业指导。

（一）聚焦大单元整体教学，引领教师提升教学设计能力

大单元整体教学是教学研究的热点。实施单元整体教学利于教师教学资源进行更加有效的重组、整合、开发与利用，让学生经历更加有意义的建构性学习，从而提高学习效率和学生核心素

养。此次赛课,我们要求所有参赛教师进行大单元整体教学设计。

但是如何进行单元整体教学设计,对于赛课老师来说是有难度的。教师发展中心在校长指导下为参赛教师提供了大单元整体教学设计范例,并提供改良后的单元整体备课教学设计模板供大家参考;各科任学科组在教研组长和指导教师带领下也积极开展常态教研,专门就本学科赛课教师单元整体教学设计进行研讨,例如,韩月男老师作为王春梅、贾飞的指导教师,带领教师们一起梳理了12册英语教材各单元知识点,并重点聚焦赛课单元,将其置于整个英语教学的框架中进行审视,精准设计单元教学目标、课时教学目标及教学内容等,非常用心,让参赛教师受益匪浅。

(二)聚焦微型课题研究,引领教师提升教学研究能力

科研是教师专业成长的加速器。此次赛课,结合学校区级课题"以学为中心的教师教学能力发展的课例研究",各科任学科组设置了"体育大单元构建与教学、小学中高段实验课课堂问题的有效设计研究、美术刀马旦校本课程开发的实践研究、英语读写课模式研究、小学中段情绪主题教育策略研究、低段四川民歌课堂教学策略研究"六个微课题研究主题。在微课题研究中,导师们各司其职。

1. 指导教师以课例研究为载体带领徒弟下深水,真研究、真实践

美术组,李玥副主任聚焦刀马旦课程开发这一微课题,带领曾丽霓和周婉琦两位教师在前期"戏韵英姿刀马旦"校本课程开发建设的基础上,进一步丰富和完善了课程内容,修订了五六年级的课程目标,对"版画艺术发展史"等12课时的教学目标、教学过程、教学评价等进行了进一步细化,并在磨课中引领教师不断调整课程内容及教学设计,提升了教师课程开发能力。

英语组,指导教师韩月男带领组员围绕"英语读写课模式研究"积极查阅文献资料、学习相关教学理论,尤其在磨课过程中抓住"读写"的核心特点,就"主题意义引领下的单元整体教学设计""读和写的教学时间分配""正确的读写课教学观念"进行深入的探讨与研究,卓有成效。

科学组,学校特邀的区科学教研员刘勇老师和校内指导教师陈贤飞、赖强、何先华三位主任,围绕"科学小学中高段实验课课堂问题的有效设计研究"进行了研课、磨课,分析了科学实验课问题的类型、设计的原则等,并将理论和实践结合探讨了科学实验课堂问题的设计策略,让三位赛课教师受益匪浅,为后续赛课和微课题成果梳理打下坚实基础。

音乐组,唐蔚老师聚焦"低段四川民歌课堂教学策略研究",指导魏佳老师进一步缩小范围,将研究点聚焦到四川民歌唱歌课这类课型的教学策略上,借鉴网上优质民歌教学资源和张旭梅老师"放牛山歌"一课教学经验,指导魏佳老师积极创新设计"数蛤蟆"一课,成效显著。

2. 教科室为教师课题研究提供专业支持和范例指导

付华校长专门指导教科室李玥副主任制作了微研究问卷,聚焦五个板块的问题,请赛课教师进行深入反思。从教师们的问卷反馈中,我们看到多数教师对待赛课研究的认真。很多教师试讲超过2次,在问卷的引导下,结合赛课课例对自己的微课题研究等进行了有效反思,收获颇丰。

此外,付华校长还指导李玥副主任梳理了"微课题研究成果收集指导意见",专门就成果上交类别、具体要求等进行了说明,特别就课题研究论文的撰写给出了具体的指导意见,并提供了获得

市区一等奖的三篇论文《巧用"四大导学策略",上好网络"习作修改"指导课——以"那一刻,我长大了"一课为例》《建"技术赋能·四环进阶"教学模式,促整本书阅读教学品质提升——以"鲁滨孙漂流记"个环节的学习整本书阅读分享交流课为例》《促进思维能力发展,提升数学核心素养——以"填数游戏"为例》供赛课教师参考。有了这些"拐杖"对教师们的支持,我们欣喜地发现后期一些教师,如黄宛秋、尹明珍、刘慧、周婉琦、魏佳等的论文均能聚焦研究的微课题梳理形成的策略与方法,行文思路较为清晰,论述有理有据,有了很大进步。

（三）聚焦学科核心素养,引领教师提高教学核心竞争力

此次赛课,特邀了区体育教研员、省特级教师范翔和科学教研员担任评委。课后,两位评委不仅对学科赛课教师的课进行了深入点评,还分别聚焦学科核心素养在教学中如何落实,为教师进行了专题讲座。刘勇老师以《立足学科核心素养,从朴实的"科普"到慧美的"科学"》为题,聚焦科学学科的核心素养(信息素养、实证精神、证据意识、实践创新),指导教师要在教学中去发现科学的"慧"与"美",真正从科普走向科学。

范翔老师结合体育学科的核心素养,从单元教学整体备课策略、赛课教学设计目标、重难点以及教学活动设计、场地使用、教学方法等方面对熊杰等几位赛课教师的课进行精彩点评和指导,让体育组教师对体育学科的如何进行智慧的教与学有了更深入认识,为教师今后的教学探索之路指明了方向。

三、赛课课堂精彩纷呈,教师教学专业能力成长喜人

此次赛课呈现的14堂课,各有亮点、精彩纷呈,使课堂逐渐呈现出慧美灵动的特点。

（一）体育学科——"三动"课堂,激情四射

五位体育教师的课,注重设计有趣的游戏活动让学生掌握运动技能,感受运动的魅力。其中李九五老师的《原地正面头顶球》,设计精巧,情境导入有趣,分层练习有效,充分体现了以学为本。何祺老师的课整个以轰炸水门桥情境植入,教学设计非常有时代感,实现了多学科融合学习,于潜移默化中培养了学生的爱国主义精神,值得肯定。

（二）科学学科——实证探究,科学慧美

黄宛秋、倪瑜、尹明珍三位教师紧紧围绕课题研究,在教学中准确抓取核心问题,精心设计核心问题下的问题串,于问题中层层深入地引导学生通过实验探究、合作讨论、汇报交流追求科学的真,探寻科学的慧,感受科学的美,非常不错。

（三）美术学科——校本课程,"拓"出精彩

周婉琦、曾丽霓两位美术教师敢于吃螃蟹,采用自主开发的美术校本课程中的"刀马旦"作为赛课内容。无论是课堂教学目标及重难点的设定、学生学习活动的设计,还是课堂呈现的微课,均无现成的资料可借鉴,都是自主创新。尤其难得的是,曾丽霓老师的《拓越时光刀马旦》,站在传承非物质文化遗产文化高度于教学中自然而然地渗透中华传统文化,增强了学生对民族文化的认同

感、自豪感，让整堂课更具教学深度与文化厚度。

（四）英语学科——听说读写，语用巧妙

王春梅、贾飞两位老师的英语课，充分体现了单元整合框架下的英语读写课的特点，都非常注重学法指导，无论是快速读还是精读，其阅读方法的指导，都比较到位，学生练得充分，学得愉快。此外，课堂练习作业设计非常用心，都注重联系学生生活，学以致用。尤其是王春梅老师设计的写信发邮件的英语实践活动，为不同层次学生提供了学习支架，真正实现了学生的个性化学习。

（五）心理学科——多角思维，正向引导

刘慧老师的"我有点嫉妒"一课聚焦引导学生解决其情绪方面的热点问题，通过观看视频、小组讨论、表演心理剧"天使与魔鬼"等多种手段与策略，引导学生从多个角度辩证认识"嫉妒"，提升自我，学以致用。这堂课不仅让学生学会了如何将嫉妒转化为成长的动力，更给予学生辩证思维的很好启蒙，非常有价值。

（六）音乐学科——民俗传承 歌声悠扬

魏佳老师的四川民歌音乐课"数蛤蟆"，整个设计环环相扣、层层深入，结合图片、教师示范、师生互动、生生合作表演等让学生逐步加深对蛤蟆的形象认识，并在学生熟练演唱普通话版《数蛤蟆》的基础上自然过渡到学唱风趣幽默的四川方言版《数蛤蟆》，这无疑大大降低了学生学唱难度，由此我们可以看出教师导学的巧妙。

此次赛课还有一个非常突出的亮点就是教师们通过上期信息技术2.0工程的培训，整个信息技术水平得到较大提升，赛课PPT、微课等制作精美，给学生和观课教师以良好的视觉冲击，而且这些信息技术手段的运用较好地契合了教学内容，逐步实现了信息技术对教学的有效赋能。

四、问题反思

此次赛课，应该说大家都收获满满，取得了较为圆满的成功，但是此次赛课也有存在一些遗憾与不足，尤其是在2022年各学科新课程标准颁布以后，我们更要结合对课标的学习，反观我们的教学及教师专业能力的发展。

（一）部分教师的教学基本功有待进一步提升

此次赛课，我们发现一些教师对课标把握不到位，对学科核心素养的解读存在偏差，导致教学目标设定不够精准，教学活动设计过于粗陋，不能体现学科教学特点；一些教师，课堂教学走流程，课堂几乎没有太多精彩的生成，课前排演的痕迹过重，反映出教师教学机智的欠缺与教学能力的不足；还有一些教师课堂实际教学能力较强，但是教学设计的书写与表达能力欠缺，导致教学设计与课堂教学脱节较为严重，教学基本功亟待提升。

（二）教师的课题研究能力需进一步提高

此次赛课活动，我们虽然欣喜地看到六个科任学科组均上报了研究的微课题，但是教师之间

的研究能力却是存在较大差异的。通过访谈与问卷调查结果反馈,我们发现一些教师对微课题研究的基本规范与方法,例如文献查新、问卷调查等几乎没用,对成果梳理与提炼,即使教师发展中心提供了范例也学习不够深入,提交的论文或课例报告呈现出质量不高的问题,甚至一些学科组的赛课教师没有聚焦自己研究的微课题进行成果梳理写论文或课例报告,而是提交了与微课题研究无关的论文。这些都是需要我们后续改进的地方。

赛课活动虽然结束了,但是聚焦学科核心素养,对构建慧美灵动课堂的追求,对提升科任教师教学能力的探索永远在路上……我们将继续努力,永不停歇!

最后,再次感谢学校付华校长的高度重视,感谢教研员的指导,感谢各部门行政的配合,感谢评委组的大力支持,感谢赛课教师及团队的辛勤付出。再次谢谢大家!

把握新起点，做"心中有梦""眼里有光"的好老师
——在 2022 年武侯实验小学第七届教学节科任学科赛课总结会上的讲话

成都市武侯实验小学　付　华

各位老师：

大家好！

本次赛课活动规划于上学期末，启动磨课集中在 3 月，正式赛课在 4 月 12—14 日三天，安排了一个月的反思总结时间，赛课活动大约持续了半年。由此可知，牵头负责的张华副校长和教师发展中心的同志们，以及各位赛课教师和指导教师所付出的心血和努力，我们有理由期待本次赛课活动不一样的收获与成长。

此次赛课活动是学校的第七届教学节，是在"双减政策"实施落地等背景下举行的。我们活动的主题依然是"聚焦学科核心素养，共建慧美灵动课堂"，涉及 6 门学科 14 位教师参赛。他们中年龄最大的 39 岁，最小的 25 岁，工龄最长的 18 年，最短的不到 2 年。

为了更好地褒奖优秀、总结经验、找准问题、实现超越，我们隆重举行总结表彰会，下面我从"四个三"谈谈我对本次赛课活动的观察与思考。

一、开展赛课活动的三点理由

（一）赛课活动是学校给教师成长搭建的重要平台

教师是学校最核心的教育资源。哈蒂教授《可见的学习》一书对 800 多项关于学业成就影响的因素做出元分析，归纳得出了六大领域的影响因素：学生、家庭、学校、教师、课程和教学策略。从对六大类影响因素的效应量来看，对学业成就影响最大的因素是教师。也就是说，学生上什么学校并不重要，遇到什么教师才是最重要。所以，促进教师不断的成长，既是校长的使命，也是优质学校的特征，赛课活动正是学校给教师搭建的重要成长平台。

（二）赛课经历是教师成长的关键事件

无数名师优师的成长经历告诉我们，没有经历过赛课打磨洗礼的教师，很难成为名优教师。一次次赛课磨课，是一次次聚焦目标的深入钻研，也是一次次对自己心智心态的艰苦磨砺，更是一次次对过往经验能力的不断超越。

华东师大李政涛教授说:"如果年轻时比的是聪明,随后比的就是积累,一个教师积累的厚度和深度,决定了他职业生涯的长度。教师需要有三大积累,阅读积累,实践积累和写作积累。"我认为,赛课经历正是教师成长最为重要的实践积累。

(三)赛课总结是教学研究的重要路径

华东师大崔允漷教授说:"自我反思,同伴互导和专家引领是教师开展教学研究的基本路径。自我反思是教师研究的内在动力,同伴互导和专家引领则是教师研究的外部支持,三者共同构成了教师从事教学研究的完整系统。"可以说,为了赛出好的成绩,每一次磨课就是一次深刻的自我反思,赛课总结更是让反思积淀为有价值的经验成果。因为赛课契机,我们的教师团队更能聚焦目标。借助同伴互助,教研员引领,不仅让赛课教师个人受益成长,更是有效促进了团队研究文化的形成、加速了团队的历练和成长。由此可见,赛课总结无疑是教学研究的重要路径。

二、赛课活动呈现的三大亮点

(一)调整赛课定位,实现从"一刀切"到"自主选择"的创新

赛课不是为赛而赛,而是为了教师的专业发展,为了教学质量的提高而赛。因此,赛课活动实施的合理性就考量着管理者的观念和智慧。

本次赛课活动是在"双减"实施后,课后延时服务及周末素质拓展营渐次开展后的形势下举办,是在学校体育节、艺术节、阅读节等活动密集启动下开展的。为了营造良好的赛课活动氛围,真正实现教育教学的"减负提质",确保赛课活动的质量,我们结合科任学科的特点、区域的活动开展和师资成长锻炼的现状,摒弃了赛课人员一刀切,采用"必赛+选赛"的条件,给予教师参赛选择的自主权。如我们规定,凡是近三年承担过区级及以上公开课、获得过区级公开课二等奖以上参赛获奖、获得区级以上录像课一等奖以上的教师可以选择不参赛。凡是区级及以上学科带头人,或者市级以上骨干教师可以选择不参赛;凡是本次承担区级及以上的公开课的教师可以选择不参赛。

因此,在29名科任教师中,只有10人必经赛课。但是最后有4人自愿选择参赛,另外不参赛的13人分别担任指导教师和评委。

(二)优化赛课评比,实现从"单一维度"向"多个维度"的创新

本着"以师为本、促进发展"的理念,本次评比奖项的设置,根据赛课教师起点和优势不同,根据实际赛课过程中呈现的亮点不同,我们不仅有对赛课教师的综合等级评定,分别是特等、一等和二等。还有优秀赛课教学设计奖、优秀信息技术应用奖、指导教师奖等单项奖。这样就让更多的教师得到肯定和认同。

(三)挖掘赛课价值,实现从"关注教材应用"到"关注综合育人"的创新

赛课固然需要关注终结性评价,让得分和名次更好,但更需要关注赛课过程中新观念、新经验、新项目等多项活动要求的有效整合与综合达成。应该说,本次活动我们实现了从"关注教材应用"向"关注综合育人"转变和创新。

美术学科,促进了"刀马旦"版画校本课程的开发与应用。音乐学科,将着力点用在低段音乐课堂四川民歌教学策略的研讨。英语学科,更加关注学生"读写能力提升"学习短板的突破。体育学科,展开了主题明确的大单元设计与实施研究。科学学科,借机邀请教研员到校指导,实现了教师团队教学层次从"科普"向"科学"的认知和实践转型。心理健康学科,结合心理测评中学生较为集中的心理问题,重点从情绪疏导主题入手展开研究。结合四川省中小学教师信息技术应用能力提升工程2.0的应用提高,所有学科都得到了不同程度的应用和体现。

三、赛课活动反映出的三大问题

(一)教师的综合素质和教学基本功还有待提高

部分教师或许是由于年轻经验不足,或许是由于文化基础差异,出现的问题有五类。一是文字写作功底不够,如教学设计与实施不统一,教学设计水平不高,但教学实施经验还比较丰富。课上得好,但经验文章写得不好。二是教学思路不清晰,提问不准确,应答或模棱两可或难以切中要义。三是教学语言需要修炼。课堂上语言重复或啰唆或不流畅或过于平淡等。四是课堂机智不够,不能及时捕捉生成精彩,不能有效把控课堂时间和节奏,导致课堂教学效率不高。五是部分学科还存在教师本体性知识不足的问题,导致课堂上教学内容的知识性游离甚至错误。

(二)学科课堂教学评价意识和方法不够

部分学科在关注"教学评"一致性上意识不够、措施不够,导致课堂教学效果不佳。课堂教学评价是一种真实性评价,具有明显的发展性功能。作为课堂教学质量提高的一个关键手段和环节,我们还要树立正确的课堂评价理念:一是课堂评价必须以教学的改善为目的,二是课堂评价必须基于专业思考,三是课堂评价必须基于协商参与。

(三)对学科课程标准的学习解读不够深入

部分教师不清楚本学科核心素养、不知道学科的学业标准、不知道学科系统化的教学内容及要求。有的教师知道怎么教与学,但是说不清楚为什么这样教与学,表现为教学目标感差、教学过程不流畅、教学组织语言废话多、指向不明确。

四、赛课后需要关注的"三个加强"

(一)加强教学经验策略的落地转化,常态化持续开展课堂教学反思研究

李政涛教授说:"教师最重要的学习能力是现场学习力。"提高教师的现场学习力至少有四种类型的现场:自己每天的教学现场、同行教师的教学现场、教研组日常教研活动现场、各种培训讲座现场。

赛课是一段珍贵的成长经历,希望它更是每一位教师成长的新起点。希望每一位教师养成每天、每节课及时认真反思的习惯,把每一节课都当着公开课来实践和研究。

（二）加强对新课程标准的学习解读，围绕学科核心素养的落地实施有效教学

2022年4月，在国家向着第二个百年奋斗目标迈进之际，教育部颁布了《义务教育课程方案和课程标准（2022年版）》，这对于推动义务教育高质量发展具有里程碑式的意义与价值。让核心素养真正落地是此次新课程方案和标准修订的重要导向。如何对方案和课标进行精准解读，使学科核心素养不再是空洞的语词口号，通过我们教师的教学落地，而变成学生真实的能力、品格和价值观，这是我们教师后续应该研究的重点。因此，我们要尽快且认真启动新课程标准的学习。

（三）加强阅读不断提高个人综合素质，一辈子努力做"眼里有光"的好教师

人民教育家于漪老师说"一辈子做教师，一辈子学做教师"。我还要说"一辈子努力做'眼里有光'的好教师"。没有阅读，很难有视野的开阔，很难有思维的突破，很难有实践的创新，我们要重视上课、阅读与写作"三管"齐下，让阅读与写作成为我们一生相伴的好习惯，让每一位教师的眼里始终充满爱的阳光。

教师们，在2022年5月10日庆祝中国共产主义青年团成立100周年的大会上，习近平总书记指出："追求进步，是青年最宝贵的特质，也是党和人民最殷切的希望。"他勉励新时代的广大共青团员要做理想远大、信念坚定的模范，带头学习马克思主义理论，树立共产主义远大理想和中国特色社会主义共同理想，自觉践行社会主义核心价值观，大力弘扬爱国主义精神；要做刻苦学习、锐意创新的模范，带头立足岗位、苦练本领、创先争优，努力成为行业骨干、青年先锋；要做敢于斗争、善于斗争的模范，带头迎难而上、攻坚克难，做到不信邪、不怕鬼、骨头硬；要做艰苦奋斗、无私奉献的模范，带头站稳人民立场，脚踏实地、求真务实，吃苦在前、享受在后，甘于做一颗永不生锈的螺丝钉；要做崇德向善、严守纪律的模范，带头明大德、守公德、严私德，严格遵纪守法，严格履行团员义务。

我希望大家以今天为新的起点，不忘初心、牢记使命，做一名"心中有梦""眼里有光"的好教师！

第四章

研究共同体：奏响联动"协奏曲"

成都市第二十二幼儿园

成都市第二十三幼儿园

| 成都市第二十一幼儿园 | 成都市武侯区第十九幼儿园 |
| 成都市第十幼儿园 | 成都市武侯区第八幼儿园 |

研究让教育有了深度,让教育更有幸福的味道。建立研究共同体,让每个成员养成自觉反思、问题导向、理论联系实际的良好习惯,做研究型、专家型的校(园)长。

搭建开放平台,提倡多元研究。面对教育发展的新要求,结合区域学校的差异优势,团队奏响联动的"协奏曲":提升小学教师"学为中心课堂"教学能力的课例研究、心理行为问题学生家庭教育对策、幼儿园的"两自一包"改革等。

分享管理智慧,体悟温暖幸福。"十五分钟,双赢!""裤子怎么又尿湿了?""课间,如何玩转共享篮球?""升旗仪式上的风波"……他们在细碎的校园生活背后,或是让你莞尔一笑,或是让你感慨万千,但都最终让你觉得温暖和幸福。

赋能家长　学校何为
——指导服务心理行为问题学生家庭教育对策初探

成都市武侯实验小学　付　华　刘　慧

2021年7月"双减"政策出台,不仅意味着中国教育格局的重大调整,更是教育观念的大变革,也为家庭教育回归本源、缓解焦虑、发挥自身独特的教育功能指明了方向。2022年1月,《家庭教育促进法》颁布,更是让家庭教育不再是简单的家事。作为构建家庭教育指导服务体系的责任主体之一,学校为家庭教育提供指导服务成为一种必然义务和重要使命。

一、调查访谈——心理行为问题学生与家庭教育失范关系密切

《中国国民心理健康发展报告(2019—2020)》数据显示:小学阶段的抑郁检出率为一成左右,初中阶段的抑郁检出率约为三成,高中阶段的抑郁检出率接近四成,抑郁水平随着年级升高而提高。以2021年秋季武侯某小学心理健康测评数据为例,经专业机构对学校4~6年级672名学生的测评,学生心理健康水平中危机问题和严重问题的比例分别已达3.27%和4.17%。

工作中还发现,小学教师的焦虑很大程度上来源于对心理行为问题学生的教育无奈。结合对日常心理咨询实践工作的反思总结,我们认为小学有四类比较突出的心理行为问题学生,其典型表征是:孩子多动,表现为注意持续时间短暂,情绪不稳定及活动过度或冲动等;社交退缩,表现为过于敏感、容易焦虑、自卑感强等;攻击行为,表现为打人骂人、扰乱课堂秩序等;抑郁情绪,表现为情绪低落,做事萎靡不振等。

尽管这些学生心理行为问题的形成原因非常复杂,但经过对心理问题学生及同伴、教师及家长的调查访谈,我们发现心理行为问题学生与家庭教育失范关系密切。追溯到家庭教育,我们发现大多数家庭教育都出现了以下三类问题。一是家长对家庭教育的内涵和重要性认识不到位,没能承担好应有的养育责任。二是家庭互动模式存在问题,未能给孩子提供良好的家庭教育引导和示范。三是家庭关系出现问题,无法提供和谐、安稳、健康的家庭生活环境。

虽然,学校管理在心理行为问题学生身上投入的时间精力常常数倍于心理行为正常的学生,然而,对这些孩子的教育效果依然差强人意,相伴而生的安全隐患及危机事件时有发生。因此,如何改善心理行为问题学生的家庭教育、形成家校的有效合力,成为学校必须高度重视和急需解决的重点和难点问题。

二、理念引导——心理行为问题学生家庭教育优化改善的前提

理念决定行为。心理行为问题学生的产生与家长缺乏对家庭教育正确的认识有着直接的关系,正确的教育理念将有助于提高家长对家庭教育内涵和重要性的认识,提高家长关注家庭教育的紧迫感和责任心。结合以上对某小学心理行为问题学生家庭教育三类情况的初步分析,我们认为对这部分家长应在以下观念认识上进一步厘清和强化。

家庭是孩子成长的第一课堂。家庭是孩子心灵的港湾,家庭教育是生活教育,是人格教育,是通过家长自身榜样的影响,是通过家长与孩子的共同成长,是通过日常生活如吃饭、穿衣、聚会、旅游等各种各样的活动来进行的潜移默化的教育。有什么样的家庭生活,就有什么样的家庭教育。所以,心理行为问题的学生家长,要注意重构家庭教育的内容与方法,让孩子通过"润物细无声"的生活教育改善行为,向好成长。

家长是孩子的第一任教师。孩子出现心理行为问题时,家长要善于审视自己的言行,要学会反思自己存在的问题,并合理做出调整。很多教育问题看似在孩子身上,但根在大人。家长是孩子的第一任老师,最好的教育就是家长和孩子一起成长。

心理抚养比物质抚养更重要。父母爱孩子,很多时候体现在物质上,有的习惯买名牌、忙于报私教、追求高档出游……但这些都抵不过"心理抚养"。有心理行为问题学生的家长更要重视对孩子的心理抚养,要清楚心理抚养最重要的是给予孩子爱,给予孩子有质量的陪伴,给予孩子稳定的情绪,而不只是靠丰富的物质生活。

家庭教育不是教育的"孤岛",而是与学校教育、社会教育一体化的"岛链"。心理行为问题的学生家长更要积极主动参与学校教育生活,一方面,学习相关知识,提升自己的能力;另一方面,了解孩子在学校的情况,也向教师通报孩子在家庭的情况,加强家校之间的沟通联系。

三、务实行动——心理行为问题学生家庭教育优化改善的关键

有了正确的理念引导,如能辅之以切实可行的行动,将有助于改善心理行为问题学生家庭教育的互动模式、家庭关系等。就心理行为问题学生家庭教育的指导服务而言,各校重视程度不一,但普遍存在以下问题:指导服务行动流于形式,务实性不强;指导服务方式单一,覆盖影响面不广;指导服务力量单一,指导服务专业性和针对性不强。结合学校工作的实际,我们认为优化五种常态化家庭教育指导服务形式将是改善心理行为问题学生家庭教育的关键。

(一)优化家长学校:课程系列化建设,预防干预并行不悖

设立家长学校,最终是为了学生更好地成长,优化家长学校的课程建设,有助于积极预防和干预学生心理行为问题的发生和发展。

一是从预防入手,开设面向全体家长的通识性课程。通识性课程意在未雨绸缪提高家长的育人意识和能力,减少学生心理行为问题发生的概率。课程内容可指向家庭教育政策法规、学生身心发展特征及行为养成等知识技能的普及。课程形式建议以专题讲座和资源推送为主。

二是从干预入手,开设面向部分心理行为有明显问题学生家长的定制课程。课程内容可以侧

重情绪管理、行为改善、人际交往、亲子关系、注意力培养等方面。课程形式建议以沙龙为主,以体验式活动开展培训,对有特殊需要的家长给予专门的支持和指导。

(二)优化专业支持:点线面结合,制定家校共育的"专业处方"

学校应构建一支专门指导家庭教育的研究性团队,对心理行为问题学生和家长进行有针对性的分类研究和支持服务。团队成员构成要多元化,既要有来自一线经验丰富的班主任、学校管理人员、心理专业教师,还要有家庭教育的专家,以及有丰富家庭教育经验的优秀家长代表。

学校应成立心理中心组,成为心理行为问题家庭教育指导服务的实践性团队。对心理行为问题学生相对集中的班级,制定和实施学生或家长心理团辅干预引导;对一般的心理行为问题学生,利用学校"心灵小屋"固定时间,开展点对点的心理疏导。

学校可以购买第三方专业机构的专业心理服务,定期针对突出心理行为问题的学生及家长进行心理行为辅导干预,定期开展家庭教育的全面诊断,制定出阶段性家校共育的"专业处方"。

(三)优化共育活动:主题形式多样,全过程引领指导

一所优质的学校都重视开展丰富的家校共育活动,但是,怎样发挥好家校共育活动对心理行为问题学生及家长的辅导与引领作用还做得不够。所以,关于共育活动的优化,我们可以做出如下的改进。

一是强化家校共育的作用,丰富家校共育主题及形式。每周设立家长观察员岗、家长志愿者岗;每期设立家长开放日,主题教育活动家长参与日;还可以常态化开设家长讲堂,发挥家长优质资源的辐射作用。要特别给予心理行为问题学生家长参与机会,让他们在参与家校共育的活动中,增进对孩子的了解和认识,增进对学校的了解和信任,改善亲子关系,提高育人意识和能力。

二是注重全过程常态化辅导与引领,丰富家长参与共育活动的体验和认知。要把心理行为问题学生的家长来参与活动当成一次重要的教育契机去把握。例如,活动前要引导家长明确参与活动的任务目标;活动中要辅导家长如何近距离观察学生、班级的动态,并指导家长与孩子加强链接,提升亲子关系;活动后要与家长沟通复盘,谈谈参与活动过程的收获,倾听家长对活动的建议,促进家长教育意识和能力的提升等。

(四)优化家校沟通:抓关键人物,增家访实效

沟通的有效性是改进家庭互动模式的关键,良好的家校沟通可以很好地促进和改善心理行为问题学生的家庭互动模式。家校沟通存在两个突出问题,一是班主任群体沟通能力有待提高,二是对家访重视不够,沟通实效性不强。

首先,加强对班主任沟通艺术的培训。班主任是实现家校沟通的关键人物,学校可以邀请专业老师为班主任开展家校沟通系列培训,重点学习如何遵循沟通原则、创建良好沟通氛围、把握沟通时机、抓住沟通关键点、运用非暴力沟通的方法等,通过提高班主任的沟通艺术,服务指导家庭互动模式的改善。

其次,在沟通方式上要拓展,要注意加强家访及其实效性。学校要重视家访制度的建立,尤其

是对心理行为问题较为突出的学生要开展定期家访。家访前要制定家访计划,了解家庭概况,明确家访目的,确定家访重点,遵守家访原则,达成家访共识。通过家访,提升家校互信、促进家校关系改善,共同促进孩子的健康成长。

(五)优化家委会职能:三个层面入手,侧重示范帮扶

学校要建立好学校、年级和班级三级家委会,充分调动家长积极性,优化分工职能,形成常态化帮扶体系,有效帮扶心理行为问题学生的家长,促进学生良性发展。可以从三个层面入手。

一是班级层面贴心帮助。利用班级家委会对班级情况熟悉的特点和优势,优化家委会的活动职能,将对心理行为问题学生及家庭的帮扶作为每学期的工作内容,可以通过家长面对面经验交流,可以聚焦问题群策群力,可以策划组织特别的活动等方式,为心理行为问题的学生及家长提供贴心的帮助。

二是年级层面同质干预。利用年级家委会有着对同龄阶段孩子感同身受的教育体验这一特点,可以将年级心理行为问题的学生进行同质化归类,组织开展针对性群体干预活动;可以丰富家长的学习榜样,选择年级家长中的代表人物现身说法,为心理行为问题的家庭改善做好行为示范。

三是校级层面信心警示。利用校级家委会由不同年级学生家长组成的优势,遵循学生身心发展的规律,通过跨学段家长经验的交流分享,不仅能给心理行为问题的学生家长以信心,也能给其他年级家长以警示,从而让更多的家长重视家庭教育、重视家长教育能力的提升,树立起全面育人、全程育人、全方位育人的意识。

总之,关心关爱心理行为问题学生及其家庭教育改善,不仅是小学教育基础性、公益性特征的具体体现,也是以人为本、以人民为中心的应然之举,还是学校能够平安健康发展的重要工作。为家长赋能,协同育人,携手共筑一座保护孩子健康成长的坚实堡垒,我们将一直在路上。

提升小学教师"学为中心课堂"教学能力的课例研究(节选)

成都市武侯实验小学　付　华　张　华　李　玥

一、课题提出

(一)课题研究背景

1. 深化课堂教学改革的政策回应

从 2014 年到 2021 年国家陆续发布《教育部关于全面深化课程改革落实立德树人根本任务的意见》《关于深化教育教学改革全面提高义务教育质量的意见》等重要文件精神,强调课堂变革是教育改革能否取得成功的关键。教师作为课堂教学变革的实际执行者,其课堂教学能力的高低直接决定着教学变革的质量。

2. 实现学校课堂迭代升级的现实需要

2017 年学校立项了市级课题"'以学为中心'的教师教学能力发展的实践研究",课题在 2020 年顺利结题。学校教师教学理念有了较大转变,教学能力得到不断提升。但随着学校课堂变革的深入推进,教师教学能力与其教学理念、教学知识储备等出现了不小的落差,难以承担学校课堂迭代升级的重任。

(二)课题拟解决的问题

1. 教师服务课堂深度变革的能力不足

通过市级课题"'以学为中心'的教师教学能力发展的实践研究"持续两年的推进,学校教师整体的课堂教学能力有较大提升,但是教师之间的教学能力仍然参差不齐,有待进一步优化提高。课题组通过问卷调查、听课、访谈,发现教师的教学能力存在以下问题:

(1)学情分析意识和能力不足。

(2)教学设计与实施能力不足。

(3)教学评价要素和方式单一,结果应用不足。

教师教学能力存在的短板,导致学校近 40% 的学生主动学习意识和能力欠缺,学习方法不多,自我反思和评价不足,高阶思维能力的发展受限。

2. 提升教师教学能力的方法策略不当

针对"学为中心课堂"需要教师具备的能力,学校以往采取了很多方法,其中较为典型的有开展专家培训、组内教研和阅读积累等。以上方法对提升教师课堂教学能力有一定促进作用，但缺乏系统性、持续性与实效性。

因此，聚焦教师"学为中心课堂"教学能力的提升，如何建立有效的课例研究策略体系，并将其融入教师日常教育教学中促进教师课堂教学能力提升，成为学校发展十分迫切的诉求。

二、课题研究的目标和内容

（一）课题研究目标

（1）总目标：提升服务于"学为中心课堂"的教师课堂教学能力。

（2）课题研究的分目标

①进一步完善"学为中心课堂"的理论认识与实践样态。

②构建起服务于"学为中心课堂"的教师教学能力要素与关系。

③探索出提升教师"学为中心课堂"教学能力的模式与策略。

（二）课题研究内容

（1）通过课题研究，明确"学为中心课堂"的理论认识与实践样态。

（2）通过课题研究，明晰"学为中心课堂"教师教学能力的结构要素。

（3）通过课题研究，探索提升"学为中心课堂"教师教学能力的模式与策略。

三、课题研究取得的成果

（一）认识性成果

1. "四有五性"是"学为中心课堂"的典型特征

通过该课题研究，对"学为中心课堂"的典型特征达成了共识，"学为中心课堂"是"四有五性"的课堂。

"学为中心课堂"的"四有"是：有趣、有序、有效、有用。

有趣：指"学为中心课堂"是符合小学生年龄特征，联系生活实际，以情境创设和活动体验来吸引学生积极参与、深度学习的课堂。

有序：指课堂教学设计环环相扣，层层深入，逻辑无漏洞，师生语言表达清晰、精准，教学活动循序渐进。

有效：指课堂上学生学得兴致盎然，知识掌握牢固，高阶思维得以发展，能力得到提升，情感得以丰盈。

有用：指课堂能够激活和唤醒学生的内驱力，学生能运用课堂上所习得的知识来服务于生活，解决生活中遇到的各项实际问题。

"学为中心课堂"的"五性"是：人文性、开放性、生成性、结构性、情境性。

人文性：目标要丰富。课堂是文化传承的核心地带，是课程实施的主要渠道，是师生成长的关键路径。课堂教学目标的设置不能仅局限于知识与技能的传授,要立足三维目标,注重五育融合,注重立德树人。

开放性:学生广泛的参与性。整个课堂学习过程中,学生在教师的引领下全员参与、全程参与、深度参与,在自主思考、师生互动、生生互动中自由发表个人见解,课堂呈现出开放而富有活力的状态。

生成性:思维的灵动与创造性。学生在课堂学习活动中被兴趣指引、被乐趣激发,在与文本、与教师、与同学、与社会和与自我生命进行积极对话过程中迸发出智慧的火花,从而促进思维的灵动发展。

结构性:课堂流程的结构化。教师能积极整合优化教学内容,按照先学后教、问题导学、小组合作、对话展示和多元评价的流程开展教学活动,使学生真正成为课堂的主体,实现教学效益的最大化。

情境性:教学活动的生活化。教师能既围绕教材,又超越教材,让生活成为教与学的内容,将课堂教学延伸至社会生活,让学生在社会这个广阔的课堂上,舒展生命,发展思维,形成能力,提升素养。

2. 逆向设计等五大能力是"学为中心课堂"教师教学能力的核心

基于对学校教师课堂教学能力的现状和实际问题的调研,课题组认为"学为中心课堂"教师的核心教学能力的是以下五大能力:逆向设计能力、问题设计能力、活动实施能力、多元评价能力和技术融合能力。这五大能力是"学为中心课堂"教师教学应具备的重要能力,其中教师的逆向设计能力是基础,问题设计能力是抓手,活动实施能力是重点,多元评价能力是关键,技术融合能力是保障(如图1所示)。

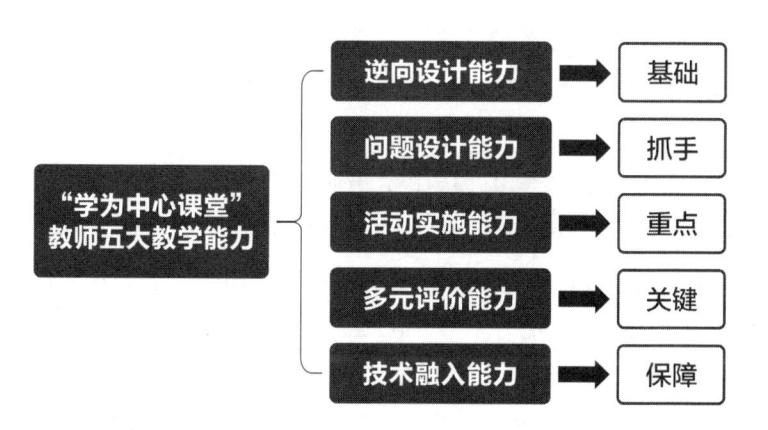

图1 "学为中心课堂"教师五大核心教学能力关系图

3. 课例研究是提升"学为中心课堂"教师教学能力的有效途径

在课例研究的过程中,不同成长阶段的教师通过备课、讲课、听评课的实战演练,形成的实践教学经验为新手教师的专业发展提供了基础,也为成熟教师和专家型教师将实践知识理论化,形成丰富的教学智慧提供了保障。

（二）操作性成果

1. 形成了"测—培—练—赛—评"教师教学能力提升模式

教师"学为中心课堂"教学能力的提升是一个系统工程。通过课题研究，课题组提炼形成了教师能力提升的"测—培—练—赛—评"模式。

测：通过问卷、信息技术赋能的课堂观察等手段，定期对教师进行"学为中心课堂"教师五大核心教学能力（逆向设计能力、问题设计能力、活动实施能力、多元评价能力和技术融合能力）进行水平检测，了解其真实的教学能力情况。

培：根据教师五大核心教学能力的真实水平，在开展全员培训基础上，为教师提供可选择的多元化培训菜单，从而促进教师五大核心教学能力的提升。需要强调的是，培训是贯穿整个课题研究过程的，根据教师需求，规定性与灵活性兼具。

练：是通过薄弱教师帮扶项目、师徒结对项目和骨干教师提升项目等多个各项目导师分别指导学员或聚焦态课，或聚焦汇报课，或聚焦区级研究课等，通过反复磨课—课堂展示—观课议课—反思调整这样的练习过程，不断提升五大核心教学能力。

赛：是在"测—培—练"的基础上，课题组分阶举行数学、语文、科任组赛课，以课例为载体，既注重教师五大核心教学能力的全面提高，又有所侧重，同时利用信息技术赋能进行课堂观察，对教师五大核心教学能力的提升进行检测，促进其教学能力的提升。

评：评估、评价。评价是贯穿于教师"练—赛"这两个环节的。课题组通过问卷、信息技术赋能的课堂观察等手段在教师"练—赛"环节，对教师教学能力提升情况做出评估，并及时反馈以利于教师后续改进提升。最后，课题组对五大核心教学能力提升又好又快的教师进行表彰奖励。

总之，在教师"学为中心课堂"教学能力提升的"测—培—练—赛—评"模式中，"测"是基础，"培"是保障，"练"是重点，"赛"是关键，"评"是激励手段。

2. 开发出了提升教师教学能力的辅助工具——"3单1表1报告"

（1）学习单。

学习单主要包含三类：课前导学单、课中探究单、课后检测单。它们是教师依据学生的知识经验和认知特点，结合本课的学习内容和目标，设计引导学生自主学习、巩固复习、拓展延伸的导学材料。通过对这三类学习单设计质量的评价，可以准确判断教师教学能力水平，诊断出教师教学的问题，帮助教师反思提高其教学能力。

（2）观察量表。

该评价表是基于"学为中心"的教学理念，站在学生角度，从"三个维度"（认识学生、引导学习、提升学力）"六个视角"（学生学习起点与认知特征、学生学习内容与学习方式、学生学习兴趣与学习思维发展）来进行设计的，做到了一课一表，为观课教师科学观课评课提供了抓手。

（3）分析报告。

此数据分析报告是利用"极课大数据平台"进行课堂观课打点后形成的数据和信息，再加以科学分析后形成的报告。报告聚焦"学为中心教学服务课堂"，具体针对教师的五大能力在课堂中的具体表现进行定量和定性分析,找准教师教学能力发展中的优势和劣势提出改进建议。

3. 形成了教师教学能力提升跟踪指导策略

在薄弱教师能力提升项目、师徒结对项目、骨干教师培优项目中,课题组专门安排导师对各类教师进行跟踪指导。

(1)跟踪指导"三原则"。

①实效性原则。

导师的跟踪指导必须讲究实效,不走过场与形式,重点聚焦学员的五大教学能力基本情况,制订针对性指导计划。

②灵活性原则。

在具体指导的学员的过程中,导师不是每次都聚焦学员的五大教学能力进行指导,而是根据不同学员的教学能力薄弱点进行灵活指导。

③发展性原则。

各项目导师在指导各层次的教师的过程中,都应以发展性的眼光来看待学员身上出现的问题。导师不能以要求自身的高标准或者同一把标尺来要求所有跟踪指导的学员。

(2)跟踪指导"三抓手"。

①制订学员个别化辅导计划。

根据评估的各层次学员教师的五大教学能力真实水平制订个别化辅导提升计划。计划中针对学员教学的五大教学能力分别进行专项和整体的指导与训练,且列出指导工作行事历。

②运用"导—练—测"方式指导学员。

导师对每个学员教师的指导都是持续性跟踪、针对性指导,采用的方式为"导—练—测",即:针对学员教师的五大教学能力,每一项教学能力的提升,导师都先导——自己亲自做示范。在导师示范后,学员选择新的教学内容进行练习,导师利用信息技术赋能进行课堂观察,对学员的教学能力进行客观评价。经过一段时间的指导,导师利用问卷或技术赋能的课堂观察对教师五大教学能力的提升进行测试,并综合评估学员的教学能力提升情况。

③导师与学员每月反思总结。

教学能力薄弱教师、新入职教师和骨干教师均需每月梳理总结导师对自己的指导,并进行反思总结。导师也需针对自己每月指导教师教学能力提升情况进行反思,进而制定后续辅导计划。

4. 形成了教师教学能力实践发展"361"策略及典型课例的经验

以数学、语文、科任学科三届赛课为载体,课题组形成了教师"学为中心课堂"教学能力实践发展"361"策略。

(1)"3"指课例选择标准。

通过三届赛课,课题组提炼形成了教师"学为中心课堂"研究课选择的标准:基于新课标新要求、从教与学的真实问题入手、选题聚焦小细实。这一标准的确立为教师们,尤其是新入职教师和教学能力薄弱的教师选择研究课例提供了标杆。

（2）"6"指课例研究"六步流程"。

"六步流程"包括：问题导向、确立主题，团队合作、多轮磨课，课例展示、课题介绍，观课议课、智慧碰撞，研后反思、形成报告，经验交流、辐射推广。通过六步流程，教师及团队经历完整的研课过程，其核心教学能力必然得到提升。

（3）"1"指课堂"三段十环"教学范式。

通过三届赛课的探索，基于教师五大核心教学能力的提升，课题组梳理形成了"三段十环"学为中心课堂教师教学能力提升范式（如图2所示）。

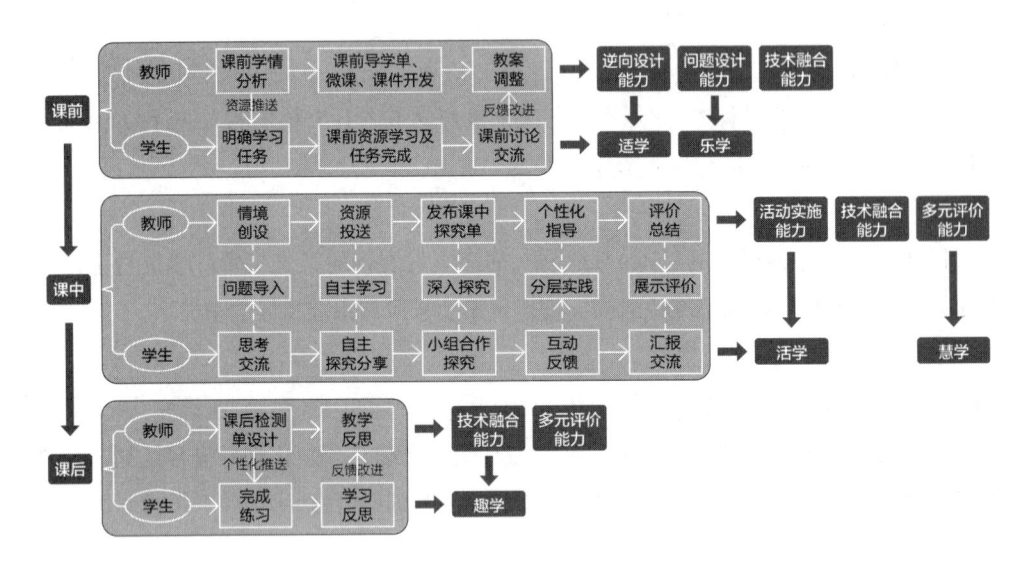

图2 "三段十环"学为中心课堂教学范式

该教学范式分为课前、课中、课后三个阶段，在三阶段中教师和学生又分别需要完成三项任务、五个环节、两次活动。

第一阶段：主要指向教师逆向设计能力、问题设计能力、技术融合能力的提升。逆向设计能力要求能分析准确学情、把握学生起点，利于学生适学。

教师以问卷星等信息技术平台为抓手分析学情、预设教学，开发导学单和微课等教学资源；学生根据教师资源投送内容明确学习任务，在课前进一步进行组内交流讨论，并将自己的课前学习结果反馈给教师，以便教师调整教学。

第二阶段：主要指向教师活动实施能力、多元评价能力与技术融合能力的提升。活动实施能力要求智导慧教，灵活机变，利于学生活学；问题设计能力要求直指核心，设问精准，利于学生乐学。

教师和学生分别通过问题导入—自主学习—深入探究—分层实践—展示评价五个教学活动展开智导与乐学。教师进行情境创设，通过希沃等教学软件投送教学资源并发布探究任务单，学生根据教师投送资源包进行思考交流、自主学习授课助手，小组合作探究解决任务单中的问题并及时反馈。教师根据反馈对学生进行分层分类个性化指导，最后学生汇报交流学习成果，教师开展评价总结。

第三阶段：主要指向教师多元评价能力与技术融合能力的提升。多元评价能力要求评价具体，富于激励，利于学生慧学。

教师设计检测单推送学生，学生完成检测单后，进行学习反思并向教师反馈。教师根据学生反思和课后检测单反馈数据，不断改进自己的教学。

三阶段在这三个阶段中，技术融合能力其实是贯穿始终的，在每一个阶段中都有体现，都能得到提升。

（4）形成典型的课例经验成果。

①提炼出"技术赋能·四环进阶"整本书阅读分享课教学模式（如图3所示）。

新课程改革背景下，读整本书成为阅读教学的主线。课题组依托对《鲁滨孙漂流记》《草房子》等近10个整本书阅读分享课教学课例的研究，提炼形成"技术赋能·四环进阶"整本书阅读分享交流课教学模式。

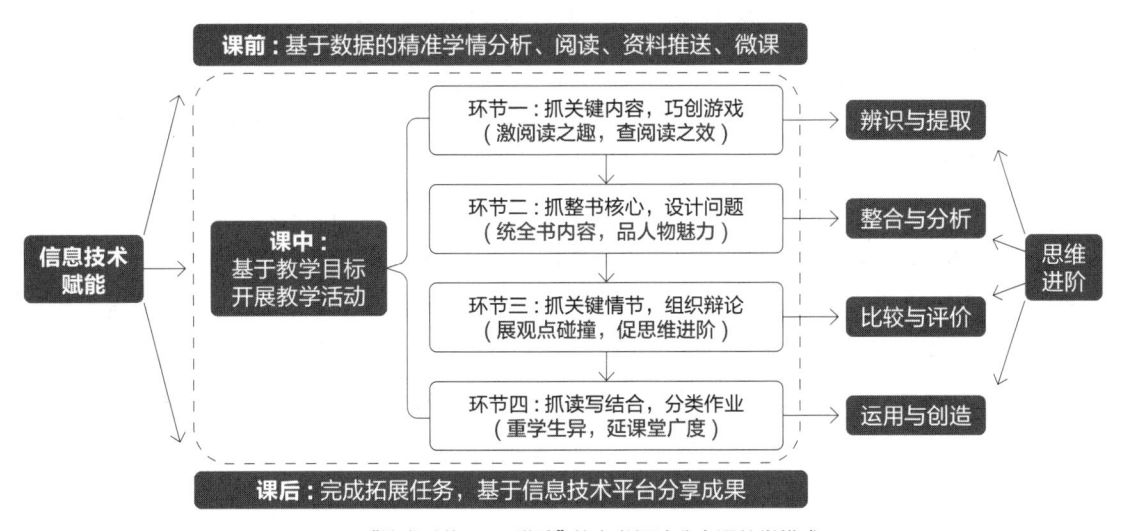

图3 "技术赋能·四环进阶"整本书阅读分享课教学模式

该模式包括课前、课中、课后三个阶段。课前利用技术赋能，通过问卷星等精准分析学情，教师预设教学，并推送微课、导学单等相关资料给学生预学。教师在这一阶段中逆向设计能力、技术融合能力得到提升。

课中基于教学目标，聚焦教学核心问题，设计四个教学环节（"抓关键内容，巧创游戏""抓整书核心，设计问题""抓关键情节，组织辩论""抓读写结合，分类作业"），实现学生思维能力从辨识与提取—整合与分析—比较与评价—运用与创造的逐层进阶。这一阶段的四个环节中，教师的问题设计能力、活动实施能力、多元评价能力和技术融合能力得到充分的发展与提高。

课后，学生完成课后作业，并通过相关信息技术平台进行成果分享，使课堂的深度与广度得以拓展。教师的多元评价能力与技术融合能力在这一阶段也进一步得到发展与提升。

典型课例1：语文整本书阅读分享课研究《鲁滨孙漂流记》

该课在成都市骨干教师培训班上进行展示。

课前,教师利用问卷星开展学情调查,基于数据对学情的精准分析,教师和团队在解读教材和课标的基础上,聚焦学情和单元语文要素等制定课时教学目标,依据教学目标,进一步运用信息技术赋能,设计出"技术赋能·四环进阶"整本书阅读教学流程:

环节一:抓关键内容,巧创游戏。

充分运用"希沃授课助手"软件,设置个人挑战赛、小组合作赛、男女生对抗赛三类难度层层递进的闯关游戏活动,检测学生对《鲁滨孙漂流记》这本书中小说人物、故事情节、细节的记忆准确性、牢固性等,以促进学生辨识与提取信息能力的提升。

环节二:抓整书核心,设计问题。

在环节一激阅读之趣,查阅读之效的基础上,这一环节学习活动主要立足于引领学生统全书内容,品人物魅力。教师精心设计统整全书内容的核心问题:"鲁滨孙为何可以一个人在荒岛生活28年?"组织学生进行小组合作探究和全班交流汇报。学生通过对鲁滨孙荒岛生活的场景、细节的回忆、描述、统整,完成对核心人物鲁滨孙人格特点的整体认知和评价,实现整合与分析能力的提升。

此环节,除灵活运用演示文稿随机提供资料,补充或辅助学生的汇报外,还运用"希沃授课助手"展示学生的任务探究单,实现对学生小组合作环节探究学习成果的完整呈现。

环节三:抓关键情节,组织辩论。

在上一环节,学生通过基于核心问题的合作探究与交流分享,已经形成对鲁滨孙这一人物形象较为全面的认识,但是对人物与自身的关系挖掘不够。基于书中鲁滨孙侄儿又将他拖进新的冒险事业这一情节,教师设计了第三个学习活动——现场辩论:"你认为鲁滨孙回到英国后该不该再开启新的冒险事业?"这一活动设计承上启下,让学生在"辩他人"实则"诉自己"中思考人生的价值与理想、责任与使命。在这一环节,教师主要运用运用班级优化大师组织辩论活动,及时为正反双方加分评价,为学生智慧生成、思维进阶起到了保驾护航的作用。

环节四:抓读写结合,分类作业。

教师设计制作好书推荐卡、阅读其他冒险名著、创编或叙写该故事这三项分层作业。这三项作业有读有写,读写结合,学生按需选择其中一项。这一环节体现对学生差异的尊重,延伸了课堂的广度,帮助学生沉淀前三个学习活动的成果,实现了课堂学习的知识与能力的迁移运用。

课后,教师组织学生继续在"三顾云"平台开展关于这本书的话题讨论,如:鲁滨孙来到岛上给这座岛取名叫"绝望岛",那离开时你认为他会给这座岛取什么名字?班级多名学生及其背后的家长积极参与讨论,让课堂向广阔的天地延伸,形成了师生及家长线上阅读大联盟。

在这个课例中,教师的五大核心教学能力均得到有效提升与发展。

②探索出大单元整体教学设计"1主题·4要素"范式。

实施大单元整体教学设计利于教师教学资源进行更加有效的重组、整合、开发与利用,让学生经历更加有意义的建构性学习。学校科任学科分别聚焦"体育大单元构建与教学研究""刀马旦校本课程开发的实践研究"等主题开展大单元教学设计教学实践,实现了从一节课教学到课程研发的进阶,也探索形成大单元整体教学设计的"1主题·4要素"范式。

"1主题"是指基于学生立场设计的大单元整体教学主题。该主题的确立要从学生角度进行设计,要充分考虑如何让学生经历从"过程"到"概念",再到"概括"的深层次理解的过程。

"4要素"一是以基本问题定位的单元目标,二是基于真实情境创设的评价任务,三是以探究体验串联的课堂活动,四是以结构化思维设计的作业与检测。

典型课例2:大单元教学研究"'成都印象 童创家乡'主题作品展——我是成都代言人"

该课例获武侯区单元教学设计一等奖。

A. 确定单元主题。

课前,通过调查发现学校大部分学生虽然生在成都、长在成都,但大家对成都文化了解相对匮乏,有些甚至一无所知。因此,教师将六年级上册教材中的《家乡的小吃》《家乡的艺术》以及《家乡的老房子》进行整合,设计出"'成都印象 童创家乡'主题作品展——我是成都代言人"这一单元主题。

B. 确立单元目标。

教师基于成都学生对家乡了解匮乏这一基本问题,结合美术教材要求,确立单元目标为:一是了解成都小吃、成都建筑及川剧脸谱的造型特点及文化特色;二是掌握超轻黏土、剪纸及撕刻纸板画的构成元素及表现语言;三是学习超轻黏土混色、剪纸及撕刻纸板画的表现方法,创作有一定形式特点且能表现成都地方特色的美术作品。

C. 创设真实情境评价任务。

教师展示《成都印象》宣传片,创设真实情境向同学介绍学校要举办"'成都印象 童创家乡'主题作品展——我是成都代言人",并发布任务展会要求我们作为小主人,以美术作品的方式,从"吃在成都"与"玩在成都"两方面展示成都特色。

D. 设计串联性探究体验活动。

根据教学目标及情境任务,教师设计出以下五个串联性活动——活动一:任务导学,探究展讲;活动二:概括总结,赏析借鉴;活动三:微课学习,探究方法;活动四:学以致用,创作实践;活动五:成果展示,总结汇报。

E. 设计结构化思维的作业与检测。

本单元的作业设计分为三项课时作业和一项单元作业。课时作业层层递进地完成,这为后续完成单元作业作了铺垫。单元作业是完成学校举办的"'成都印象 童创家乡'主题作品——我是成都代言人",并写出整个单元学习过程中的心得,在班级进行展示汇报。

③形成了教学核心问题设计"三方法"。

数学赛课主要聚焦教师核心问题设计能力的提升展开,要求教师们在教学中要善于抓取核心问题,并根据核心问题设计问题串,匹配适切的学生学习活动。因此,聚焦课例重点围绕核心问题的抓取与设计,教师们进行充分研讨、磨课、赛课展示。通过这样的历练,教师们基于"学为中心"

的问题的设计能力提升非常快,还提炼形成了"学为中心课堂"数学核心问题设计的三种方法。

方法一:基于教学内容,抓住与生活概念的不同点设计核心问题。教师们认为教学概念往往是在生活概念基础上,经过多次的抽象概括逐步形成的。因此,许多教学概念与生活中的概念是有较大区别的。在教学本质概念与日常生活概念的区别之处设计问题,必定会激发学生的兴趣与探究欲望。

方法二:基于学生学情,抓住学生知识的局限设计核心问题。教师们通过基于赛课的课例研究,发现学生学习的过程是在原有知识基础上的逐步发展与提高的过程,通常是学生原有知识不足以解决新的问题,由此产生学习新知的内在动力以及优化自身知识结构的需求。因此,在新旧知识的断层中设计核心问题,不仅为学生提供了较大的思维空间,还能统领起整堂课的探究活动。

方法三:基于教学重难点,抓住学生预习中出现的真问题设计核心问题。教师们发现基于教学重难点,充分运用信息技术手段对学生预习情况进行检测和数据分析,梳理学生预习后仍不能解决的真问题,进而设计出教学的核心问题。这样的核心问题才是学生自身对知识的真实困惑,是学生原始的自发的真实问题,才最有教学价值。

课题组梳理出了教学学科中典型课例的核心问题。(见表1)

表1　数学学科中典型课例的核心问题

课型	授课对象	课例名称	核心问题提炼
新授课	二年级	课桌有多长	长度单位的表象在生活中如何进行实际应用?
	三年级	队列表演	两位数乘以两位数的算理是什么?
			为什么可以用竖式进行计算?
	四年级	编码	身份号码每个数字代表的意义是什么?
			身份编码的规则,其它编码也一样吗?
新授课	五年级	找因数	如何证明因数是否找完?
	四年级	平移与平行	什么样的线是互相平行?
			互相平行的线在生活中有哪些用途?
	四年级	确定位置	确定物体的位置有几个因素?
			表示一维二维空间的方式方法有什么不同?
新授课	四年级	参观花圃	如何快速找到近似商?
			估算在除法计算中有什么用?
	三年级	长方形的周长	计算长方形周长有哪些方法?
			长方形和正方形周长的计算方法能解决实际生活中的哪些具体问题?

5. 形成了提升教师教学能力的激励策略

(1)基于教师物质需求的激励策略。

物质激励策略是激发教师有效提升教学能力的重要保障。

一是名优师评选及考核中注重教师教学能力的体现。名师优师评选中,对教师执教公开课、课题研究、教学类获奖、专题经验获奖以及论文发表等项目进行一定比重的加分。

二是绩效考核中专门设立教师成果获奖项目。每学期对于参加各级各类教学比赛取得优异成绩、公开发表论文、开展专题讲座等项目的教师,皆按照不同等级进行一定的费用奖励。

（2）基于教师精神需求的激励策略。

教师作为高知识分子群体，除物质保障外，精神上的成就与满足也是促使其提升教师教学能力的重要因素。

一是定期安排教师参加相关学科教学类培训。培训分为邀请专家进校培训与派教师外出培训，以此提升教师教学能力。

二是为教师搭建校区级及以上研究展示课平台。学校每学期组建研课团队为教师们进行课例打造，让教师们在一轮轮的磨课及校区级及以上课例展示中收获职业自信。

三是推荐教师进行学历再深造。针对自身有发展意愿的本科学历教师，学校推荐其进行研究生深造，以此不断提升教师的专业知识储备。

四是设立"感动实小年度人物"评选。为让更多教师走出职业困境，激励教师不断提升自身教育教学能力的意愿，学校每两年采取学生和家长公开投票的形式，选出"感动实小"教师，其中"教育有方"奖项就是对教师教学能力提升的肯定。

四、课题研究存在的问题及对策

（一）本课题研究存在的问题

（1）教学资源的主题、内容与形式还有待进一步丰富，不利于教学效率的进一步提升。随着教师信息技术应用能力的不断提高，大家不仅可以在网络上搜索资源，还自主开发了许多教学资源，但质量参差不齐，且资源的应用还局限于谁开发，谁使用的状态，没有实现全校范围内教学资源的有效共享。

（2）课例研究中，信息技术支持的观课评课工具的开发与运用还有待进一步优化提升。观课量表的个性化、准确性都还有待进一步完善，教师运用观察量表科学观课、评课的能力还有待进一步培训提升。

（二）下一步推进研究的思路与对策

（1）进一步加强学校资源库建设。继续鼓励教师积极进行资源改编与创作。此外，成立学校资源库建设小组，负责整个资源库的内容规划、资源收集以及对教师上传资源的考核评价，从而保证资源库的资源数量与质量。

（2）进一步加强与课堂观察量表制定有关的理论学习，不断完善信息技术赋能的课例研究观察量表，同时加强量表使用的教师培训，让课堂观察量表对教师五大核心能力的提升发挥更大的作用。

"农村小学传承'安岳曲剧'文化的实践研究"成果报告

安岳实验小学　代洪毅　张富强　姚　臣　蔡文琴　陈勇金

一、成果背景

（一）传承安岳曲剧是弘扬中华优秀传统文化、培养学生文化自信的需要

当今世界，多元文化并存。随着非物质文化遗产保护热的持续升级，包括戏曲在内的非物质文化遗产引起社会各界的广泛关注。"安岳曲剧"作为四川省非物质文化遗产之一，在2014年被四川省人民政府公布为第四批省级非物质文化遗产代表性项目。传统戏剧"安岳曲剧"是由四川清音、陕西郿胡戏、四川扬琴剧而发展形成的一个新剧种。它是安岳人民社会生活的艺术写照，是传统文化瑰宝，反映了安岳人民传统的审美情趣和价值观。它对弘扬传统文化，培养学生对祖国认同和建立文化自信具有非常重要的意义。学校是文化信息传播的重要窗口，我们有责任携手为"安岳曲剧"非物质文化遗产传承做出努力。

（二）传承"安岳曲剧"文化的紧迫性

为深入了解"安岳曲剧"的传承现状，笔者在安岳县做了大量的走访与调查，并对安岳实验小学校140名教师和二年级、五年级1000多名学生做了问卷调查，发现"安岳曲剧"作为四川曲剧的一个重要流派，由于种种原因不受重视，几近灭绝。课题组开展农村小学传承"安岳曲剧"文化的实践研究，主要解决以下问题。

1. 解决"安岳曲剧"面临失传的严峻现状

"安岳曲剧"起源于20世纪前期，发展于新中国成立初期，辉煌时期全省各地相继成立了十多个曲艺团，有数百从业者。1966年后起销声匿迹近半个世纪，"安岳曲剧"的忠实执行者邹连科等战胜了各种困难，从濒危境地中将它解救出来。伍玉芳、谢军凤等十多位艺人白手起家组建起来"安岳弘扬曲剧团"，至今是四川唯一的一个安岳曲剧团。"安岳曲剧"的传承人、艺人都年龄较大，身体欠安，且有部分艺人由于种种原因，已经离开社团，"安岳曲剧"后继无人。"安岳曲剧"戏迷也仅限于部分中老年群体，长此以往"安岳曲剧"文化传承就会失去土壤，众多非遗文化走向衰亡。

2. 解决"安岳曲剧"重成人传承，轻儿童启蒙问题

随着人民物质生活水平的不断提高,电影、电视、网络等各种娱乐休闲方式出现多元化,儿童接触"安岳曲剧"的机会不多。这就造成了"安岳曲剧"演员的青黄不接,后备力量严重不足,"安岳曲剧"的传承难以实现。非物质文化遗产传承主要的参与者是人,育人的场所在学校,作为传统文化继承地,传承地方优秀传统文化是学校教育重要的历史使命所在。

3. 解决学校传统文化传承实施途径单一的问题

安岳实验小学教师对传统文化的传承实施途径比较单一,例如,古文、诗、词、曲、赋、书法、对联、灯谜、酒令、歇后语、成语等；传统节日、各种民俗等都在语文课中简单介绍；在美术课中简单介绍国画；在音乐课中简单学习民族音乐。而作为传统文化中一部分的民族戏剧、曲艺却很难进入课堂。作为四川省非物质文化遗产的"安岳曲剧"未被系统地引入课堂。因此,为了把"安岳曲剧"传承和发扬光大,我们把"安岳曲剧"与其他课程有机整合起来,注重"安岳曲剧"与语文、音乐、体育、舞蹈、美术、英语等学科的相互渗透,相互融合,并请专业的"安岳曲剧"老艺术家进行系统详细的指导。

二、成果主要内容

（一）理性认识成果

1. 转变教师观念是传承"安岳曲剧"的基础

"亲其师,信其道。"和谐的师生关系决定了学校教育的成败,对鲜为人知的"安岳曲剧"来说,教师的引领、引导作用至关重要。教师对安岳曲剧的了解、认知是传承安岳曲剧的最坚实的基础和导向,是学生学习兴趣和学习目的的动力和基础。课题组邀请"安岳曲剧"传统名家到校对我校教师进行全员培训,更新了教师们对传统文化传承的观念,重新认识了传统文化的范畴,为"安岳曲剧"的传承打下了坚实的基础。

2. 家长的支持是"安岳曲剧"传承的重点

家庭是社会的细胞,是学校教育的基础。家长的理解和支持是"安岳曲剧"传承的重点,因此课题组把学生家长作为基础突破口,定期开展家长会,邀请家长参加学校活动,为家长宣传和讲解安岳县的传统戏曲"安岳曲剧"的相关知识,并让家长意识到优秀的地方文化面临失传的紧迫现况,在家长的大力支持下,学校"安岳曲剧"社团得以顺利建成,并坚持每周一次的"安岳曲剧"训练活动。

3. 提高学生兴趣是传承安岳曲剧的关键

兴趣是最好的老师。学校通过把"安岳曲剧"与不同的学科相互整合,提高学生的兴趣之外,还经常请地方老艺术家携经典剧目来学校表演,也让学生穿上舞台服装,拿上道具,扮上扮相登台表演,让学生在欣赏和表演中爱上"安岳曲剧",从而对"安岳曲剧"产生浓厚的兴趣,从内到外的充满热情的学习"安岳曲剧"。

4. 家校间合力是传承"安岳曲剧"的桥梁

小学生的教育大多是处于学校环境和家庭环境之中。要使小学生全面传承和创新"安岳曲剧",教师和家长之间不仅需要沟通,更需要通过制度建立真诚互动关系。班辅教师起着特殊的作用,架设学校与家长沟通的桥梁,共商传承"安岳曲剧"良策,这个桥梁发挥的作用是不可低估的,起到了很好的育人作用。

(二)实践模式成果

本着传承"安岳曲剧"文化,培养"安岳曲剧"的传承人,创造学校艺术教育的新视点,课题组经过两年的实践梳理、总结,归纳出六套适合小学生认知规律的"安岳曲剧"学习的新方法。实践结果显示,这些艺术教育的新模式较全面地构建了学校外在物质文化戏曲环境特色,有效发挥了学校内在的精神文明育人功能,形成了内外相辅的双重平衡发展体系,有效地促进了学校戏曲艺术特色文化的建设。

1. 校园广播台是"小小戏迷"欣赏专栏

午间,学生身心处于放松状态,对于校园音乐接受程度较高。周一至周五午自习前十分钟,学校广播室都精选不同剧种的经典剧目在校广播中播出,让全校师生每天都在校园的戏曲艺术氛围中感染戏曲的独特魅力,进行传统文化浸润。

2. 操场围墙是戏曲文化知识宣传栏

从学生的兴趣、能力和需要出发,结合学生的生活经验,遵循学生的审美认知规律,运用学校后操场的文化墙宣传戏曲的有关知识,给全校学生以视觉上的冲击,为学生提供感受戏曲,学习戏曲文化知识的机会。

3. "安岳曲剧"特色网页

建立了"安岳曲剧"特色网页,以网络为媒体,在信息输出的同时,在学校、家庭、社会三位一体的互动与交流中吸取、融合有效信息,促进了校园特色文化的进一步发展与完善。

4. "安岳曲剧"与学校课程的整合

"安岳曲剧"不是单设的课程,而是与学校各课程之间相互整合,使育人效果最大化。

(1)"安岳曲剧"与语文学科的相互渗透。

文学艺术和戏曲艺术息息相关,每一个曲剧片段所用的唱词都是优秀的文学作品。因此,我们意图在语文学习中加入"安岳曲剧"元素,用"安岳曲剧"调来读课文,使语文学习更具吸引力。我们在低段,把学习的儿歌创编成朗朗上口的"安岳曲剧"儿歌,我们把意蕴深厚的诗词配以适当的"安岳曲剧"调,让学生在生动的吟唱中理解掌握,体会意境。我们还尝试把课本故事改编成"安岳曲剧"曲目,让学生初步认识文学的另一种形式——剧本,让语文学习简单起来,快乐起来。

(2)"安岳曲剧"与音乐学科、舞蹈艺术的有机融合。

对学校音乐课程中的部分教学内容进行调整。在音乐教学中有计划地通过"曲剧十分钟"形式,加大戏曲普及知识的渗透,同时把"安岳曲剧"的唱腔和念白融入各段学生的日常音乐教学中。在音乐欣赏课中,学习欣赏"安岳曲剧",加大"安岳曲剧"经典片段欣赏的数量,帮助学生逐步建立正确的戏曲审美情趣。"安岳曲剧"舞蹈化这一特点，它不同于歌伴舞，而是主角唱演，其他学生随主角饰演，按舞蹈队形变化，加以优美的舞蹈动作、手势、表情等。这种形式场面生动，参与面广，加大了学生的参与面。

（3）"安岳曲剧"与体育学科的相互渗透。

"安岳曲剧"是一门综合的艺术，其包含的内容除了唱腔之外，还有形体训练内容。我们可以充分利用体育课，开展有关形体、力量、柔韧等项目的教学活动，如典型的提拿练习和弯腰练习。通过这些训练增强孩子的力量和身体柔韧性，促进其生长发育，逐步形成匀称的身材。利用大课间做戏曲韵律操，并且每期都及时更换一套新的戏曲操，让学生在运动中感受戏曲的魅力。

（4）"安岳曲剧"与美术学科的相互渗透。

"安岳曲剧"与美术课相结合，在美术教育中教授"画脸谱"的内容，介绍一些戏曲舞美等方面的相关知识。让学生理解和感受舞台美术包括很多方面，例如布景、灯光、化妆、服装、效果、道具等。

5. "安岳曲剧"社团学习活动

课题组从二年级、五年级学生中选出部分学生组成"安岳曲剧小梅花"艺术社团，重点加强指导，调动这部分具有艺术才能的学生参与的积极性，培养演唱的自信心，使他们在吸取学习中享受到戏曲学习的乐趣，为"安岳曲剧"的传承打下了坚实的基础。

6. 我和戏曲在一起，戏曲艺术活动周

学校二年级、五年级实验班每周两节曲剧课，每月最后一周是戏曲艺术活动周。在安岳县第九届中小学艺术节中学校的"安岳曲剧"《小放牛》荣获一等奖。师生在戏曲艺术活动周感受戏曲魅力，理解戏曲精髓，传承戏曲文化，为学生的全面发展及提升较高的艺术修养内涵奠定基础，丰富了师生校园生活。

三、成果创新特色

（一）关注视角的创新

戏曲进校园活动在全国各地开展得轰轰烈烈，热闹非凡。但总体来说，戏曲进校园的形式仅局限于戏曲技艺的传授和学习。本研究着重从"安岳曲剧"传承人的培养和非遗文化的传承和创新视角开展研究。

（二）教学模式的创新

课程整合是促进学生各方面协调发展的媒介，引进"安岳曲剧"作为传统文化教育课程进入课堂，和语文、音乐、舞蹈、体育、美术、英语等课程进行充分的整合，给"安岳曲剧"的传承和创新提供了阵地。

（三）教学内容的创新

传统的戏曲传授内容多以戏曲的唱腔、扮相、基本功为主要内容。本课题把戏曲传授内容的外延扩大到器乐、服装、化妆、舞美、灯光，以及后面的故事等方面内容。

四、成果效果

（一）学生成长方面

学生全面了解"安岳曲剧"的特点，部分学生学习并表演了"安岳曲剧"《小放牛》《十八相送》《小放风筝》等剧目，培养了一批有兴趣、有功底的传承"安岳曲剧"文化的接班人，推动了安岳县"安岳曲剧"的蓬勃发展。我校实验班级学生对传统文化产生了认同感，树立了文化自信，培养了学生的艺术修养，全面发展了学生的核心素养。

（二）教师发展方面

及时转变了教师不重视传统文化传承的观念，更新了传统文化知识的范畴，扩大了戏曲教学内容的外延，认识到了"安岳曲剧"的育人功能，培养了教师厚实的文化素养。教师和民间艺术家一起积极开发了校本课程资源，现整理编成了"安岳曲剧"校本教材一本，发表了论文两篇。

（三）学校发展方面

学校拥有一支由两百多人组成的传承"安岳曲剧"文化的高素质教学团队和优秀的学生群体。初步建成了以"安岳曲剧"为特色的校园文化。通过对社会艺术团体、社区资源、家庭资源的利用，建构了社会、家庭、学校三位一体的特色校本课程资源。"安岳曲剧"《小放牛》获得了青少年宫艺术展演的一等奖，该剧目也多次被搬上舞台表演，扩大了学校的知名度，使学校的特色教育更上一个新的台阶。

（四）教育改革方面

为传统文化的传承，特别是戏曲进校园提供了一种借鉴模式。为学校的校本课程和校本教材的开发提供了方法和策略。

（五）课题研究成果得到推广

在市县级交流4次，参加县级和社区展演及各类比赛8次，整理研究笔记、随笔和各种图片及活动资料5本、影像资料2个。多篇论文获得各级各类奖项，其中有两篇已发表。从县到市到省，得到了各级领导的肯定和大力支持，也得到了学生家长的通力配合和协作，为"安岳曲剧"的传播和传承打下了坚实的社会基础。

五、问题思考

课题研究以来，在收获研究成果的同时，我们也发现了以下一些问题。

（一）对教师传承人的培养较欠缺

在"安岳曲剧"的传承过程中，谢军凤、伍玉芳、邹连科三位艺术家都是七旬老人，他们相继生病，而课题组教师又没有进行"安岳曲剧"专业培训，不能代替老艺术家开课，中途有两个月曲剧团无法开课，传承"安岳曲剧"文化又面临新的困境。

（二）没重视传承人的更替问题

每年学校约有600名毕业生，学员严重流失，培养一批新的"安岳曲剧"苗子还需要大量时间和精力。

（三）资金投入不足

学校资金投入不足，曲剧学员需要自己购置戏曲服、道具等，增加了学生的经济负担。

在取得成果的基础上，我们将继续进行研究与探索：在艺术家年龄增大、无法胜任教授的困境中，利用艺术学科教师来培训学生戏友，从而把"安岳曲剧"课开下去，成立"安岳曲剧"社团，培养"安岳曲剧"小票友，利用课后服务时间、安岳春晚、其他公益演出平台，寻求社会捐助等资本，建立"安岳曲剧"艺术团，再反哺社会，让"安岳曲剧"这一四川省非物质文化遗产继续发扬光大。

"系统建构·四策推进",促进教学质量有效提升

成都市武侯实验小学 张 华 谢 琳

武侯实验小学成立于2004年,是一所年轻的小区配套小学,32个教学班,1300余人。学校教师队伍系多校合并而成,校聘教师占比38%,教学水平差异较大,且流动较为频繁;学校管理干部变动较大,给教学管理工作带来较大困扰。如何在教学管理中变挑战为契机,成为学校近年来持续深入研究的课题。学校结合实际情况,深入贯彻落实中共中央、国务院关于深化教育教学改革的文件精神,在抓实教学质量管理方面进行了以下探索。

一、树立科学的质量观,成就学生的全面发展和个性化成长

武侯实验小学以"慧美教育"为办学特色。"慧美教育"简言之就是美学取向的灵性教育,其核心是顺天形、展个性、育灵性,对学生来说最关注灵性,对教师来说最关注实践智慧。

基于"慧美教育"办学特色,我们引导教师树立科学的、全面发展的教学质量观,注重关注学生核心素养的提升,助力学生顺天性、展个性、育灵性,实现德、智、体、美、劳综合素质的全面发展。不再仅仅关注学生的成绩,唯分数论英雄,而是在立德树人的这样一个广阔的视域下,既重视教的质量,更重视学的质量;既重视知识传授的质量,更重视能力和素质的全面提高;既重视结果质量,更重视过程质量。

二、优化完善组织机制,实践质量管控体系的系统建构

(一)优化组织机构,营造了高效运转的组织形态

基于学校质量观,聚焦质量生命线,学校进行了组织机构的优化整合。改变了多部门的割裂式管理,将原有的传统学校三大处室调整为教师发展中心、学生发展中心、综合服务中心三大管理中心,分别由三位副校长牵头负责。

教师发展中心突出对教师专业成长的引领和规范化管理;学生发展中心突出学生为主体,强化活动育人;综合服务中心突出管理服务的意识,做好教育教学基础保障,"三中心"组织形态更好地实现了职能整合,突出了质量主线。

（二）理顺五大机制，构建了全面有效的管理体系

1. 评价激励机制

做到"三个结合"：一是将学业质量与评优评先相结合，二是将学业质量与绩效考核相结合，三是将调考质量与培训优先相结合。

2. 引领帮扶机制

做到"五个坚持"：坚持邀请专家教研员深入课堂专业指导；坚持行政干部上示范课、核心团队上研究课；坚持开展名师结对、师徒结对、年级结对、生生结对等同伴互助；坚持年级间经验无私分享，做到真诚待人；坚持经常性做好调考年级、重点班级、薄弱学科质量的跟踪帮扶。

3. 过程监控机制

全时空全方位全员化实施过程质量监控。行政深入年级班级，做到每日巡查、每月自查与抽查相结合、每月评比公示，每学期出质量分析报告等方式，让常规孕育优质成为一种新常态。

4. 校本研修机制

"1+2+1"教研成常态，即每学月大组教研1次，备课组教研2次，机动教研1次，落实"3备3上3研讨"校本研修机制。

5. 培训分享机制

"培训定制与交流分享"形成常态，拓宽了教师的视野，实现了资源在更大范围内的共享。

（三）完善管理制度，提供了高位发展的坚实保障。

制定和完善了《教师教学常规管理系列考核办法和细则》，明确了教师的教学行为规范要求和标准。

三、创新实施四项策略，确保教学质量有效提升

（一）"示范 + 深入"，实施行政精细化管理策略

1. "干部三类修炼"引领示范

行政干部人人都是教学管理者。在校长的引领下，人人做到三类修炼：履职到位"五个一"——分管好一个年级、引领好一个教研组、负责好一个课题、带好一个青年教师、抓好一个典型班级；习惯养成"五个一"——每天找一个学生或教师交流、思考一个教学问题、每天读一小时专业书报、撰写一篇教学日记、每天上课一节课；学习研究"五个一"——定期研读武侯区质量分析报告，定期考察内化区内外质量优秀学校经验，定期组织重点年级、问题班级召开质量提升研讨会，定期进行教学质量管理反思，定期撰写教学经验文章。

2. "三定"常规管理深入开展

行政对教学常规的管理做到"三定"，并以此深入课堂。定责：深入年级指导到位，关心到位；定性：带头加强课标解读，加强学科前沿动向的了解与把握，不断增强专业引领能力；定量：中层以上干部每周至少听课2节，分管教学行政每周至少听课4节；行政每天巡查年级做到"六个一"：进课堂、看常规、查作业、听需求、提亮点、给建议。

(二)"规范+特色",实施教师专业提升策略

1. 规范要求,用"三化解读"提升教师教学基本功

除规范化的备课、教研、上课等外,教师每期还要完成以下规定动作:①全面化的课标解读:语数及科任学科老师轮流进行课程标准的基本理念、学段教学目标、教学内容、重点探究活动流程进行阐释。②系统化的教材解读:寒暑假,教师聚焦学科核心素养和课标,进行教材目标细化、学生学习活动设计、评价等的解读。③常态化的试卷解读:定期对历年区上单元检测卷、语数调考试卷进行分析,对课标列出考点,并根据需要出对应各类练习卷。

2. 特色项目,用"课题成果"提升教师教学能力

特色项目活动,主要聚焦学校市级"'以学为中心'的教师课堂教学能力提升策略研究"课题成果的辐射与推广而开展。

(1)抓"六步进阶"专业阅读。

专业阅读是教师专业能力提升的前提保证。学校开展系列"智·悦"读书沙龙活动,形成荐—读—摘—写—说—测的教师专业阅读进阶机制,促进了教师课堂教学理论水平提升。

(2)抓"分层分阶"主题培训。

"分科分层、阶段推进"的主题培训菜单中,有覆盖全员的针对教师教学能力提升的通识性培训,有针对语文、数学学科的教师如何进行教学核心问题设计、学生学习活动设计专题性培训等。每类培训有计划分阶段在每期推进,促进了各层次教师教学能力快速提升。

(3)抓"六要素"团队研修。

基于合作的背景下,聚焦自愿参加的愿望、共同目标的建立、团队规则的制定、团队任务的分解、团结互助的实践、共赢互惠的结果等六个重要因素,形成团队研修的"六流程"。在近三年中,我们聚焦各级赛课、"付华名校长工作室"校际"线上线下融合式"教研活动、"我心中的智慧课堂"青年教师赛课活动等"关键性事件",灵活组成多样团队,如"学本赛课团队""二年级家长开放日团队""群文展示课研究团队"等,均按照"六要素"形成的"六流程"运行,实现了团队智慧碰撞,促进了教师课堂教学能力的发展。

(4)抓"四层次·五重点"教学反思。

反思是教师实现从普通的卓越的最有效途径。"四层次"指向教师不同发展阶段的反思重点:即新手教师重点反思一般教学技能;合格教师重点反思教学策略;成熟教师重点反思教学经验智慧;名优教师在借鉴其他名师经验智慧同时,重点在梳理自身教学经验,形成自己的教学主张;"五重点"指向教师课堂教学反思的关键:关注成功之处、关注不足之处、关注教学机智之处、关注教学创新之处、关注信息技术整合教学之处。教师通过聚焦"四层次·五重点"的反思,有效提高了自身的教学研究水平。

(三)"严格+人性",实施教师评价创新策略

1. 严格的量化指标让教学评价有章可循

严格的教学评价标准,对教师教学能起到"导向"和"调控"的功能。学校制定了《"学为中心"课堂教学评价标准》及备课检查、作业检查等量化考核标准。通过量化的指标,教师对自己的教学

工作该做什么、不该做什么、达到什么标准做到心中有数。

2. 人性化的情感激励提升教师的职业幸福感

原创和持续四届开展的"感动实小年度人物"评选,以故事为主线,设立敬业奉献、教育有方、魅力人生、勇于超越等奖项,通过"隆重仪式让感动分享、媒体宣传让感动传递、现场访谈让感动升温、拍摄视频让感动升温、编辑精美画册让感动定格"五大举措,激励教师收获了满满的职业幸福感和自豪感。

(四)"基础+拓展",实施学校课程优化策略

课程是学生全面发展和个性化成长的重要载体。国家课程课程如何校本化落实,是学校突破教学质量提升瓶颈的重要策略。

1. 抓实基础课程,强化学科素养

按照各级要求,学校开齐开足国家课程等基础课程,同时在如何优化基础课程方面下足工夫,如开展语文大单元教学、群文诗歌教学、数学项目式学习等探索,不仅牢牢守住了学科课程教学底线,更优化了学科课程的教学内容与教学方法,提升了学科课程教学质量。

2. 丰富拓展课程,强化综合素质

在基础课程之外,学校积极开发和应用多个拓展课程,如语文整本书阅读课程、毕业季课程、高阶思维课程、系列劳动课程、艺体特色课程等,已经形成了学校"慧美教育"校本化课程群,促进了学生发展,提升了学生教育教学质量。

四、优质管理成效突出,学校影响力和美誉度显著提升

通过系统建构、四策推进,学校教学质量得到了长足的提升。

(一)教师教学能力大幅度提升,成果丰硕

近三年,教师参加省市区级各类赛课、论文比赛并多次荣获特等奖、一等奖、二等奖;多名教师成为区学科带头人、区青年优秀教师以及区内名师名校长工作室成员;语文组获得区优秀教研组荣誉称号,专业自信和职业幸福感不断增强。

(二)学生学习主体地位突显,"成绩"优异

近三年调考成绩持续提升,学生公办排名语文全区第6名,数学第7名;学生艺术测评和体质健康成绩连年名列全区前茅。三年多以来,学生累计获奖人次省级127人次,市级1000余人次。

(三)学校影响力稳步提升,辐射作用明显

2019年学校创建成为四川省艺术教育特色学校;多次承办区内各学科研究展示活动和赛课活动;多次接待教育部国培计划农村学校干部跟岗培训,各地学校和结对帮扶的北川羌族自治县、甘孜州白玉县等地学校的参观学习,累计人次达800余人。

群文阅读助力学生思维进阶的方略简谈

成都市沙堰小学　朱玉琴　张晋蓉

《义务教育语文课程标准(2022版)》指出："语言是重要的交际工具和思维工具,语言发展的过程也是思维发展的过程,二者相互促进。"在语文课程教学中,既需聚焦语言文字理解与运用能力培养的根本任务,还需依托语言文字学习实践提升学生思维能力。全国著名群文阅读研究专家余党绪老师曾在"思辨读写"研讨活动上指出："阅读改进各有路数,但总会聚焦到阅读中的思维。"群文阅读是有助于学生思维能力培养的。经过数十年的研究,群文阅读也走进了语文教学常态课堂。怎么借助群文阅读教学助推学生思维能力发展？群文阅读教学实践需要注意什么才能更利于学生思维进阶呢？接下来,笔者结合自身教学实践体会,简谈些许方略。

一、议题设置凝练可议，利于学生深度探究

议题往往是一类文本的规律性认知。议题总是聚焦某一人文主题或语文要素,从而利于学生在有限时间内自主发现、探究,形成基于议题的多元认识。群文阅读教学中的议题可能从文本体裁来,可能从表达内容来,还可能从表达方式来。这样也是利于学生从多个角度进行深度探索,让学生得到一类文本的规律性认识。例如,三年级上册群文阅读课例《飞翔的美梦》,议题为"儿童诗里的奇思妙想"。这一议题的确立源自课内进行了儿童诗《我想》的阅读学习,学生初步感受了想象的奇妙,并在其中发现了运用"夸张"手法进行想象的方法。为了让学生了解、学习想象的多种方法,提升学生的形象思维、创造思维能力,特设计探索"奇思妙想"办法的学习活动。同时,为了让学生反复实践运用儿童诗这一文体的学习方法,培养学生阅读能力,又设想聚焦儿童诗的学习而开展一次群文阅读学习。基于以上两个方面的思考,确立了关照文本体裁学习和学生思维发展的议题——"儿童诗里的奇思妙想",并简化为课题"飞翔的美梦"。基于此议题,学生在一组儿童诗的学习探索中,发现多种想象的方法:借助事物形象的相似性,用比喻的方式进行和表达想象;用放大和缩小的夸张修辞手法想象;用拟人的修辞手法进行想象,把非人类的事物想象成像人一样有感受、会活动等。"儿童诗中的奇思妙想"这样的议题,既能引导学生体会到想象的多元方法带给诗歌的无限趣味,又能激发学生对儿童诗及想象方法的学习进行深度探索,从而在学习过程中实现思维进阶。

二、组文注重同类异质，便于学生发现规律

全国群文阅读教学研究专家于泽元教授曾强调："文本的规律本质上是思维的规律。群文阅读对于学习文本规律很有价值，反之，学习文本规律对群文阅读也有很大价值。"因此，群文阅读教学中所选择的文本对学生思维进阶至关重要。群文阅读到底怎么进行文本选择暨组文呢？一定是基于议题，把能呈现议题相关事物或现象之间的类似之处及不同之处的语言材料暨"同类异质"的文本组合起来。这种文本组合下的群文阅读有利于培养学生对比统整、分析综合、多视角、多层次看待问题的思维能力。有规律的文本是群文阅读的最佳材料。规律包括结构、形式、内容上的规律。把握好规律，就能组合好文本。反过来，有规律的文本有助于学生发现规律，获得对事物及现象的本质认识，从而促进思维往纵深发展。例如，二年级下册群文阅读教学课例《这边风光独好》，教者紧扣议题，选择了几篇介绍某个地方独特风光的文本进行组文，所选文本体现了同类异质的特点，呈现了多种不同的视角。《赵州桥》从介绍某处最有特色的名胜古迹的视角出发，突出赵州桥历经多年，仍然保持坚固和美观的独特之处；《老北京的春节》则从当地民俗文化入手，介绍了春节的习俗和独特风貌；《武侯祠》是从历史文化角度，展现了武侯祠君臣同享祀地，千年香火不断的独特之处；而《锡林郭勒大草原》更是展现了草原与其他高山、平地别样的风光，同时也展现了此草原与其他地方草原不同之处，不仅美丽，而且欢腾的特点。这些文本为学生捕捉某处风光提供了多种观察和思考角度，学生学会将其运用到自己对祖国山川风光的感受和理解上，能从某一独特视角展现祖国山川的独特魅力。学生在阅读这组文章时，能在初读中懂得每一处风光都有其独特之处，有的是因为景色秀丽、有的是因为物产丰富，还有的是因为当地的风土人情。但是除了这些，某个地方的独特风光还可能是什么？通过结合自己的生活经验，对这组同类异质的描写某处风光文章的背后观察视角的探究，会发现"风光"有民俗文化、有名胜古迹、有自然风光等，以此丰富学生对"风光"一词背后含义的理解，也初步影响学生多角度认识和捕捉某处风光特点，从而培养学生的发散思维能力。

三、运用比较联结方式，培养学生思维能力

学生通过比较阅读将信息组织成一个有体系的整合体，认识更深入更全面，从而对议题形成结构化的认知。而这样的阅读练习，非常有助于学生思维能力的培养和提升。而比较联结，则指的是对事物提取出其属性的异同来分辨两种事物所特有的思维方式，从中发现事物或现象的特点和规律，同时掌握其方法，并且在此过程中融合多种方法来深化自己的理解，丰富自己的思维空间。学生在群文阅读试图通过文章与文章的比较阅读，将不同或相同之处进行关联与联系，推动学生对某一事物或现象溯因、推断等，进行有意义的思考。例如，在五年级下册群文阅读《破除迷信》一课中，选取了文本《西门豹治邺》《9颗螺丝》和《蜜蜂靠什么发声》及三篇后续报道。在本课的教学中，让学生先从《西门豹治邺》和《9颗螺丝》中提取信息"谁迷信什么""迷信的原因""结果"，再让学生观察表格，比较信息，如图1所示。

比较发现

> 世界上存在的人、经验等，不存在的神，都有可能让人迷信。

篇名	谁迷信什么	迷信的原因	结果
《西门豹治邺》	老百姓迷信鬼神	科技不发达 缺乏知识……	田地荒芜 人烟稀少
《9颗螺丝》	詹姆斯迷信经验	从未出错 盲目自信	一死六伤； 禁止从事相关工作
	仓库保管员迷信詹姆斯	完全相信权威	

横着、竖着对比观察，看看你能发现什么。

图1　比较学习表（一）

学生通过横向和纵向地比较，对迷信的主体、迷信的对象、迷信的原因及结果都有了更加深入的认识，帮助学生打破认知局限和固定思维模式，初步建构对"迷信"的多元认知。同时，探究到迷信的一些本质，那就是跟自己"完全相信"有关系。在阅读了《蜜蜂靠什么发声》后，提取信息"谁不迷信什么""迷信的原因""结果"，再进行三篇文章的比较阅读，如图2所示。

篇名	谁迷信什么	迷信的原因	结果
《西门豹治邺》	老百姓相信鬼神	科技不发达、缺乏知识……	田地荒芜 人烟稀少
《9颗螺丝》	詹姆斯迷信经验	从未出错 盲目自信	一死六伤； 禁止从事相关工作
	仓库保管员迷信詹姆斯	完全相信权威	

篇名	谁不迷信什么	不迷信的原因	结果
《蜜蜂靠什么发声》	聂利不迷信书和老师	观察研究、多次试验证明、勇于怀疑	论文获奖 评为"年度人物"

对比三篇文章，看看聂利与前面几人有什么不同？
因为……所以……

图2　比较学习表（二）

让学生对比三篇文本内容，从中感受迷信是因为盲目、不怀疑、不论证，没有保持自己的独立思考，而破除迷信，首先得勇于质疑，不迷信书本和权威，更需要通过观察研究、试验探究因果关系，从而得到自己的更加准确的思考结果。而后又让学生对比后续报道，让学生再次感受不迷信需要保持理智的思考，不因情感而下判断。比较阅读贯穿群文阅读的始终，在比较联结中探究本质，升华认识，多层次、多侧面、多形式地理解了"迷信"，培养了学生"依果循因"的语言表达，提升了学生辩证思维能力。

例如，注重阅读统整综合，助力学生思维进阶。群文阅读教学根据阅读教学一般规律，让学生感知异同，在统整中组合碎片，置换视角，形成对某一个事物或现象更加全面的整体的结构化认识。综合则指的是将各种要素及组成部分组成一个整体，以建构成更为清楚的模式或结构。群文阅读虽然难以兼顾基础知识、基本技能的学习，但因为其更关注比较联结、统整综合，对学生多元思维、结构化思维等的提升很有帮助。群文阅读学习大多经历自读、共议共享，达成共识。这其中也培养学生独立思考、价值判断,提升学生的思维品质。例如,在《破除迷信》这一课例中,学生通过自读,在一个个文本中提取信息,在比较联结中,已经有了对"迷信"及其产生原因的一些认知,再让学生阅读《蜜蜂靠什么发声》的后续三篇报道,让学生从开始的文本阅读中去体会、感受"迷信",让学生充分理解聂利不迷信的原因,感受聂利不迷信带来的美好结果,为学生建立了对聂利的第一好印象。再让学生学习后续报道,让学生判断、辨析,学生此时很容易受前面"第一印象"的影响,陷入了对"聂利"的迷信中。当揭示事件最终结果时,学生目瞪口呆,发现自己也不知不觉陷入"迷信"了!有了这样的一次真实体验,学生发现自己也轻易迷信,感受到迷信无处不在,破除迷信不是想象中那么简单容易的事情。最后让学生统整综合本课的学习感受,学生顺理成章地懂得了要不"迷信",需要保持冷静和理智,一定要有自己的独立的思考和判断,而不是仅仅凭情感或别人提供的片面证据。学生还懂得"破除迷信",需要坚持实事求是、勇于怀疑的科学态度和用"依果循因"的科学方法去认识周围世界。本课教学中,让学生真真切切地经历一次"迷信"、学习研究"迷信",再跳出"迷信",回顾总结学习体验,从而得出更全面、更科学的认知。而这样的学习思考过程,也在不断推动学生思维一步一步向高阶发展。

阅读最重要的是促进人的思维方式的改进与思维品质的发展。群文阅读教学非常有助于提升学生的高阶思维能力,这已是不争的事实。教无定法,本文只是揭示了群文阅读助力学生思维能力进阶的一般规律性做法。在群文阅读中培养学生思维能力的具体方法、策略还有很多。唯有在语文教学实践中持续打造聚焦思维能力培养的课堂,改变师生思维方式,提升师生思维能力,自然也能收获师生在语言文字感受力、理解力和表达力方面的提升,真正实现语文核心素养的发展。

"话"教育
——家庭教育中的有效沟通

成都市第二十二幼儿园 王 瑶 许小蝶 李 玲

《中华人民共和国家庭教育促进法》总则第五条明确指出,家庭教育应当"尊重未成年人身心发展规律和个体差异",这是实施家庭教育的重要前提。作为一名幼儿园老师,时常听到家长这样说:"你们老师的话他就要听""我们给他说了这是错误的行为他还是不改"……作为一名妈妈,我也会听到我的妈妈说"他为什么只听你的话"。其实家长将孩子"不听话"的重点放在了孩子的"不听",而很少思考自己的"话"。在与孩子沟通时,多思考自己的"话"该如何传达,做到有效沟通,那孩子也会从"不听"转变为"听"了。

一、有效沟通——"话"里的转变

与孩子进行沟通的目的是能够让对方明白自己的想法。对孩子来说,家长本身就有身份上的压迫感,若在沟通时,家长以严肃的语气,通知的口吻告知孩子一件事情的对错,而忽略孩子自身的想法,那在这个过程中,只是思想的单向灌输,而不是双方的沟通。所以,家长们需要对"话"进行转变。

(一)对"不"说再见

"不要玩水""不要哭闹""这样子不行"……

在说教式的教育观念影响下,成人和孩子沟通时总是以禁止做某一件事来规范孩子,这件事的解决方式就只有一条路。孩子们会认为家长时刻都在否定自己。当大胆的孩子将自己的想法付诸行动时,就是家长常说的"他(她)怎么这么不听话"?所以,在家长和孩子的有效沟通中,家长要先做到好好讲"话"。

1. 给孩子一点儿提示:命令孩子不如和孩子一起

案例1:

橙橙在家一会儿玩汽车,一会儿玩积木。不一会儿,玩具到处都是,妈妈说:"橙橙,不要把玩具丢在地上。"橙橙没有理妈妈继续玩玩具。

案例2:

橙橙在家一会儿玩汽车,一会儿玩积木。不一会儿,玩具到处都是,妈妈说:"橙橙,玩具想回家了,我们一起把它们送回家吧!"橙橙听到后,和妈妈一起把玩具送回了家。

2. 给孩子一点儿时间:满足需求比否定需求更有效

案例1:

"我想看汪汪队。"橙橙开心地说。

"不行,我们要出门了。"妈妈马上拒绝。

被成人拒绝后,幼儿伤心的大哭。

案例2:

"我想看汪汪队。"橙橙开心地说。

"好的,我们外出后回家看。"妈妈想了想,肯定了橙橙的提议。

得到肯定的答案,幼儿开心地外出了。

3. 给孩子一点儿尊重:"平视"孩子,与孩子平等对话

案例1:

妈妈工作很累回家后,橙橙一直闹着要妈妈抱、一起跳舞,妈妈说:"不行。"橙橙一直在妈妈旁边哭闹。

案例2:

妈妈工作很累回家后,橙橙一直闹着要妈妈抱、一起跳舞,妈妈说:"橙橙,妈妈今天工作累了,我可以在旁边陪着你,看你跳舞。"

与孩子平等地交谈,说明原因,以孩子的视角商量其他的解决办法。

(二)为肯定和鼓励"放行"

"我说了,你总是记不住""这个问题上次你就问过了,怎么还在问?""你这个小孩子,你懂什么?"……在与孩子交流的过程中,家长总是会打断孩子,以否定甚至是指责的语气进行说教。然而,有效沟通的前提是先接纳观点,再进行传达。所以,在家长和孩子的有效沟通中,家长也需要好好听"话"。

案例1:

一天早晨,走到幼儿园门口的橙橙怎么也不愿意进入幼儿园。妈妈说:"你今天为什么不上幼儿园?"橙橙说:"我忘记带纸箱了。"妈妈说:"上幼儿园带什么纸箱。赶快进去,就你来得最晚!"橙橙不情愿地被送进了幼儿园。

案例2:

一天早晨,走到幼儿园门口的橙橙怎么也不愿意进入幼儿园。妈妈说:"你今天为什么不进幼儿园呢?"橙橙说:"我忘记带纸箱了。"妈妈说:"上幼儿园为什么要带纸箱呢?"橙橙说:"因为老师说今天要用纸箱做手工。"妈妈说:"那你想想有什么好办法吗?"橙橙想了一会儿说:"你告诉老师,手工我们回家做可以吗?""当然没问题!"妈妈点头答应了。橙橙开心地进入了幼儿园。

著名的教育心理学家简·尼尔森说:"接受不完美,错误是学习最好的机会。"这与大多数家长在家庭教育中认为"孩子一定要为犯错误而羞愧,以此来避免其日后犯错误的量"的理念不同。

他反而认为,家长要学会接纳孩子的各种要求,对于孩子的要求有正向的引导,不能因为孩子不切实际的想象就给予斥责,这样的结果只会让他(她)感受到负面的情绪,从而失去有效沟通的意义。

二、有效沟通——"话"权的转移

"每个孩子都是一个世界——完全特殊的独一无二的世界。"我们要想了解孩子丰富的内心世界,就应该放下大人的架子,从倾听开始。而倾听孩子的话,首先要做到尊重孩子,将"话"的权利交给孩子,我们也可以做一个"听话"的大人。因为孩子也有自己的思想,有自己的个性,有自己的独立人格。

(一)动作:蹲下来

怎样做一个"听话"的大人呢?调整自己高高在上的心态,放下架子,以平等、理解接纳和认真的态度去面对孩子的倾诉,等等,都可以用一个动作——蹲。在与幼儿的相处中,蹲下来与幼儿平视,蹲下来用心倾听,蹲下来与幼儿交流。

案例:

一天,橙橙在家通过自己的努力爬上了飘窗台,在飘窗台边站着想尝试着向下跳。我看见后,赶紧走到他面前说:"你怎么爬这么高?你这样很危险。"他还以为我在和他玩游戏,并不觉得危险。我把他抱下来,蹲下来看着他说:"妈妈知道你想挑战,但你这样做会受伤的,如果下次你想做可以提前告诉妈妈,妈妈在旁边保护你。"他很高兴地点点头。

尊重孩子是教育中不可忽视的重要内容。这要求家长在说话时,或者在倾听孩子说话时,是以孩子的视角和孩子进行交流,他们才能感受到父母的尊重和关爱。而蹲下来与幼儿说话,就是以同样的高度,沟通他们眼中的世界。

(二)游戏:做朋友

孩子的世界充满了"为什么",他们对许多的事物都有着强烈的好奇心。他们在探索和发现时,可能在成人的眼中就是搞破坏、不听话,发生这些情况我们应该去观察、了解孩子行为背后的想法,用认真而亲切的态度,使孩子对我们有安全感和信任感,做他们的小伙伴,好朋友。

案例:橙橙在一个台阶旁观察蚂蚁,不一会儿他伸出食指拦住了蚂蚁的路,他发现蚂蚁绕过了他的手指继续前进。这一发现引起了他的好奇心,不停地用手指给蚂蚁设置障碍。妈妈问:"你为什么用手指拦住蚂蚁的路呢?"橙橙说:"我想知道它们要去哪儿。"妈妈便蹲在他的旁边引导他继续观察,最后跟着蚂蚁的路线找到了蚂蚁的家。

幼儿正处于人生启蒙的关键时期,家长应当以鼓励为主,激发孩子的想象力与创造力,引导孩子从小树立自信心。当不解孩子的行为或者语言时,以玩游戏的态度询问和关心,保护他们的好奇心与求知欲,和孩子一起学习,都会有不一样的收获。

总之,在家庭教育中开展积极的有效沟通,是帮助幼儿成长的第一步。在与孩子的有效沟通中,家长首先应该学会如何进行表达,以让孩子接受的"话"进行交流,以尊重孩子的意见。其次,家长要学会倾听幼儿的心声,做一个"听话"的家长,只有尊重孩子的声音,孩子才会变成"听话"

的孩子。最后,家长要给予孩子表达的权利,不仅是"讲"的权利,还有"话"的权利。尊重孩子的表达,也尊重孩子表达的内容,以同一视角,认真地对待孩子的问题和想法。

我还记得一个小故事,小男孩在花园里玩耍,妈妈在厨房里叫他回家吃晚饭,小男孩不慌不忙地说:"妈妈,我还在月亮上散步呢,还要好一会儿才会回来。"妈妈回答:"那好吧,你在月亮上散完步,可不要忘了回家吃晚饭。"后来,这个小男孩就是第一个登上月球的人——阿姆斯特朗。

在家庭教育实践中,家长学会与孩子有效沟通,尊重孩子,给予更多的耐心与引导,帮助每个孩子找到最适合自己的成长方式,做最好的自己,健康幸福地长大成人,或许我们的孩子也会成为"第一个登上月球的人"。

共构一所温暖的幼儿园
——以成都市第二十三幼儿园"两自一包"改革为例

成都市第二十三幼儿园　宋晓艳

成都市第二十三幼儿园（以下简称二十三幼）是成都市一级园、第一批全国足球特色幼儿园示范园、全国足球特色试点园、成都市教师发展基地校等，办园基础和社会口碑良好。经过8年的发展，正值园所发展瓶颈期。幼儿园在团队文化共建、课程建设等方面还有很大的提升空间。2020年，正值区域公办传统幼儿园改革为"两自一包"幼儿园，借助改革契机，进行如下探索。

一、问题诊断，探索新思路

（一）多种途径找问题

问题是解决措施的导向。2020年2月，正值疫情最严峻时刻，全园未复学。我接受组织安排，到这个有个性的幼儿园担任园长。我通过三种形式与教师交流，了解真问题。

1. 交心谈心找问题

我每天到园与值班教师沟通，从关心教师个人到家庭，再到关心教师未来发展，与教师建立信任感后，再了解幼儿园存在的问题。2个月，我与全园45名教职工一一谈心，了解每位教师心中的问题。

2. 深入工作找问题

幼儿园召开线上线下会议时，我发现老师们不敢也不愿发表意见，即使说了也没有说出内心真实的想法，老师之间不团结，不信任幼儿园，不愿说真话。为此，通过多种形式对全园教职工进行深入的了解，真正倾听每位教师的心声。

3. 侧面打听找问题

此外，我还经常关心各岗位人员的工作和生活，侧面了解其对幼儿园管理及其他方面的意见，让大家在轻松、自然的氛围下说出自己真实想法。将收集的问题分为三个层面（园务管理、后勤管理和保教管理），共计28个。分析产生问题的原因：一是制度不全，教师没有真正的认可，落实不到位。二是课程执行不到位，教师专业提升缺乏途径。三是个别教师不认可薪酬方案、考核机制。

（二）确定问题定思路

面对二十三幼年轻的团队，我采用"年轻人的打法"——俯下身和老师们一起解决问题。第一，统一思想解决机制体制问题。让大家明白幼儿园是大家的,需要共同治理。每一项制度、考核、评优、薪酬都人人发言、人人通过。第二,营造温暖的园所氛围,激发教师活力。管理者一定要俯下身来,走近教师,凝聚人心,这样才能听取教师的心声,建立一所人文、温暖的幼儿园。第三,关注教师专业,落实儿童发展。教师是园所发展的内生力,发展也好,温暖也好,最终落脚到儿童的发展,课程建设是我们的核心。

二、共建愿景,凝聚团队

建构共同的团队文化,激发教师高效的执行力,建立一所温暖的幼儿园是我们共同的目标。改革中,以"共同治理"为方向,以"项目制"为抓手,从管理制度、教师专业和课程建设三个方面进行探索。

(一)顶层设计,细化管理

1. 完善制度

改革,一定要秉持共同治理的原则。由于原有制度、章程建设时间长、教师流动、现行要求的变化等原因,幼儿园从管理人员入手,先后召开8次专兼职管理人员会议,6次分部门听取意见会议,5次全园会,重新调整学习岗位职责、园所制度,统一管理人员思想。修订考勤、评优选先、薪酬、教师关爱等制度,新增晨会、评优评先制度。

2. 细化流程

(1)建立"六会"管理体系。

幼儿园坚持"共同治理"原则,建构了一个包括党支部、学术委员会、专兼职管理员会、教职工代表大会、膳食委员会、家委会的层层共同治理的"六会"管理体系。不管是幼儿园的规划还是章程,幼儿园都广泛听取幼儿、家长、教师的意见,执行"六会"管理。

(2)用好监督体系。

对于"三重一大"的内容,幼儿园都会召开行政会学术委员会讨论重大项目的建设,幼儿园向家委会征求意见并审议通过。所以近两年期末在督导评估中,幼儿园的园务公开工作,家长满意度达到100%。

3. 共建文化

2016年起,开始探索幼儿足球游戏,随着课程的推进,园所的办园理念、培养目标与课程建构都存在一定的差异。为此,幼儿园向教职工、家长、幼儿发放问卷了解情况,经过多部门会议、专家的审议,制定了园所的"十四五"规划,确立了所有教职工、家长、孩子共同认可的顶层设计。

例如:

(1)办园理念:让孩子在奇妙世界里野蛮生长。

(2)培养目标:幸福、拼搏、合作、创想、坚持。

(3)办园宗旨:强健体魄、智慧生活、快乐游戏、锤炼意志。

(4)团队目标:和谐共进 专业幸福。

（5）园训：做最好的自己。

（6）园歌《奇妙世界》。

（7）重新调整LOGO的设计。

（8）吉祥物：小萌小宝。

（9）园所文化：和悦文化。

（二）多种渠道，激发活力

教师是园所发展的核心，管理者就要学会发现教师的特长，用好每一个人，把每一位教师放在合适的位置上，让人人都发光，人人都能获得成就感。

1. 细化岗位管理

因干部缺乏，为了激发干部内生力，通过岗位竞聘，竞聘了副主任、宣传干事等，让思想先进、有能力、有格局的教师参与竞聘，让整个管理团队分工更细、更明确，让每个教师在适合自己的岗位上发光。

2. 推进项目制

为了激励教师的发展，幼儿园实行了项目制，并且梳理了项目制的5个流程（确立项目、确定组长、招募成员、实施项目、评价项目）让项目的实施更加流程化，人人有项目，人人都是管理者。共开展了5个项目，利用空余时间共同完成楼道、走廊、功能室改造项目等，让园所的环境更有儿童视角、课程意识、互动性、多元化，解决了督导评估去年提出的问题。

（三）情感慰藉，温暖人心

改革中，逐步形成了"有爱、和谐、包容"的团队文化，老师之间的关系是和睦的、友好的。上学期，大班的一位年轻教师因为一点小事与管理人员发生纠纷，抛下孩子，执意在上班时间离职。管理团队并没有因为这位教师的冲动和坚持，同意离职，而是耐心与她交流，分析事情背后原因，真正解决她身上的问题。通过这件事，也让其他的教师感到幼儿园的处理方式的温暖的，对于教师是包容的。

三、专业引领，共温暖

（一）基于儿童发展课程的共建与实施

一是追随儿童发展的主题活动。在探索足球主题活动中，教师从儿童需求和兴趣出发，挖掘话题背后的深意，生成班级主题活动，让活动来源于幼儿。如大班班本课程"嗨，大足球"，活动起源于开学典礼的大足球，当大班幼儿接收到直径为2米的充气大足球后，怎么把足球运回教室成为孩子们的第一道"难关"，孩子们经过多次的尝试、探索、试验，最终将大足球送回班级。幼儿亲身体验，在操作中获得经验，形成具有班级特色的班本课程。

二是追随儿童发展的大型活动。二十三幼以大型活动为契机，将活动交由幼儿，让幼儿作为发起者、策划者和实践者，教师充分倾听儿童的声音、尊重儿童的想法、相信儿童的创造，让儿童做活动的主人。例如,元旦节孩子们命名的"心愿节",我们梳理了5个可以达成的心愿:看电影、吃大餐、穿喜欢的衣服、玩雪、要新年礼物,这最有代表的5个心愿将在心愿节实现。

(二)多渠道提升教师专业

幼儿园搭建了多渠道、多层次基于教师实际的培训。例如:①专家引领,彭俊英教授每月入园对课程进行指导和培训等;②师徒结对,由骨干教师牵头,与青年教师结对,手把手帮扶,巩固教师专业思想,提升专业能力;③教研与科研,幼儿园将教研与科研相结合,帮助教师建立科研思维,掌握教育科研方法,促进教师对教育教学现象的分析、提炼和归纳能力,提升对教育教学规律探寻的思考能力。

四、改革成效及反思

(一)改革初步成效

1. 顶层设计得认可

2021年,幼儿园荣获"第一批全国足球特色幼儿园示范园"、武侯区儿童青少年近视防控试点校等。幼儿园"十四五"规划、园歌《奇妙世界》等均获省级奖项。

2. 儿童发展更多元

孩子们写的毕业诗《再见为更好的再见》获省二等奖,《心愿节》等荣获省级三等奖,《儿童视角下大型活动的组织与实施》在四川教育发表。

3. 教师成绩显提升

教师的个人获奖、园所获奖相比去年增加43%。例如,个人获奖150余篇,班主任赛课区级一等奖2篇、二等奖2篇。其中《书包的故事》在专业期刊《幼儿教育》发表等。

(二)问题及反思

改革两年中,教师从"只管自己"到"我是幼儿园的主人",幼儿园从失去朝气遇到瓶颈到共建一所温暖有爱的幼儿园。这背后都是"两自一包"管理的作用:在"共同治理"核心下,共构目标、共构文化、共构制度、共构课程的发展结果。幼儿园逐渐地向精细化迈进,教师专业也有较大提升。但是我们还需要不断的努力。

(1)培养人才。根据园所发展和教师情况,为老师提供更加适宜的锻炼机会,为优秀的教师提供更加合适的岗位,挖掘教师潜力。

(2)精细管理。各个部门的管理更加注重细节,团队开展工作的执行力还应该继续加强,提高工作效率。

(3)课程资源。建立课程资源库,便于教师系统化专业学习。

基于核心经验下的幼儿园诗歌教学
——以《团结友爱亲又亲》一课为例

成都市武侯区第十九幼儿园　张　艳

领域教学知识（PCK）为教师实施教学提供了专业思考的路径。和任何一个教学活动一样，诗歌教学活动开展前，需要弄清楚"教什么"：诗歌带给幼儿的核心经验是什么；"教谁"：幼儿，作为教学对象的特点（认知发展、兴趣爱好、已有经验等）；"怎么教"：通过怎样的教学策略完成教的内容。以诗歌《团结友爱亲又亲》为例，基于核心经验下从诗歌教学目标确定、环节设计两个方面阐述幼儿诗歌教学。

一、回归经验，分析作品，确定教学目标

诗歌教学目标的有效确定离不开对诗歌内容和幼儿的分析，即关注、弄清楚"教什么"和"教谁"的问题。

（一）分析诗歌文本的学习核心经验

诗歌是文学作品的一种形式，用高度凝练的语言表达作者的丰富情感，并具有一定的节奏和韵律。《学前儿童语言学习与发展核心经验》指出，早期文学语言学习与运用经验，包括文学语汇经验、文学形式的经验、文学想象的经验。以《团结友爱亲又亲》为例："一颗星，冷清清；二颗星，亮晶晶；三颗四颗五颗星，汇成星河放光明。一个人，孤零零；两个人，喜盈盈；三个四个五个人，团结友爱亲又亲。"在反复阅读和分析后，发现这首诗歌蕴含着丰富的学习经验。首先，诗歌押韵，朗朗上口，能够很好地帮助幼儿感受这首诗歌的韵律节奏；其次，诗歌中有很多ABB的叠词，有助于丰富幼儿的文学语言词汇；最后，这首诗歌所表达的意境，朋友多，团结友爱亲又亲。《3-6岁儿童学习与发展指南》语言领域中目标2要求具有初步的阅读理解能力，4~5岁的幼儿能大体讲述所听故事的主要内容；能随着作品的展开产生喜悦、担忧等相应的情绪反应，体会作品所表达的情绪情感。综合诗歌所蕴含的学习经验和《3-6岁儿童学习与发展指南》中的目标，可以定位关于这首诗歌内容学习的活动目标，即理解并朗诵诗歌内容，感受朋友多的愉悦心情。对于目标"理解并朗诵诗歌内容"适合于放在任何一个诗歌活动，如何制定适合这个诗歌内容的目标呢？需要结合幼儿的已有经验进行再次的分析。

（二）分析幼儿的已有经验

陈鹤琴提出："小孩子的知识是由经验得来的。"幼儿需要在已有经验的基础上架构新的知识体系。在进行任何活动之前，都需要对幼儿的已有经验进行分析。在孙瑞雪的《爱与自由》中也提到：哈佛大学有一个经典性的实验，表明儿童喜欢把一个事物跟另一个事物联系起来。在分析诗歌本身所包含的学习核心经验后，需要审视幼儿的已有经验，分析幼儿是否具有与诗歌中的核心经验类似的经验。而对于《团结友爱亲又亲》的这首诗歌，幼儿要理解诗歌的内容，就需要对诗歌中的ABB叠词进行理解；要感受朋友多的愉悦心情，就需要前期对幼儿的朋友交往进行了解。

基于对文本经验和幼儿已有经验的分析，便可定位活动的目标和重难点，即一是理解并朗诵儿歌，并理解重点词汇冷清清、亮晶晶、孤零零、喜盈盈；二是感受朋友多的愉悦心情。

二、锁定目标，选择策略，设计教学环节

核心经验的理论中强调"怎么教"是根据"教什么"和"教谁"而决定的。对于诗歌教学，教学环节中最基本的部分就是对诗歌内容的欣赏与理解。鉴于这一点，从诗歌欣赏、朗诵与理解三个层面进行教学活动环节的设计。诗歌欣赏、诗歌理解、诗歌朗诵是交错进行的，并没有明显的界线。诗歌欣赏、诗歌朗诵中伴随着对诗歌的理解，对诗歌的理解能够有效帮助幼儿对诗歌的欣赏和朗诵。

（一）诗歌欣赏与理解

《3~6岁儿童学习与发展指南》中指出：最大限度地支持和满足幼儿通过直接感知、实际操作和亲身体验获取经验的需要。针对诗歌的教学活动，教师最有可能提供图片、教具等教学材料，帮助幼儿将自己的具有经验与诗歌内容进行联系。对于《团结友爱亲又亲》这首诗歌，一幅能够反映诗歌内容的图画就显得尤为重要。通过语言与文字、视与听相结合的方式，帮助幼儿透过图画的内容，理解诗歌的内容。

在实际的教学过程中，教师一般会采用自己朗读或音响设备播放两种方式让幼儿完整地欣赏诗歌。但是无论是哪一种方式，都不能脱离诗歌所蕴含的核心经验之一，韵律与节奏、情感。幼儿所听到的诗歌内容，应该是富有韵律、节奏、情感，既有抑扬顿挫，又有真情流露。每一次完整欣赏后，教师通常会采用提问的方式帮助幼儿理解诗歌的内容。而每一次提问应该是简洁的，具有明显的指向性，为教学目标服务的。通过对诗歌内容的分析、目标的确定，提问可以分为三个层次：一是指向诗歌的大致内容，即听到了什么；二是指向诗歌的重点词汇，理解其意思；三是指向诗歌的内涵，即听了有什么样的感受。针对诗歌内涵的提问与小结，是让教师比较纠结的地方。因为处理不当，极易变成说教。对于《团结友爱亲又亲》这首诗歌，主要是让幼儿感受朋友多的好处。提问就可以直接指向朋友，即你的好朋友是谁？你喜欢和朋友在一起吗？在一起心情怎么样？当幼儿进行回答后，教师需要总结，帮助幼儿提升经验，而小结的内容需要简洁明了，直面核心经验，即：哇！和好朋友在一起真开心。

(二)诗歌朗诵

诗歌朗诵是建立在对诗歌的大致理解基础上进行的。在诗歌教学活动中,诗歌朗诵一般会放在诗歌完整欣赏、理解之后进行。而在完整欣赏中教师的朗诵或录音无疑是对幼儿进行朗诵前的一个范式,初步建立作品与幼儿之间交流的桥梁,所以朗诵时必须字正腔圆、声情并茂、抑扬顿挫。

对于诗歌朗诵有多种多样的形式:范读、独诵、分组读、接龙读等。朗诵是让幼儿获得文学想象的一种方式,幼儿将所见所听的内容在头脑中形成画面,在转化成语言进行表达,即再造想象。创造想象建立在再造想象的基础上进行的。对诗歌的朗诵属于再造想象。对于核心经验中"教谁",幼儿来说,前期的完整欣赏可能无法实现完整的诗歌朗诵,这时需要借助一定的教具或选择合适的朗诵方式,帮助幼儿在有提示的环境下进行朗诵,帮助幼儿在头脑中形成与诗歌内容相匹配的画面。比如图文并茂的教具、跟读等。为了让幼儿能够很好地感受并能通过朗诵来表现诗歌的韵律,教师常常会请采用拍手打节奏的方式一边朗诵一边打节奏。而这样的方式有两个前提:一是幼儿已经熟悉了诗歌,能够进行完整的朗诵;二是幼儿拥有所要拍打的节奏的经验,不会因为对节奏的不熟悉而干扰的自己。

教师基于核心经验下对教学内容、教学策略、幼儿进行分析、提取,能够提高诗歌教学活动的有效性,从而实现幼儿诗歌学习经验的提升与发展。

十五分钟，双赢！

成都市武侯实验小学　付　华

2020年10月的一个周末，我们终于迎来了今年的第一次成人考试组织工作。如何确保此次工作的顺利进行，说实话我们心里还是有诸多担心的，依照往常的经验、上级的培训指导、学校考前细致的培训组织，我们期待着考试平安顺利。然而，其间的一起事件再一次让今年的考试工作非同寻常。

一、事件简述

10月18日下午1:50左右，我们按时打开校门开始有序组织考生进场，校门口测量体温查看"双证"，指引考生进到指定的楼层和考室附近，一切都在有条不紊的进行中。大约下午2:20左右，在开考前的十分钟，三楼楼层巡考行政一阵急促生气的声音打乱了二楼考场楼道的安静。原来，一位考生因不满学校监考老师进场的严格管理，大声抱怨和指责学校是在有意为难考生。进入考场后他依然不消停地边擦桌子边大声嘟哝，最后还把擦过的纸使劲扔向讲台，而这张纸恰好砸在了协助发卷的一位巡考行政身上。

巡考行政担心考生会有进一步的过激行为，加之的确不满意此考生的不礼貌行为，当即决定把他带出考室，交给考场主任来处理，以换来考试的有序平安。

他们一进办公室，考生就不停地解释："我又不是有意砸你，是不小心！"巡考行政老师则坚定地说："你就是有意！"两人你一句我一句的争执不下。看到此情景，我有些着急，也有些担心，这场考试我们可有33个考室、近千名考生喔，看来这场考试非同寻常！

幸运的是，此事经过我们十五分钟的处理，起初的担心没有继续扩大，也没有造成其他的负面影响，冲突事件再一次考验和锻炼了自己和团队，事件的成功处置让我们如释重负，也颇有成就感。

短短十五分钟，双赢！那么此冲突事件何以迅速平稳化解，这其中有哪些经验做法值得总结呢？

二、事件处置及思考

（一）面对类似事件，需要我们敏锐洞察，安抚情绪，共情引导，迅速控制事件的发展态势

从考生一进办公室的门，我就礼貌地邀请他先坐下，又请人给他端来茶水，他不好意思，连连说"不用、不用"。待他坐定后，我让其他的行政陪陪考生，听听他怎么说，自己则带着巡考行政去到了其他的办公室。

几分钟后我回到考生所在办公室，面带微笑，淡定从容地问考生："能简单地说说刚才发生了什么事吗？"一听我的问题，他又有些激动了，喋喋不休地说了很多。归纳起来，一是学校进场管理流程太多，还有这样那样的提醒，他认为烦琐，耽搁时间；二是他说自己去过其他地方考试，都没有我们这么多的要求和严格；三是他不是有意把纸团砸向巡考行政的；四是他要参加考试，请我们不要耽搁和影响他。

我边听边查看证件、边打量这位考生，在以年轻考生为主的参考人群中，52岁的年龄格外引人注目，参考的科目是电子工程。他已经秃顶，穿一身牛仔服，裤子已经发白发毛，还有点脏。以这样的年龄还来参考，他的焦虑感的确超过年轻人。

一阵倾听和思考后，我说："我很佩服你，这样大的年龄还在继续不断地学习，还来参加这样的考试！我猜想，你至少是一名工程师，还可能是一名高级工程师！"他激动地回应我："你太有眼光。"接着我又说，"我知道这场考试对你一定很重要，你现在还想不想继续参加考试？""当然想。""那我们接下来讨论一下继续参加考试的事好吗？""好啊！"

接着，以巡考行政为主告知考试规则和要求的工作在理性平和的氛围中展开，考生也耐心认真地接受了考场的纪律要求。

（二）面对类似事件，需要我们设身处地，换位思考，巧借外力，智慧引导事件的发展方向

我知道巡考行政很生气，对考生的无礼行为十分不满。我们俩来到办公室后，他再次提出应该终止考生考试资格的想法，他认为这样的行为影响不好、后果可能很严重。我知道巡考行政是一个做事严谨认真、个性比较强的人，我耐心听完他对事件过程的详细描述后，用商量的口气对他说："这个考生很特别，行为表现的确不当，你刚才的处理是及时的，也是恰当的。但是，能否取消参考资格我们不能决定，必须向上级部门汇报，我们听听上级部门怎么说？"得到我理解认可的巡考行政此时情绪逐渐趋于平缓，他点头认同了我的决定。

不一会儿我得到了上级部门的反馈："依照上级部门管理办法，除非考生自愿放弃本场考试。"得知这样的信息后，巡考行政没有再固执地坚持自己的想法，我说："你看这样行不，我们过去跟考生再沟通一下，如果他不愿意放弃，我们再次重申考场应有的纪律和要求，如果他能做到，就同意他继续参考？""那行！"

我带着巡考行政又回到了考生所在的办公室，看着已经平静下来的考生，微笑着询问考生：

"时间有点紧了,要不我们请巡考行政再说说考场纪律要求?"接着,我又再次询问考生:"你是否能够理解和遵守?"考生平和地回答:"能理解和遵守。"

介于冲突双方达成的和解共识,遵照上级部门的规定要求,作为考场主任的我做出了允许考生继续参与考试的决定,并指派两位巡考老师护送考生安静地回到了考室。

(三)面对类似事件,需要我们系统思考,预测控制,防患未然,最终确保事件的发展结果

考生回到考室后,我依然有些不放心,我在想万一考试过程中因为考题等因素又引发他不安宁怎么办?于是,我决定临时换出两位监考老师做好沟通,同时对考生可能出现的异常行为表现作出预判和处理方法指导,提前让两位老师对监考过程做到心里有数,让监考方法关怀得当。

接着,我又对分管安全的副校长做了安排,考试结束的时候由她和一名巡考老师,重点跟随和目送此考生离开考点,避免考后的节外生枝。

或许是我们的有礼有节、合情合理的处理感动了考生,或许是考生情绪平稳后理智的恢复所致,或许是考生考试很顺利等缘故,我们后续的考试和考场再没有出现任何异常。

成人考试工作虽然是学校每年必须完成的一项常规工作,但是它昭示着一所学校应有的社会责任与担当。做得好,皆大欢喜;稍有闪失可就"牵一发动全身",会造成很大的社会负面影响。是一件关乎社会稳定、关系教育公平、关乎学校声誉、关系考生权益的不可小觑的大事。虽然我们已经建立机制做成常态,然而每一次承担和组织依然如履薄冰,不敢有丝毫的懈怠。尽管如此,由于考生的复杂性,此类事件随时都可能再次发生。我想,只要我们进一步增强使命感和责任心,增强安全风险防控意识,牢固树立以人为本的管理理念,注意换位善于共情,注意思考善于沟通,注意统筹善于引导,一切困难和问题都可以迎刃而解。

送教下乡的教育触动

马边彝族自治县民建小学　邹兴意

推进义务教育均衡发展以来,市、县两级政府及教育局积极推进区域教育结对帮扶活动。民建小学作为马边彝族自治县龙头小学,担当起帮扶乡村小学的教育任务。每年的送教下乡,就成了引领一方教育的行为,成了我们学校重要的使命。

一、制定送教方案

作为分管教学的副校长,第一次送教应该带一些新的东西过去。以往的送教大多是送几节示范课,集中地区教师听课,课后评课议课交流。这样的送教显得简单明了,但形式陈旧,实际示范与引领效果也很有限。

2020年4月28日,我们提前拟订了"三河口、小谷溪"送教计划,制定了本次教研思路,落实送教教师人选,提前与对方学校取得联系,并商定了送教内容与形式。结合这次送教的构想,我将本次送教活动的主题定位"紧抓课堂教学的细节,打造知识过手的课堂",活动思路设计为"同课异构展示,教学思维引领,课堂细节交流,送教收获推广"。并决定在5月21日和22日,将三河口小学送教和小谷溪小学送教连在一起开展,让热度和力度聚集起来,产生更大影响。

二、触动送教思考

2020年5月21日我们带领学校教导主任、教研组长和两位语、数骨干教师,来到三河口小学开展送教活动。该片区6所学校共计安排了52人参与了本次送教交流活动。

与我们设计的一样,"同课异构—课堂交流—讲座评析—实践指导"逐一展开,较好地完成本次送教任务。

三河口小学两位年轻教师与民建小学安排的骨干教师分别同上二年级下册古诗《晓出净慈寺送林子方》、四年级下册的《小数的性质》。民建小学两位教师带去的教学理念与教学细节给三河口小学教师带来了一次震撼,大家好评如潮。但是,从教师们交流反馈的言语中,我们感受他们在当地教育背景下留下的更多的是热情,却没有留下后续的教育印迹。

会后,三河口小学陈校长为我介绍,学校老师在教学中创新较少,很多时候拿着课件就上课,对教育的琢磨不深,他们非常需要我们学校的优秀老师、骨干老师、学科带头人给他们引领和指导。

在2个半小时的归途中,我在思考,怎样才能将送教效益最大化?我们必须要对这种现状进行深入剖析,重新改变思路,拟定新方向,制定新措施,为第二天的小谷溪送教带去新内容、新任务。

三、定位送教方向

记得成都市特级校长、武侯实验小学付华校长在交流指导中告诉过我们,改变一个理念,改变一种方法,和下定一个决心、落实一个做法,看起来只差一步,但是没有做就相差千万步!"立己达人,成事育人"可不是空谈!

我希望通过送教让老师们不仅从思想到形式,从形式到细节,从细节到成长都有一个变化,更希望他们能够在课堂实践中,回馈进步,收获快乐。所以送教活动就必须做活!

四、改变送教思路

2020年5月22日,我带领民建小学教科室主任、教研组长、骨干教师一行五人,到小谷溪小学送教。我提前与小谷溪小学校长沟通,初步商议了一个思路:送教不走过程,送教除示范交流评议外,还要开展师徒细节引领,组织导师帮教指导,后期跟踪互动。

而小谷溪小学的杨校长和我的想法不谋而合,希望我们的送教将过程进行延续,帮助他们的教师得到专业成长。所以接下来的活动很顺畅,各环节顺利组织并开展。

课例展示:骨干教师陈容的课堂紧凑、收放自如的二年级语文课《枫树上的喜鹊》,浙江省绍兴市越城区支教教师金炳祥的结构完整、训练思维的三年级数学课《面积》。

课后畅谈:金炳祥老师、陈容老师与小谷溪教师一起分享了教学心得,大家座谈交流,特别对课堂理念构思与课堂细节呈现的圆满表现,赞誉有加,意犹未尽。

商定互动:民主小学杨进校长表示希望有更多的机会向民建小学教师学习交流,根据交流实际,现场确定了后期四项工作:一是小谷溪小学教师到民建小学听取5节随堂课,现场交流总结;二是小谷溪小学教师与民建小学教师进一步开展两地后续教研,将送教收获落实到课堂;三是教师经过听课学习后,组成师徒结对,安排形成师徒长效指导;四是落实线上线下教学跟踪,让导师在后续课堂教学中,帮助小谷溪教师转化成教学技能、教学成果。

五、实践送教新招

2020年5月29日,小谷溪小学到民建小学开展交流互动教研活动。上午,我们安排5节随堂展示课,小谷溪小学杨校长带领小谷溪、民主、羊子坪小学的13名老师来到民建小学进行两地"互动帮扶式送教教研"活动。课后,5位授课教师分别就课堂教学理念、教学设计及课堂生成等进行了详细解读,听课老师就教学收获作了交流发言。两所学校校长达成互动帮扶合作意向,分别给12名小谷溪教师落实指导教师,落实师徒结对协议,确定后期继续参与教研交流,导师跟进小谷溪小学教师的成长变化。这次活动是小谷溪送教下乡的延续,也是我们送教风向的真实改变。

2020年6月3日,小谷溪小学把在民建小学学习后的收获带回学校,组织全体教师学习,并认真贯彻反馈回学校,并组织小谷溪小学教师开展了一次课堂展示系列教研活动,让送教再一次得到延续。

到新学期的 9 月,小谷溪小学的 10 名教师分两组分别到民建小学跟岗学习一个星期,全程跟岗导师学习,导师给予悉心指导。这次的成效明显,其中有 6 名教师在后来的教育教学中脱颖而出,成为该学校教学的新生力量。

正是因为这一次次的互动教研,让我们看到送教如果只是"走一走、上一上、议一议",不能达到我们送教下乡的预期,所以我们的送教还应该有后续持续的跟进,直指教师专业发展核心,直指学校教研实效。

六、跟进送教发展

这一系列的送教,我们没有按部就班,而是在送教中发现问题,不断反思,及时改变策略,调整送教思路,形成"送出去—收回来—送出去"的长效过程,让送教送出了新路子,送教送出了新风向。

特别是小谷溪小学的送教,基本成型为一个长效系列活动,也成就我们送教下乡的新收获。

(1)送教目的更明确。送教就是指引并带动边远地区学校的教育教学变革或研讨,对该地区教学形成持续影响,实现送教效益最大化的目的。

(2)送教思路更清晰。制定送教方案(送教主题)—示范课展示(同课异构、异课同构)—课后交流评议—诊断教学实情—制定后续跟教(落实指导教师)—跟教收获落地(回校教学实践)—教学回访指导(学员跟岗指导)—片区展示推广(送教内循环)。

这次送教活动意义重大,送教送出了新思考,作出了新动作,达到了新高度,为两校教研工作搭建了新平台,也为探索彝区村级小学教育质量提升提供了新途径、新经验,更为全县建设乡村美好学校提供了范本案例。

荡秋千扭伤了手
——例谈幼儿园安全突发事件的应对与处置

成都市第二十三幼儿园　宋晓艳　吴建霞　陈　波

3~6岁的孩子正处在生长发育阶段，平衡性、协调性较差，自我保护能力较弱，但此时的幼儿天性活泼好动，对各种事物都充满了极大的好奇心和探索欲，喜欢触摸、尝试，幼儿园的安全工作是很难做到万无一失的。怎样让幼儿在活动中真正学会保护自己，学会正确使用游戏材料，把意外伤害事故的发生率降到最低，我们也一直在探索和努力着。

一、案例概述

周一上午全园幼儿共同参与的"萌宝趣味游"活动正秩序井然地进行着，突然秋千区传来了孩子们叽叽喳喳吵闹声，原来是明明不小心从秋千上倒着摔了下来，手腕受了伤。

二、原因分析

对于明明从秋千区摔倒受伤一事，幼儿园调取了监控，专兼职管理人员观看监控视频对整个事情进行复盘，对其中存在的安全隐患进行了分析。

（一）教师教学行为不规范

在幼儿活动中，教师既要关注幼儿的安全，又要指导和参与游戏。从视频中，教师面对正在秋千区玩耍的孩子们，双手放背后，几分钟一动不动地站在原地，并没有关注到区域内所有孩子，以至于明明摔倒在地，教师第一时间也没有看到。

（二）幼儿动作不规范

规范的游戏行为是保障安全的要素。明明荡秋千时，屁股和大腿都坐在轮胎上，身体和头向后倾斜，荡秋千荡起时，出现了重心不稳的现象，以至于手腕受伤。

三、解决策略

幼儿园召开专兼职人员会议，对整个事件进行了复盘，对幼儿在园期间的安全进行了深入思考。

（一）及时就医，保障幼儿健康

当发生安全意外后，当班教师应该第一时间关心幼儿受伤位置，保健员及时处理，若保健员不能处理，要立即送往就近医院进行治疗，保证幼儿的健康。明明受伤后，保健员、主班教师立即将明明送到就近医院就诊，最后诊断为轻度的扭伤，休息一天后即可恢复，家长对幼儿园及时处理明明伤情也表示认同。

（二）细化制度，落实监管责任

没有规矩不成方圆，完善的制度具备指导性和约束性。本学期幼儿园制定了"户外游戏材料管理制度""萌宝趣味游区域教师岗位职责"，让每一位教师都明确自己在"萌宝趣味游"中的岗位职责。

（三）强化检查，营造安全环境

幼儿园为孩子们提供了丰富的游戏材料，而这些游戏材料往往也是造成安全意外的"罪魁祸首"。所以，加强对设施设备和游戏材料的检查是活动前必不可少的环节。幼儿园制定了《幼儿园户外活动区域负责表》，将户外、室内各个游戏区域实行了网格化管理，做到分片负责、专人负责、责任到人，确保设施设备和玩具器材的使用安全。

（四）加强教育，提升保护意识

在幼儿园教育中，安全教育工作的开展不仅关系着师生的生命、人身安全，同时也影响着幼儿园教育工作的顺利开展以及稳定发展，应受到高度的关注与重视。幼儿园也采取了多元化趣味性的安全教育形式。幼儿由于年龄小，认知能力相对较低，在接受安全教育方面存在着非常显著的特征。因此在幼儿园安全教育中，为获得良好的教育效果，我们充分结合幼儿的身心特征以及学习特点，将原本枯燥的安全活动儿童化。

1. 自制安全标识

安全标识是表达安全提醒的一种书面方式，时刻提醒幼儿注意安全，但是通常安全标识都是由固定的图案和固定的汉字组成，颜色单一，孩子们由于识字量少，加之安全图片单一，幼儿对日常的安全标识不感兴趣，也不会记住标识所表达的意思，安全标识形同虚设。为了让安全标识起到真正的安全教育作用，教师组织孩子们仔细观察幼儿园的角角落落，让孩子们找出需要贴安全标识的地方，用自己的方式来画一画安全标识，经过孩子们的观察和绘画，幼儿园重新制定了30种不同类别的儿童化安全标识。幼儿园的每一处都贴上了孩子们自己设计的儿童化安全标识，每当孩子们看见这些安全标识，就知道了要注意安全，增加了孩子们的安全保护意识。

2. 共说安全游戏

安全教育是幼儿园必不可少的教育活动，幼儿园除了开展常规的安全教育活动以外，还新推出了"西瓜哥哥说安全"的安全教育活动。将"萌宝趣味游"里所有区域纳入安全教育范围，每周"西瓜哥哥"负责录制各个区域孩子们玩的视频，利用升旗仪式，请全园幼儿观看视频里孩子们玩游戏时的各种"危险"动作，让孩子们自己说一说：哪些行为是不安全的？应该怎样正确地玩游戏？这样幼儿就在寓教于乐的过程中获得了安全意识的形成,懂得了各个区域的正确的、安全的玩法,取得了良好的安全教育效果。

3. 实施主题活动

主题活动是幼儿教育最为重要的一种渠道,通过各种不同的活动,幼儿得以体会到各种事物产生的过程和原理,增加体验。安全教育也是如此。为提高幼儿的自我保护能力,各个班级制定了安全教育计划,每个月开展安全教育主题活动。例如,3月,小班组主题教学活动是"我和足球",教师以此为契机,开展了安全活动,让孩子们了解足球是球体,是滚动的,用脚踩球时要注意保持平衡,同时也不能踢球伤人,交给孩子们正确踢球的方法。大班主题活动"有趣的绳子",老师们以观看视频和现场演示的形式,孩子了解在跳绳时要自我保护,不能让绳子伤到自己和他人。通过日常的主题教学活动,让孩子们潜移默化地掌握游戏中的知识,提升自我保护意识。幼儿园日常活动中安全隐患处处存在,安全问题不容忽视。我们应该以多种形式加强教师、幼儿的安全意识,提高幼儿自我保护的技能和能力,避免一切安全事故的发生,竭尽全力地保护孩子的安全。

(五)家园联动,丰富保护方法

1. 家长会

学期初,幼儿园召开线上线下家长会,向家长们详细讲解幼儿每天在园要进行不少于2小时的户外活动,由于幼儿年龄小,在活动中难免会出现安全意外,请家长在家要与幼儿共同学习"安全平台",观看生活中安全视频等,提升幼儿的安全意识。

2. 育儿说

幼儿安全意识的形成与家庭教育也息息相关。幼儿园开展"育儿说"活动,由家长、教师、社区代表参加,共同探讨幼儿成长过程中的困惑以及安全问题,活动中,大家各抒己见,分享提升幼儿安全意识的经验、交流日常生活中幼儿遇到的安全问题和解决办法。

此外,本学期幼儿园成立了新一届园级家委会和膳食家委会,实行"家园互动月"和"间周家开日",让家长参与行政会议、参与园所管理,更广泛地参与到幼儿园工作中。家园沟通更广泛更及时,促进了家园和谐共同发展。

四、实施成效

经过长期的实践探索,幼儿园的安全管理更加全面、细致。

(一)制度健全

近两年,幼儿园先后增加了安全制度10余项,建立了较完善的安全管理网,安全领导小组职责明确,履职尽责。

(二)活动多元

安全教育在幼儿园以更加儿童化、趣味化的形式开展,孩子们在游戏中更容易了解安全知识,提升安全自我保护能力。

（三）环境童趣

幼儿园的环境中张贴着孩子自己绘制的安全标识,让原本枯燥的安全环境与孩子对话,时刻提醒孩子们在活动中注意自我保护。

幼儿园安全工作极其复杂,是一件艰巨而又长期的工作,幼儿园管理者应当通过反复的强调和实践,树立好"安全第一,预防为主,综合治理"的理念,通过不断提升个人的责任感来提升幼儿自身的保护能力和对安全的认知水平,才能有效防范事故的发生,真正呵护幼儿安全。

升旗仪式上的风波

北川羌族自治县永安小学　雍小艳

一、事件简述

有"咕咕咕……"的声音？对,是谁在悄声在说话。寻着声音的方向我走过去,是几个一年级的老师在一起小声说着什么,时不时还用手捂住因笑而咧开的嘴,旁边还有两个兴致勃勃围观的二年级的老师。和孩子们整齐且安静的队伍相比,这几个老师格外显眼。我凑近他们,他们难为情地停了下来。

我往队伍的前面走去……扫了一眼,嗯？怎么只有个别老师在队伍的前面站队？其他老师们哪里去了？哦,阳光太耀眼,太晒,都去学生队伍后面的树下躲阴了。心想着老师们都寻着安逸去了,却要求孩子们顶着这烈日保持着队形,保持着站姿,没有说服力呀,以后教导孩子如何让他们信服。

这是什么时候的场景？这是上周星期一升旗仪式上的场景。

二、处置过程

校会时,我若有所思地走上了讲话台,孩子们的目光一齐落在了我的身上。此时我觉得浑身灼热,我是师,亦是长,他们的目光是信任的目光,是尊敬的目光,那我们这些师长真的做好了表率吗？

拿起话筒,我缓缓地说:"来,孩子们,看看你们的老师,向你们的老师看齐!"孩子们的目光投向正在归位的老师们,一阵窃窃私语。

我语重心长地说:"老师们,我们的学生还小,他们还没有形成一定的价值观,还没有正确的是非判断标准,他们的学习方式大多是模仿。我们是他们除了父母最亲近的人,我们的一言一行他们都看在眼里,都在潜移默化地影响着他们。教书育人,不仅要教书,更要育人。言传身教不仅要言传,更要注重身教。""高大上的榜样也许我们的孩子看不到,孩子们也不认识。而我们老师的示范作用却无时无刻的像一把刀一遍又一遍在他们的心中雕刻。每一周的升旗仪式是培养孩子们的爱国情怀,培养孩子们良好行为习惯的好机会,通过我的观察,孩子们做得好,可是老师们呢？不要让孩子们为老师们汗颜呀!"

我看到了几位老师低下了头,接着说:"你们知道曾子杀猪的故事吗？春秋时期,有一个人叫曾子。有一天，曾子的妻子要上街去赶集，他们的儿子也吵着想跟妈妈一起去，妈妈不同意，可是孩子还是反复哭闹要去，于是，曾子的妻子说：乖，不要闹，如果你不去，等妈妈回来就把猪杀了给你做红烧肉吃。儿子想着有肉吃就答应了，等到曾子的妻子赶集回来，曾子就拿起刀要去杀猪，妻子说：你干什么？我说的那话不过是哄哄孩子，你还当真？曾子说：怎么能在孩子的面前撒谎，说话不算话，如果这样那以后孩子也会学着这样子的。曾子杀了猪做了红烧肉给孩子吃。师者，传道、授业、解惑。我们这是给学生传的什么道？"

话筒再递回到小主持手上，各班有序解散了。

三、事件反思

榜样的力量是无穷的。榜样会对孩子们成长产生极其重要的促进作用，可直接影响一个人的心理、意志、情感和道德品质。

为人师表，师即榜样，学校生活中，时时处处皆是教育。学校肩负着立德树人的根本任务，既需要老师们言传，需要老师们身教，更离不开仪式的洗礼。

升旗仪式就是大型教育现场，教师的错误示范，我通过一个历史小故事讲清了教师的言行对学生的影响，同样也让学生明白了故事中说到就要做到的道理。教师、学生的自律反思和现场的氛围营造能形成强大的教育磁场，启迪思想，温润心灵，向上向善，必须要做实、做好，做成一门优秀的课程。

既然学校明确提出了升旗仪式的要求，制定了关于升旗仪式的管理规章，就应该明确要求照章办事，严格执行。不要制定了制度却束之高阁。必须要勤于检查，要勤于考核，要勤于落实。唯此也才能在过程中根据实际情况勤于纠正，保持制度长久有效性，实现持续的良好的运行。

冲突背后的家园沟通

成都市武侯区第十九幼儿园　张　艳

一、案例简述

家长开放日当天,奶奶带着孙子参加活动。集体教学活动时,奶奶看着孙子多次举手回答问题,但教师没有邀请。教学活动结束后,奶奶当着多数家长的面要求班级老师给自己的孙子换床。奶奶要求未果,与班级老师发生语言冲突后,拉着孙子离开。一小时过后,幼儿的妈妈和奶奶表情凝重地来到幼儿园找班级老师。在整个事件中,家长和教师的观点如下所示。

幼儿妈妈:第一,自己孩子是一个感情细腻、敏感的人,当举手多次后不被邀请,很容易挫伤孩子的自信心。第二,作为老师,为人师表,奶奶作为长辈,老师应该尊重她。

幼儿奶奶:第一,看到孙子多次举手,教师未请幼儿回答问题。第二,几次提出换床未换。因为孩子自小班时脑震荡后,一吹风就头痛。

班级教师:第一,教师每一次提问,都不可能抽答所有孩子。第二,班级孩子众多,不可能每个孩子提出换床就换。

二、分析

《幼儿园教育指导纲要》指出:"家庭是幼儿园重要的合作伙伴。应本着尊重、平等、合作的原则,争取家长的理解、支持和主动参与,并积极支持、帮助家长提高教育能力。"尊重、平等、合作是家园沟通实现"换位思考"的重要原则。在整个案例中,家园矛盾的焦点有两个:其一是幼儿在集体教学活动中,多次举手,老师没有邀请其回答问题。其二是在多数家长的面前,婆婆要求老师给自己的孙子换床,换到吹不到风的地方,要求未果。家园双方各自的观点并没有错,只是家庭和老师站在不同角度看待同一问题,其换位思考的难点主要表现在以下几个方面。

(一) 沟通方式的生硬

案例呈现出来的奶奶与教师之间沟通未果,冲突产生。奶奶直接在多数家长在场的情况提出换床的事情。作为老师,无论是否同意换床,都很被动。老师同意,可能其他幼儿家长不乐意;老师不同意,幼儿奶奶心里难受。婆婆采用的这种方式使老师处于两难境地。而作为老师,采用的沟通方式欠妥，导致幼儿妈妈觉得教师在这个事情上没有尊重老年人，奶奶也觉得自己很委屈。教师采用什么样的语言、什么样的沟通方式，家长就会有什么样的心理感受。

（二）教育对象的不同

家长和教师在整个事件所持的观点并非完全错误。奶奶关注的是自己的孙子，教师关注的是一个班级的幼儿；奶奶看到的是自己的孙子没有被老师邀请回答问题，教师关注的是自己的问题是否面向了全班幼儿；婆婆担心自己的孙子被风吹，教师想到是兼顾全班幼儿的情况。在家庭里，家长和幼儿的关系是一对一或者多对一，两者之间有充足的时间和机会进行各种互动，并且能够根据幼儿的实际情况进行调整，或紧或松，或快或慢。在幼儿园，教师和幼儿的关系是多对一。在一日活动组织中，教师更多地采用一对多的集体教育活动的方式开展活动，基于班级幼儿整体情况，提供不同层次的教育内容面向全班的幼儿。在互动过程中，更多的关注差异性较大的幼儿。而家长更多地希望教师关注自己的孩子多一点、多鼓励自己的孩子、多给自己孩子机会。在家长开放日这样的活动中，家长看到的是自己的孩子是否被关注，教师关注的是自己的教育行为是否面向了全班的孩子。

（三）交流机会的欠缺

"换位思考"需要建立在相互理解的基础上，而相互理解源于家园双方之间的充分交流与彼此信任。案例中的家庭是双职工家庭，妈妈周一至周五上班，幼儿的接送、与教师之间的交流更多地落在了奶奶的肩上。妈妈与教师之间的接触、沟通较少。对于幼儿园的教育、幼儿的发展情况等，父母不能及时、全面、真实地掌握，对孩子的上学情况更多是源于奶奶的转达。在日常的家园沟通中，常见的形式是家长会、家长开放日、约谈等方式。前面两种方式都是集体的，一对一的这种沟通方式更多地是晨接晚送的短暂交流，或者是家长与教师电话沟通。对于教师来说，面对的是班级二三十个幼儿及其家庭，这种一对一的沟通比较困难，为了顾及全班幼儿，交流的时间相对较少、交流的内容相对较浅。

（四）教育立场的不同

案例中，奶奶站在自己的立场提出自己的想法与诉求，幼儿妈妈也提出："自己孩子是一个感情细腻、敏感的人。"孩子家长只想通过自己对孩子的了解与分析，希望教师能够结合自己孩子的特点，因材施教、合力教育。对于妈妈和婆婆的意见和诉求，老师没有首先从语言和行动上表示理解。而是直接站在自己的立场，阐述自己行为背后的原因，标明自己的观点。这样的交流，教师似乎处于一种"权威地位"，家长按照教师意愿执行或接受。家长抱着美好的愿望与教师进行沟通，却不一定有定论和结果，内心的失落与无助不言而喻。

三、思考

家园之间的有效沟通，不仅需要双方的相互尊重与理解，更需要彼此认同与信任。作为教师，在进行教书育人时,更需要以身为范,家园沟通更需如此。要实现家园沟通中的换位思考与有效交流,教师可以从以下几个方面入手。

(一) 沟通前的充分准备

在进行家园沟通前,做到提前思考、提前准备、提前预设,做到有备无患。首先确定沟通的目的。在进行家园沟通前,明确本次沟通的目的,结合沟通目的梳理沟通的内容。围绕着中心内容,用事实说话,用专业与理论进行支撑。若是针对同伴冲突事件或幼儿受伤事件,应充分了解事件发生的始末,不遮掩、不闪烁其词。其次充分了解此次沟通对象的基本情况。沟通是一门学问,也是一门艺术。针对不同的沟通对象,应采用不同的沟通形式与策略。再次,提前充分了解幼儿的家庭情况,例如幼儿教养方式、家庭情况、家长的性格特点,针对不同的情况,做到游刃有余,以达到最好的沟通效果。最后,家园沟通是班级三位教师共同的职责。针对本次沟通的内容,班级三位教师要做到意见统一,有理有据。

(二) 沟通时间的恰当选择

针对不同的沟通目的、沟通内容,选择不同的时间点进行沟通。比如,针对幼儿之间冲突但未发生任何伤害,教师需要在幼儿离园前进行沟通。而不是被动地等待家长的反问。针对幼儿出现伤害性事件时,教师需第一时间与家长进行沟通。在处理好幼儿后,充分了解事件发生的起因、经过,并对后期可能会出现的情况进行预判,在充分准备后第一时间与家长交流。针对家园冲突,家长情绪激动时,在综合多方面因素(事件的轻重缓急、家长的性格特点、背景等),充分权衡思考后选择沟通的时间。

家长开放日活动,是家长进入学校对幼儿在园生活学习进行了解的重要方式之一,教师需要面对班级所有的家长。而针对案例中的举手问题和换床问题,这可能是大部分家长关注的问题,这种群体性的话题更适合一对一的交流与沟通;与此同时,当人处于情绪激动时,其思维和语言表达都会受到不良影响,不宜于交流与沟通。沟通时间的选择直接影响着沟通的效果。

(三) 沟通中的相互尊重

尊重是人与人相互交流沟通最基本的行为要求。在与家长进行交流沟通过程中,无论家长的年龄、性格、背景等因素,理应做到尊重。作为教师本身,即不盛气凌人、强势,又不低三下四、软弱,做到不卑不亢,动之以情。在人际交流沟通中予以尊重,不仅仅限于对家长的尊重,更应尊重家长的观点。对于家长本人,要识别家长情绪,通过家长的言行分析家长的情绪情感,然后推测背后的原因。也要接纳家长情绪。接纳家长情绪,让家长感受到教师与他是站在一起的。对于家长的观点,应允许不同观点的存在,达成共识不是一蹴而就的事情,需要日积月累,双方的信任与认同。

(四) 沟通后的持续跟进

家园之间的沟通无非为了幼儿更好地发展。家园沟通的发起者可能是老师,也有可能是家长。教师需要对沟通的内容进行后续的跟进及反馈,针对沟通的内容与家长进行一个完结,做到有始有终。例如,案例中幼儿妈妈所关注的幼儿举手未被邀请的事情,在以后的教学活动中,教师在兼顾其他幼儿的情况下,提供给幼儿更多这样的机会,并向家长进行反馈。与此同时,教师需要不断地反思自己教育行为,是否关注到了全部幼儿。

水可载舟亦可覆舟,家长工作同样如此。教师应怀揣着对幼儿教育的热爱,用扎实学识和不卑不亢的态度,与家长携手,共同促进幼儿更好地发展。

一张珍贵的手写奖状

德阳市旌阳区北街小学校　王　芮　余飞翔

一、事件简述

素日里，Y同学寡言少语。他总是游离于人群之外，倚墙独自踱步，稚嫩脸庞上几乎不见灿烂的阳光。他的"种种行径"在入学第二年暴露无遗，我作为班主任正准备着手调查了解他的具体情况时，发生了"淤青事件"。

这是2020年5月20日下午的课间，Y同学和我的对话。

我："你的手臂怎么了？谁弄的？"

Y："……我妈！"慌张、躲闪的眼神，他始终不敢抬头看我，憋了好一会儿才勉强丢出俩字，以此作为手臂上一团团淤青的解释。

我："妈妈肯定是有点着急。她为什么会打你？"

Y："……妈妈要是再这样，会失去我的！我……我就离家出走！"他抽噎着说，激动而又悲伤，依然不敢直视我。

我："你别着急，大家都很爱你，妈妈是冲动了才会控制不住自己的，咱们慢慢说。"我的手轻轻地抚上他的背，缓缓拍着。

Y："妈妈让我做题，可是我不会呀！妈妈问我，我不说话，妈妈就咬我。妈妈每天都打我！我还不如去死了算了！"内心的委屈如洪水猛兽般席卷而来，他从未一次性讲那么多话。

我将他揽入怀中，轻抚他的头，我感到震惊、紧张、失落、难过："没事，没事！王老师、向老师，还有妈妈，我们所有人都很爱你！妈妈打你，她也非常非常难过，她是担心你学习不好，太着急才会这样的。你是听话懂事的乖孩子，一直努力学习，不想让长辈担心，但有时候总会遇到很难、不会解决的问题，这都是很正常的，王老师和妈妈也经常遇到不能解决的难题。没关系的，我们先冷静下来，好好想想解决难题的方法，可以吗？"

不一会儿，Y同学的情绪渐渐缓和，我邀请他和值日生一起为小伙伴们发放间餐。

放学后，我请来他妈妈，详细地告诉了她我和孩子的对话。听到"还不如去死了算了"时，Y同学的妈妈已泪流满面："我不知道他是这样想的，我看他很多题都不会做，反复教了很多遍还是不会，我就着急。""我每次跟他沟通，问他，喊他说话，他半天都说不出一个字……我们家主要是我在管理娃娃，孩子爸爸上班通常早出晚归，以后我会好好注意我对孩子的方式方法，改改我的脾气。谢谢您和我交流，我会积极配合您！"

二、跟进措施

除了与 Y 同学的妈妈及时沟通这个案例之外，我还在教育教学中针对 Y 同学的情况采取了以下的措施。

（一）家校合力，指导家长转变观念

与家长多交流沟通，为其树立理性、科学的教育观。

家长和教师一样，对待孩子的学习和成长要具备爱心、细心和耐心。让家长懂得，如果教育是一棵大树，父母的爱和教育就是根基，而学校和教师的教育就是枝干，双方配合才能开出赏心悦目的花朵。

家长要包容与接纳孩子。教育学者尹建莉说：一个缺乏尝试、不犯错误的童年是恐怖的。如果孩子犯错后，得不到包容与接纳，只有批评与指责，他们在未来更难以坦诚地面对自己的过错，更倾向于隐瞒过错，这会让孩子一直处于恐慌中，逐渐变得胆怯而自卑，战战兢兢，看父母脸色行事。

家长学会与孩子平等相处。父母应该彻底摒弃高高在上、板起面孔说教的教育方式方法，与孩子平等相处，这样，孩子才能变得愿意向父母吐露心声，从和父母对着干变为愉快合作。

（二）师徒结对，实现朋辈互助成长

我在班级开展了师徒结对活动，为 Y 同学等有特殊需要的孩子招募"小师父"。本着自愿参加并学有余力的原则在班级挑选出了"小师父"，发现"小师父"的学习和性格情况为他匹配"小徒弟"，利用课后空余时间，一对一的形式展开结对帮扶。我鼓励"小师父"找准"小徒弟"的短板，采取相应措施帮助小徒弟查漏补缺。例如，"小师父"L 同学就为他的小徒弟 Y 同学制定了规范书写和提升计算能力等帮扶计划，他利用每天午饭后的空闲时间，守着 Y 同学练习 0~9 的书写，坚持了近一个月。随后，又每天选择 15 道计算题供 Y 同学练习，提升"小徒弟"的计算能力。

三、帮扶成效

苏霍姆林斯基曾说，儿童只有在以下条件中才能实现和谐的全面发展：两个教育者——学校和家庭，两者不仅要一致行动，向儿童提出同样的要求，而且要志同道合，保持一致的信念。在教师们、"小师傅"以及家长的合力帮助下，Y 同学的身上发生了许多变化：他的书写原来卷面凌乱、字迹潦草，现在变得书写工整、卷面整洁；他也渐渐向大家敞开心扉，开朗起来……

回想 Y 同学成长的点点滴滴，我越发感知到家校联合的重要性和必要性，也逐渐明白：教师要用真心关爱孩子，用心沟通；教师应用智慧启发孩子，循循善诱；教师当用人格感化孩子，以身作则；教师不仅要允许孩子个性化的发展，且应当鼓励孩子自信地正视、接纳自我，助力孩子绽放独一无二的魅力。教育的作用是相互的，我们在一次次交流合作中成长，感受彼此的爱与鼓励。

在一个暖阳和煦的下午,我正忙着批改练习册,Y同学忽然出现在我桌前。"怎么了?"我以为他又与别人发生了冲突。他支支吾吾、欲言又止,那张苹果般的小脸涨得通红,飘忽的眼神仿佛在捉迷藏……忽然上课铃响,他以迅雷不及掩耳之势丢下一张图画纸,转身就跑回了教室。

打开一看,这是一幅他手写的奖状,奖给"优秀老师"——我,我心里顿时美滋滋、暖洋洋的。这就是爱的味道、幸福的感觉。这张奖状一直激励我,提醒我要用最真挚、最适宜的爱去关爱身边的每一个孩子,每一个"Y同学"。

"裤子怎么又尿湿了？"

成都市第二十三幼儿园　谭诗语　邹志慧　宋晓艳

"老师，我就想看看厕所离午睡室有多远？"在幼儿园大门外传来了这样的声音。这时，班级教师立刻到幼儿园门口跟家长交谈起来，是什么原因让家长提出这样的入园要求？

原来是贝贝又尿裤子了。因为每次回家问到贝贝，贝贝都说，是她来不急了。所以妈妈想要看看厕所离午睡室到底有多远？看班级老师解决无果，这时候幼儿园保教主任过来了解家长具体情况和幼儿的在园情况。为了不在门口影响正常的教学秩序，幼儿园园长请家长移步到办公室，邀请家长到办公室坐下来谈谈。

一、了解需求——积极回应

家长：为什么这段时间贝贝老是将裤子打湿？是不是因为厕所距离太远了？

教师：我们也很担心她打湿裤子会引起生病、感冒。前期我们也与贝贝妈妈进行过多次的沟通，对贝贝的床位进行调整，平时也会提醒贝贝解便，避免裤子再次打湿。

园长：幼儿园是教育局举办的公办园，严格依法依规办园，幼儿园的建设是按成都市一级园标准设置的，盥洗室、厕所蹲便距离甚至扶手的高度等都是按照建设标准修建的。对于贝贝妈妈现在的心情，我们很能理解，站在贝贝的角度，她肯定觉得老是打湿裤子，也很烦恼，不知道到怎么办？为此，今天的关键不是看厕所距离的远近，而是找出原因解决问题。家长表示认同。

二、共寻原因——正面解答

园长：对于贝贝打湿裤子，爸爸和妈妈认为是什么原因呢？

贝贝爸爸：贝贝是一位害羞的幼儿，首先我认为不善于表达是造成爱尿床的问题之一，其次冬季来临，孩子的衣服穿得比较多，不好穿脱。

教师：贝贝在园表现出外向的性格，与其他幼儿社会交往较好。针对穿脱衣物问题，贝贝在园时自理能力较好，平时入睡前，还是能穿脱自如，不存在爸爸说的问题。

贝贝妈妈：造成贝贝爱尿床的缘由，首先，是在家长期憋尿。其次，在家里也有尿床行为，晚上使用尿不湿，但尿床只是偶尔发生。然后，通过老师的反应，知晓贝贝在园时入睡较晚，快起床了才会睡着。最后，家中使用的马桶不是蹲厕，当然也有可能与贝贝个人的身体发育有关。

教师：①身心发展能力较慢，对于贝贝打湿裤子，我们也要正确认识个体差异问题。②贝贝在平时活动中，比较专注游戏，会忘记解便，导致尿裤子。③平时盥洗时间幼儿自主解便，可能与贝贝之前幼儿园以及家中的作息时间不符导致。④在园时入睡较晚，快起床了才会睡着。

保教主任：我也比较认同贝贝妈妈所讲，贝贝打湿裤子一方面是家里和幼儿园的解便方式不一样，另一方面是家里和幼儿园的作息时间不一致。其实有时中午小朋友没有睡着，她也不想起床解便，特别是冬季，天气冷，被窝里暖和。而且午餐和入睡时间间隔时间较近，饭后添汤也会导致小朋友尿尿的积累，从而尿床。

园长：想问一下贝贝妈妈。每当贝贝将裤子打湿后，你有无给贝贝说过此事呢？

贝贝妈妈：有的，有时候得知她打湿裤子我会跟她说，下次注意，想解便要跟老师说。她在家里打湿裤子，我也会跟她说，给她讲道理。

园长：我们理解家长的心情，是很急迫解决这个问题。但是对幼儿老是尿湿裤子的事情关注度、重视度不要太高，因为这样容易导致幼儿过度紧张。应做到淡化问题，尊重幼儿，倾听幼儿，换位思考，如果你是幼儿，每天追问"你今天是否尿床了"，你的反应会是什么？

三、共同协商——正确引导

园长：我们梳理了贝贝打湿裤子的原因，就先听听贝贝的爸爸妈妈给出的解决办法，然后我们的老师和保教主任再一起交流。

贝贝爸爸、妈妈：（1）在家中会对贝贝的作息时间进行调整，尽量与幼儿园保持同步。（2）淡化此问题，当贝贝下次出现打湿或者尿裤子，我们会简单询问说一声："今天你打湿裤子，妈妈知道了，下次我们注意。"回到家中也不会再次强调此事。（3）购买一个小马桶，小马桶与家中的成人马桶还是有所不同，希望在家中能改变贝贝解便的方式。

教师：班级教师将通过三个方面帮助贝贝。①中午1:00不管贝贝有无睡着，叫贝贝解便。②在游戏环节提醒全体幼儿解便（不单独请贝贝解便，是不想引起贝贝的关注，在园做到淡化问题）。③利用餐前活动、集教活动，引导幼儿如何正确解便，出现解便需求应该如何给老师说，加强做好班级的生活教育。

保教主任：我很赞同班级教师说的这几点。幼儿游戏时我们做到集体引导解便，不做独立提醒，既不会让幼儿有心理负担，也不会独断幼儿游戏。幼儿园这边也会像班级教师说的开展一系列关于生活教育的主题活动，还会对班级的生活文化做进一步改造。同时进一步解决贝贝的这问题是一个循循渐进、慢慢来，我们也不要心急，多给贝贝时间和空间。

园长：很高兴今天和大家一起探讨教育的问题，我们都经历了成长。①孩子是我们共同的宝贝，按照我们达成的共识，一起走进儿童、解读儿童、支持儿童。②教师是我们共同的底色，不管是幼儿园还是家长，希望对教师对一分信任、多一分理解、多一分支持，让教师能安心地教育、舒心地教育、用心地教育。③幼儿园是我们共同的家，希望不管家长能多走进幼儿园、认同支持幼儿园的发展，比如，家长开放日、家委会、膳委会、每月末家长志愿者铺被子、大型活动的家长志愿者等，同时积极为幼儿园献言献策,参与幼儿园的课程审议、"三重一大"等事宜,因为孩子、教师、幼儿园三者都是我们共同的呵护。

四、家园共育——共促发展

成都市第二十三幼儿园开展家园工作秉承三个核心观念:一是儿童视角,"如果我是孩子";二是换位思考,"如果是我的家长";三是共同治理,"你想知道的、你可以知道的,我们都让你知道"。

(一)儿童视角

对于幼儿出现频繁打湿裤子的情况,作为教师,我们理解幼儿,通过多种方式去改变幼儿的行为。因为站在幼儿的角度,教师过于重复此事,幼儿会产生心理负担,所以淡化问题也是必要的。

(二)换位思考

当我们理解家长的担心,而家长对我们班级教师工作的支持与信任,也是我们在帮助幼儿克服这个问题最重要的一点。

(三)共同治理

家长是幼儿园共同治理中的重要一员,在本次案例中与家长进行交流,找出问题、共同协商、精准施策。幼儿园不仅会要求加强开展系列生活教育,也会对教师专业进行培训,更会加强日常管理,确保管理更精细。

幼儿园家园工作也好,管理工作也好,就是十二个字:儿童视角、换位思考、共同治理。

如何做好每日放学前的安全教育

成都市武侯实验小学　张　霞

"某老师，你们班某同学下课又在走廊上疯跑……""某老师，你们班某同学又和某同学发生矛盾了……"这些声音常常是分管安全或德育副校长经常和班主任老师沟通交流的内容。"安全无小事，安全重于泰山。""学校安全关系着全校师生的身心健康、家庭的幸福、社会的稳定。"学校安全工作的重要性显而易见。如何在学校安全管理常态化下将学校安全管理落实落细？通过什么方式让教师、学生真正将安全内化于心，付之于行呢？什么样的方式才是学生和老师喜欢的方式？自从来到武侯实验小学后，在付华校长精细化管理的整体引领下，作为分管安全工作的副校长，这是我不得不认真思考的一个问题。

一、研读学生

安全教育的主要对象是学生会，小学生处于6~12岁的年龄段，年龄小，思维能力低，安全意识淡薄；他们自制力不强，意志力较弱，特别是自我管控的自觉性和持久性都很差，一个观念形成或者习惯的养成，需要教师持续不断地提醒、跟进和评价。如何让学生谨记安全要求和规则，具备较强的安全意识和较成熟的安全行为，是需要老师和学校随时提醒和不断强化的。加之形象具体的事物是小学生易于接受的，而枯燥乏味的事物是他们不感兴趣的，如何将他们应该知晓的安全知识形象化、不断重复强化，是小学安全教育的重点。

二、探索实施

为了将安全工作常态化落到实处，学校从制度建设、宣传教育、常规检查、主题活动、家校社共育等方面做了很多具体工作，但探索每天放学前5分钟的安全教育小课是安全教育常规化、细致化、实效性的有效路径。

每学期初，学校召开全校教师安全工作专题会。校长向全校教师讲解学校安全工作的重要性；分管副校长就本学期安全工作的重要事件、活动做交流，并强调每天5分钟安全教育的意义和重要性，以及实施策略。

既然是课程，实施人员也很重要。正副班主任老师是班级每日5分钟安全教育小课的具体负责人。小学生遗忘性较大，早上说的事情可能下午就忘记了，所以，为了让学生养成良好的安全习惯,学校每天设置"放学前5分钟安全教育小课",由正副班主任老师放学前到班组织当天的安全提醒和教育课。

每日5分钟安全教育小课内容丰富。每天安全教育内容可以是常规性安全教育,例如,安全教育中的安全过马路、不乘坐无牌无证车辆,食品安全教育中的不购买路边摊食物、不吃过期或临期食品等;也可以是专项的安全教育,如果天气炎热,可以对学生进行防溺水教育,要求学生放学后不私自去水塘、河沟、溪流边、不私自游泳等。

每日5分钟安全教育小课形式多样。小学生处于形象思维阶段,喜欢形式多样的教育方式,各班可以根据学生身心特点,设计不一样的教育方法和形式。可以充分利用"成都市中小学生安全教育平台"上的视频、音频和文字资料;可以是学生讲故事、分享心得;可以由班级的安全员来讲解;也可以是老师做讲解或者提醒,根据当天内容来决定教育形式和方法。

班级安全员是每日5分钟安全教育小课的监督员。每班至少设置一名安全员,由责任感强、细心的同学担任,负责每天协助教师进行安全教育小课,协助做好"每日安全教育记录本"的填写。

"每日安全教育记录本"是每日5分钟安全教育小课的载体之一。每日安全教育小课后,班主任、副班主任或者班级安全员,将当天的安全教育内容记录下来,以备随时查阅教育情况及内容,做到有教育、有记录、有效果反馈。

三、实践效果

经过近两年的安全教育小课开展,学生的安全意识、安全习惯和安全行为的提升和养成,都收到了不错的效果。

师生安全意识日渐增强。全校师生"安全第一,珍爱生命"的意识日渐增强,通过每天的安全小课,让学生有了一种"我要安全"的强烈想法,加之我们抓住学生知道的安全事故作为例子,适时对学生进行安全教育,让学生体会到安全事故对父母的伤害、对自己的伤害、对家庭的伤害,从而刺激学生的大脑意识,唤起学生保护生命的安全意识。

安全知识全面丰富。通过安全小课对学生进行各类安全教育,例如防水、防火、防毒、防电、防坏人、防交通事故教育等,学生学到了丰富的安全知识:一是防水教育,除了知道不私自到河流、池塘边玩耍,知道遇到危险及时呼救,还掌握了一些溺水后的紧急自救办法;二是防火教育,明白了如何防火,也明白了在遇到火灾时先逃生再报案,不要直接参与救火行动;三是防交通事故教育,让学生学会正确认识交通标志和交通规则,而且知道如何遵守交通规则。学校面临主干道,校门口车辆行人较多且没有红绿灯,学生在通过马路时都会左右看,然后安全通过,这么多年,从未发生过任何交通事故。

养成良好安全习惯。学生养成了良好的交通安全习惯,做到遵守路队纪律,过马路坚持做到"一停二看三通过",不私自骑行自行车上路;养成良好的食品安全习惯,不购买"三无"商品,不购买过期、变质食品等;养成良好的体育运动、课间活动安全习惯,参加体育活动遵守运动规则,课间文明休息,上下楼梯不推搡。

安全教育效果辐射家庭、社区。每天让学生回家给家长分享当天的安全教育小课收获是学校"小手牵大手,家校共育同成长"的一大特色。学生将当天安全小课的故事、事例等与家长分享,既促进了家长对安全的重视度,也促进了亲子关系的和谐;学校通过学生志愿者活动的开展,让学生用所学到的安全知识,为社区居民宣传讲解,发挥志愿者辐射作用,共同营造健康平安社区环境、社会环境。

四、反思改进

虽然开展近两年的安全教育小课收到了不错的效果,但仍需改进和提升,主要有以下几个方面。

一是应增强成果意识,建立"每日安全小课课程集"。收集典型案例,便于各年级的传承和循环使用,既做到资源共享,又减轻老师们的负担。

二是应加强每日安全小课教育效果的反馈。要对学生每日知识掌握情况、与家长及时交流等情况加强了解与反馈,如班级群适时开展安全知识问答、家庭安全达人风采秀等。

三是需进一步形成家校共育合力。将在校安全小课拓展到家庭场域,可以由班级学生或家长通过线上、线下方式,开展丰富多彩的安全教育活动,进一步营造家庭、学校、社会安全教育大环境。

四是要加强校际、区域内安全教育交流活动。校际、区域内每个学校都有自己安全教育的特色和亮点,应加强互相参观学习、交流的机会,取长补短,更好地完善学校安全教育课程体系的构建。

学校安全工作在校长的高度重视下,在全员都是安全员的良好氛围中扎实有序地开展,营造了平安健康的校园。每日安全教育小课只是学校安全常规工作的一个小点,只是为学生健康成长保驾护航的方式之一。"安全第一""安全重于泰山",我们将继续用实际行动助力学生健康成长。

用爱的清泉滋润干枯的心灵
——从一起心理帮扶案例说开去

马边彝族自治县民建小学　邹兴意　李承茂

一、故事背景

A 同学是民建小学四年级 4 班的一个孩子。

10 月中旬的时候,我们听说这个孩子很特别,在学校表现异常,主要体现在以下几个方面。

（一）情绪异常，无法与同学们正常相处

一是极易情绪失控。稍微与同学发生一点小摩擦、小误会，或言语不合，就抬手打人，经常把同学打哭；二是脾气火爆，一点小事就容易情绪激动，大喊大叫，躺在地上打滚，撕扯自己的头发，用头撞墙，或者踢门踢桌子；三是动不动就把自己关在教室阳台，任凭谁叫也不出来。

（二）行为孤僻，没有朋友愿意与他交往

A 同学行为孤僻乖张，在班上几乎没有朋友，又因为他爱动手打人，所以同学们也害怕他，离他远远的，平时几乎没有人与他玩，他总是一个人孤独地坐在自己的位子上，这就更加加剧了他的焦虑和暴躁。

（三）专注力差，行为习惯、学习习惯不好

据老师介绍，A 同学专注力和自制力差，上课几乎不认真听讲，小动作不断，不是玩笔玩橡皮泥就是玩偷偷带到学校的玩具，或者故意把矿泉水瓶子弄出声响影响上课，再不就动手打扰旁边同学听课。不仅课堂纪律差，做作业的时候也潦潦草草，更多的时候是坐着发呆，根本不做作业。

这个孩子的行为习惯已经严重影响到班上的教学秩序，影响了其他孩子的正常学习。也因为他把同学打伤过，还引起了其他同学的不满和家长的不满，有家长多次建议他转学，离开这个班。老师们也时时提心吊胆，生怕他情绪失控做出极端举动，发生安全隐患。

鉴于 A 同学的各种问题，我们特别邀请了学校的支教教师、心理辅导专家李承茂老师对这个孩子进行全面跟踪帮扶。

二、改变过程

在跟踪帮扶的时间里,李承茂老师与学校领导、相关老师先后找了 A 同学的外婆、妈妈、继父及他本人了解情况,为帮扶这个孩子做好充分的准备。

(一)积极家校沟通,厘清形成原因

经了解,得知 A 同学是离异重组家庭,其幼年父母离异,跟着母亲和外婆生活。A 同学跟着母亲辗转了很多个地方,每到一个地方,刚刚熟悉环境就被迫转学,导致他极度缺少安全感和信任感,无法交到同龄朋友。更为严重的是,A 同学生父有家暴的行为,A 同学目睹母亲被父亲暴打的场景,其本人也被生父殴打,导致其身心受到创伤,心灵受到伤害。

A 同学妈妈介绍,上小学以前,A 同学都是别人眼里的"乖孩子",听话,懂事,有礼貌。转折点出现在其上小学一年级时,孩子在外地上了寄宿制小学,只有周末才能回家。一年之后,家长突然发现孩子变了,变得情绪失控,动不动发脾气、摔东西,有时候还用头撞门撞墙。后来,情况越来越严重……

(二)真诚引导交流,改善人际关系

分析了孩子的种种情况后,我们认为,孩子表面上表现为强势、蛮不讲理,动不动情绪失控动手打人,实际上表明了孩子内心极度自卑,极度焦虑,极度缺乏安全感和幸福感、价值感,非常渴望得到家人的爱,渴望得到同学和老师的爱。

孩子的种种做法,其实都在向学校发出求救的信号,希望获得关注,获得帮助,获得爱的关怀。

于是,李承茂老师找来 A 同学做交流。

A 同学来到办公室,低头不语,满脸焦虑和凝重,李老师拿了一颗糖给他,想让他放松一下情绪,他摇摇头拒绝了。

问他学习有困难吗?他摇摇头。生活有困难吗?也摇摇头。与同学相处如何?不说话。在学校开心吗?不说话也不回答。

后来,李老师从他的家人问起,家里有几个人,爸爸妈妈做什么工作等等问题入手,他才一点点地回答,语话很少。但他主动说了爸爸爱打人,妈妈经常被打哭的情况。

李老师请他写下自己的名字时,发现他的字迹工整,当即表扬了他的字写得好,并送了他一本字帖。离开的时候,李老师给了他一个大大的拥抱,并说:"你是一个聪明的孩子,也是一个友善的孩子,李老师愿意与你交朋友,你有什么困难,李老师时都愿意帮助你。"后来,李老师与他交流了要与同学友好相处的话题,但他听的时候多,说的时候少,只是偶尔点点头。

经过这次交流,学校组织班主任、科任教师、班干部一起商讨办法,让大家多关心他,为他改变环境,带他到班上,向同学们说明他愿意与大家交往,愿意与同学们和谐相处的本意等。

(三)深度心理干预,落实专项活动

过了几天,A 同学又故态复萌,打人了。

鉴于以上情况,学校认为有必要做更深入的辅导工作,于是安排以下几次专题活动。

1. 主动交流，联系家长营造积极和谐家庭氛围

学校找到 A 同学的父母交流，共同商讨解决问题的办法。经过交流，A 同学的妈妈说，孩子在家里还比较正常，有什么话也愿意与妈妈交流，说明孩子在家里比较放松，对妈妈也比较信任和依赖。另外，孩子的继父对他也比较好，经常为他做饭，带他出去玩，他也比较听继父的话。

2. 专题联动，邀请心理辅导专家"会诊"把脉

邀请乐山家庭教育、心理咨询专家"会诊"，对他进行了情绪测评和分析。经过与孩子的交流和情绪测评，得出的初步结论是，孩子之所以在学校表现异常，与他幼年时候生活动荡和四处辗转有关：他无法与同龄人正常交流和交往，与他缺失家庭关爱有关，与他目睹生父的家暴有关，还与他四处辗转，缺失与同龄人深入相处有关。

其实 A 同学内心极度渴望同龄人的爱，渴望与同学建立友好关系，但他不知道如何采用正确的办法，往往用错误的行为来表达他想交朋友的诉求，自然获得的是相反的结果。

3. 多管齐下，专家教育和家校教育同时跟进

我们与乐山的专家共同讨论，决定采取学校教育和家庭教育同步进行，多管齐下的方法来改变孩子的情绪。

李老师多次与孩子父母沟通交流，给他们提供指导意见和建议，树立他们的信心，希望家校携手，共同为孩子营造有利孩子健康成长的环境。

李老师主动关心指导 A 同学，A 同学在学习上有了明显变化：过去布置写作文，A 同学几乎不动笔，很少交作文，后来开始主动写作，还把作文交李老师批改，一次比一次好。

4. 逐层推进，心理辅导与孩子成长初见成效

采取以上措施后，A 同学变化很大，特别是在情绪自控力方面变化大。两周以来，没有产生过激情绪。最高兴的是，A 同学在班上交到了几个好朋友了，孩子的笑容开始多了起来，整个身心也放松了很多，每天能正常上学和上课，正常吃饭了。

一学期以来，家长反映在家里变化非常大。一是主动做家务了；二是每天开心的时候越来越多了；三是能主动与小区同龄人一起外出打球和玩耍了；四是能主动关心小朋友和同龄人了，比如买饮料，过去他只买自己的，现在知道多买一些，与朋友们分享了；五是能主动帮助同学了，有几次，他把自己坐车的钱主动借给同学坐车，而自己走路回家；六是主动做家庭作业，主动到书咖看课外书了。

从这些转变上能看出孩子的身心在发生积极的改变。当然，这些还仅仅是初步的成效，有可能会反弹，有可能会重新发生。但，毕竟有了希望，有了曙光，有了良好的开端。

三、教育思考

家庭教育作为学校的重要补充，是我们不能忽缺的板块，只有摒弃陈旧的家校教育的思想，深入到每一个家庭细胞里去，才能对某些特殊孩子做好精准引领。

（一）多陪伴，多鼓励

放大孩子的每一个细小的优点,给孩子以肯定,给孩子信心;李老师建议孩子母亲多担当家庭教育的重任,多陪伴在孩子的身边。孩子的母亲愉快接受了李老师的建议,主动把外省的工作逐渐转移到马边,在孩子情绪发展的敏感时期,尽量每天陪伴在孩子身边,让孩子有一个顺利过渡的环境。

（二）正家教，善引领

乐山专家给家长和孩子带来了《家庭教育》《9~14岁孩子心理健康成长》等书籍,并对他的父母讲解了实操做法。

孩子的父母在学校领导和老师的帮助下,积极调整心态,调整方法,每天与孩子交流在学校的情况,主动关注孩子的情绪,主动关心和化解孩子的不良;每天与孩子共同读一个家庭教育方面的小故事,共同做加强亲子关系的游戏;教会孩子适当做家务,帮助他找到在家里的成就感;陪伴孩子锻炼身体,增强孩子体质,提高孩子的专注力;积极帮助孩子交朋友,指导孩子交往法则。同时,父母也改变过去打骂教育为温和式教育、陪伴式教育。

（三）真关爱，扶心灵

（1）学校可以积极召开"有你真好"的主题班会,引导孩子们互相帮助,相互理解,相互包容,共同成长。

（2）教师要对特殊学生采取多鼓励、多关怀的方法,放大他的优点,主动为他创造与同学交朋友的条件,引导班干部主动关心他,对他偶尔的不专注和上课开小差的行为,采用温和的方法批评指正,让他能够在比较放松的环境里改正自己的缺点。

（3）教师、家长用真诚的爱去滋养着孩子的心灵,让其在班集体里重新找到了自己的价值和位置,让他在家庭生活有自信,被同学们重新接纳和包容。

现代教育,任重道远,但只要用爱去滋润他们的心灵,这类孩子就不会走掉、走丢,只有这样,校园才会出现更多开心灿烂、精彩纷呈的童子面,我们的教育才能笑脸应对美好的未来。

课间，如何玩转共享篮球？

成都市马家河小学　赵洪琴

小学生活泼好动，许多学生在紧张的四十分钟学习结束后，课间喜欢做一些游戏活动，但有些游戏存在一定的安全隐患，而小学生意识不到这些潜在的危险性，由此引发的课间追逐打闹伤害、拥挤踩踏伤害、危险游戏伤害事故也就连接不断，课间十分钟就成了学生校园伤害事故的高发时段。因此，如何做好小学生课间十分钟的安全教育与管理，有效促进小学生身心健康发展，确保学校和社会的安全与稳定，是需要我们解决的一个突出问题。

一、起因：学生诉求

一天清晨，武侯实验小学付华校长按惯例在校门口迎接每一个学生，就在学生进校门时，六年级一位学生给学校提了一个建议：课间十分钟，同学们不知道怎样更有意义地度过，想打篮球，可找不到篮球打，希望学校能在课间十分钟把篮球放在篮球场，供同学们课间打篮球，课间让同学们快乐地运动起来。

二、第一次实施：课间投放篮球

付华校长听了学生这个建议觉得想法非常有价值，特别是课间运动对学生身心健康起到的巨大作用，于是立即实施该学生的建议，召集体育组的老师们，建议课间有序地投放体育器材。体育组的老师们商议后决定先投放十个篮球在两个篮球场，看效果后逐步增加一些长绳、乒乓等器材投放种类。

第一节课课间，框里的十个篮球静静地呆在球场边的框里，有的学生仅看看球框里的篮球，有的学生摸了摸篮球就离开了，他们始终处在围观状态。由于学校未进行统一的安排，学生不知道篮球是供全体学生使用的，因此学生在没有得到许可的情况下不敢私自使用。看到这种情况，学校又改变策略，通过大课间明确告知全体师生操场的球是供全体师生课间使用，并提出课间打篮球的要求：课间文明运动不争抢，有序取球，预备铃响球归还，其目的就是教育学生文明安全运动。于是，学校喜欢篮球的孩子动起来了，球场一下子就热闹起来，大大小小不同学段的男孩女孩都在操场一窝蜂的抢球、打球。

三、出现问题：安全隐患，活动无序，投诉不断

一节课课间还没结束，就出现了系列状况：一年级学生和六年级学生在一起打球时被撞倒；操场的球拿完了，学生直接到体育保管室里拿，体育保管室已经乱七八糟，学生没有借球还球规则意识；低年级的娃娃不停地体育组来投诉，高年级的抢了他的球后不还给他；已经上课了，操场上到处都是篮球，学生根本不会将球放回原位。

见到这样的情况，体育组的老师第一时间给学校分管安全副校长建议应该立即停止课间篮球投放，原因有三点：一是存在很大安全隐患，高年级和低年级的孩子在一起抢球，一旦出现安全事故，轻则摔伤重则骨折，学生混在一起打球又无老师监管，安全隐患太大，应该立即叫停；二是影响学生团结，学生不懂打篮球规则，活动混乱无序，同时引发很多的纠纷和投诉，同时有会影响学生之间的团结；三是不利于学生规则意识形成，学生无组织无纪律自行拿取保管室篮球，用完后随地丢放，完全无规则意识，不利于学生行为习惯养成。听到这个建议分管安全副校长也赞同体育组老师的建议，并和德育主任一同请示付华校长：暂停课间篮球投放。

四、解决问题：找出根源，规则引导，增强意识

付华校长听了建议思考片刻后，仍然坚持课间投放篮球做法。她语重心长地说：老师们的建议也是基于实际情况，但真的要叫停课间十分钟的篮球运动，那就远离为孩子身心健康发展的初衷。课间运动对小学生是利大于弊，学生喜欢上篮球，培养打篮球的兴趣，在运动过程中培养团队合作能力和人际交往能力，最重要的锻炼身体、强健体魄、愉悦身心。如果因为有安全隐患，就把孩子们关在教室，让他们成为笼中金丝鸟，最后连飞的功能都丧失了，背离立德树人的初衷。再则，任何新的改革和举措不可能一帆风顺，如果现在停止此课间篮球活动的步伐，这无异于惧怕和躲避困难。真正爱学生为学生一生发展着想，不仅要考虑安全责任，也要为学生的成长和需要着想，坚持课间学生篮球活动，促进学生全面健康发展。

于是付华校长带着体育组的老师们找出问题根源，找到解决办法。首先找出问题的根源，对学生在课间篮球活动中呈现的三个问题，通过采访学生和老师，初步分析问题的根源有三个：缺乏安全意识，游戏规则不明，行为习惯待加强。针对存在的问题，对症下药找到解决的策略。

（一）加强常规教育

利用大课间对全校学生进行教育，用短视频和朗朗上口的儿歌加强对学生的运动竞技中文明礼仪和安全教育。

《课间共享体育器材使用儿歌》

天气晴朗来运动，结伴同行不争抢，

各项运动有区域，注意安全不靠墙，

预备铃响还器材，快乐课间动起来。

在寓教于乐中对学生进行团队合作集体精神培养，让学生在运动中做到友谊第一比赛第二，从而避免一些因恶意争抢引发的安全事故。

（二）划分区域

按年级分区域运动就可一定程度上避开运动中严重的冲撞情况。于是马上根据情况划定各年级运动的篮球场地，就没有之前的小个子高个子挤成一堆的情况，篮球场显得就有序多了。

（三）规则教育

体育课上体育教师教授篮球规则和运动技能，特别是教会两队运动竞技的规则，并做学生裁判专项培训，同时拓展篮球投球练习分组游戏等多种玩法，再利用大课间分年级运动时开展篮球拍球、投球等活动，让学生尽量做到锻炼身体同时增长技能。

（四）分组运动

划分运动区域，六个年级的学生分为两组，1~3年级组和4~6年级组各自在一个球场打球，一定程度上消除运动撞击等安全隐患。

（五）加大巡视

操场值周老师和行政必须严格按照巡视要求，每节课课间重点关注篮球场，有不文明竞争和争抢及时制止，提醒学生听到预备铃后及时归还篮球。

（六）拓展内容

除了大课间篮球投放外，各班级各年级的老师们教师还对学生的课间活动进行指导，让"课间十分钟"效益最大化，增加活动气拍球、短绳、长绳等活动内容，丰富活动形式。比如四年级教师善于帮助学生挖掘课间活动资源，在全年级开展棋类比赛，让学生在课间进行益智类的小比拼，让学生在适度的竞争享受乐趣。还有低年级的组织丢沙包等小游戏，让学生在适宜的氛围中缓解疲劳。

以上措施的实施，让课间操场上的篮球活起来了。经过后续的持续地观察，操场的学生运动活而有序，操场上孩子们释放着天性，在球场上欢笑着成长着！学生们在课间玩得有兴，玩得有趣，玩得有益，安全有意义地度过了课间十分钟！

后 记

陶行知先生讲:"一个好校长就是一所好学校。"大量实践也表明:办好一所学校,拥有一个好校长十分重要。近年来,随着老百姓对家门口优质教育的迫切期待,国家教育改革持续不断地纵深推进,新时代对义务教育学校校长的专业素质提出了更高标准和更高的要求。《中共中央 国务院关于全面深化新时代教师队伍建设改革的意见》明确指出,要"努力造就一支政治过硬、品德高尚、业务精湛、治校有方的校长队伍"。基于此,2019年武侯区委区政府出台了《名师名校(园)长工作室管理办法》,希望通过组建名师名校(园)长工作室,搭建校长教师专业成长平台,促进区域内外优秀干部教师的集群式快速形成。

2020年5月20日,在这个农历"小满"的日子,由我担任领衔人的付华名校长工作室正式启动。我们怀揣着"立己达人、成事育人、协作共享、超越卓越"的愿景,秉持着"惜缘、好学、自律、合作"的室训,努力达成"四个共同体"的建设目标,希冀每一个成员都努力成为"讲政治、有格局、有视野、有思想、有能力、有定力、有专长"的好校长。

在近三年的实践探索中,尽管我们遭遇了疫情的持续影响,但是我们依然信守最初的约定,利用线上线下融合的方式,坚持每月开展活动,或是读书交流,或是主题研修,或是专题培训,或是专题分享,或是调研指导,或是点对点帮扶等。全体工作室成员在团队中学习、在实践中研究、在研究中成长,不断突破个人发展的瓶颈,实现自身专业成长的二次提速超越。2020年底由我策划主编、13万字的成果集内部出书,工作室经验成果《名校长工作室开展校际间主题研修的探索与实践》在2021年《四川教育》上发表。加入工作室之后,成员有10余人被评为中学高级教师,市区级学科带头人、优秀校长等。

百年大计,教育为本。当前,国家教育改革的决心之大、力度之大前所未有。

随着"双减"政策的落地深入，我国义务教育的高质量发展未来可期。立足新形势，展望新未来，我们决定以结集出版的方式对工作室建设的实践经验进行反思总结，以不断创新优化工作室的运作模式，发挥工作室的辐射引领作用，展示成员成长中的教育思考与创新实践，分享成员所在学校的办学经验和办学特色，为推动区域内外教育事业实现跨越式发展做出积极的探索和大胆的尝试。

自编写组成立以来，工作室成员踊跃投稿，积极分享个人及团队联动共生的精彩案例。截至收稿时间，共收到成员近三年学习实践的经验文章等成果200余篇，诠释了团队每一个成员对教育事业的挚爱、对教育热点难点的思考、对个人管理智慧的增长和对未来发展的展望。在此，要感谢我们的团队，是你们的深度参与和躬身实践，为名校长工作室建设的创新实践注入了鲜活的生命力。很庆幸我们生在这个伟大的新时代，感恩成长在尊师重教的武侯沃土，感谢一路上领导和专家的支持和指导，没有你们的支持和帮助，本书很难在短时间内与读者见面。

由于编写时间紧、内容多，加之水平有限，书中难免有疏漏，敬请各位专家、同行批评指正。

领衔人：付　华

2022年10月